图书在版编目（CIP）数据

公司设立与股权纠纷100问 / 朱宇倩，李玲著.
北京：法律出版社，2025. -- ISBN 978-7-5197-9581-8

Ⅰ. D922.291.915

中国国家版本馆CIP数据核字第20245F10R5号

公司设立与股权纠纷100问

GONGSI SHELI YU GUQUAN JIUFEN 100 WEN

朱宇倩　李　玲　著

策划编辑 张　颖
责任编辑 张　颖
装帧设计 汪奇峰
　　　　 臧晓飞

出版发行 法律出版社
编辑统筹 法律应用出版分社
责任校对 朱海波
责任印制 刘晓伟
经　　销 新华书店

开本 A5
印张 11.375　　**字数** 285千
版本 2025年1月第1版
印次 2025年1月第1次印刷
印刷 永清县金鑫印刷有限公司

地址:北京市丰台区莲花池西里7号(100073)
网址:www.lawpress.com.cn
投稿邮箱:info@lawpress.com.cn
举报盗版邮箱:jbwq@lawpress.com.cn

销售电话:010-83938349
客服电话:010-83938350
咨询电话:010-63939796

书号:ISBN 978-7-5197-9581-8　　**定价**:66.00元

凡购买本社图书,如有印装错误,我社负责退换。电话:010-83938349

自序

随着社会经济与科学技术的飞速发展，众多互联网企业依托互联网的优势如雨后春笋般涌现，开启了"互联网+"模式下的新时代。在这样的时代背景下，初创互联网企业的合规设立及其股权架构设计等有关问题就显得尤为重要。

事实上，股权架构作为公司治理结构的重要基石，其设计之目的就是明确公司股东之间、股东与管理人之间的权责关系，使初创公司能够稳定长久地发展与融资。股权架构不仅影响公司的控制权问题，还影响公司能否进入资本市场并顺利完成融资，甚至决定了公司的发展。因此，在企业设立之初就要做好风险防控，从源头上未雨绸缪是企业走得更为长久的最为有效的措施之一。

实际上，并不存在最优的股权结构。股权结构的演化过程受诸多内部环境与外在因素的影响，即便同样的股权结构，在不同行业的企业也可能产生截然不同的效果。企业采取何种类型的股权结构，对企业组织结构的形成具有重大意义，因此，创业者应该对企业股权结构在不同时期的演变趋势有所了解。

不同的股权架构决定了不同的企业组织结构，从而决定了不同的企业治理结构，最终决定了企业的行为和绩效。进行股权架构设计是为了明确合伙人的权、责、利，帮助创业公司能够稳定发展，方便创业企业融资。另外，股权架构既是影响公司控制权的一个主要因素，也是企业进入资本市场的必要条件。

本书以企业的合规设立及其股权架构设计为线索，基于互联网领域企业的立场，从公司设立纠纷、股东出资与资格确认、股东权利纠纷、股权转让纠纷等多个部分入手，综合法院裁判要旨以及本书律师团队多年的实务经验，深入浅出地、全流程地、多方位地梳理与解答公司在设立与运营过程中可能涉及的诉讼风险与预防手段。

我们希望本书能够为初创的互联网企业提供合规法律帮助，对可能发生的风险发挥识别、提示与预警的作用，最大限度地维护公司的权益。“风险管理未必可以完全避免不可控因素，却能减少系统性失误和偶然事件的可能。”希望本书能在企业合规设立与股权架构设计方面为读者提供借鉴和参考。

此外，本书还要特别感谢团队成员蔡沁洋、高海玲、罗涵予、陈若鹃，他们为本书的出版给予了很大的支持。

再次感谢！

目录

Part 1 公司设立纠纷

Part 4 股权转让纠纷

Part 5 公司决议效力纠纷

Part 6 公司投资/增资/减资纠纷

Part 7 公司利益损害责任纠纷

Part 8 公司吊销/解散/清算纠纷

Part 1 公司设立纠纷

1. 公司发起人以设立中公司的名义对外签订合同，发起人是否可以以个人名义主张债权？

【案例还原】

原告黎某富为五跃公司的股东，在公司设立过程中，于2015年4月1日以五跃公司的名义与盛唐公司签订了《代理注册日本平台网店合同书》，约定盛唐公司向五跃公司提供雅虎固定店铺，五跃公司向盛唐公司支付费用。黎某富作为五跃公司的代表在合同书上签字，盛唐公司在乙方处加盖合同专用章。

合同签订后，黎某富依约向盛唐公司支付了保证金等费用。4个月后，由于盛唐公司的原因，盛唐公司向黎某富提供的雅虎日本平台网店被关停。因店铺无法继续运作，黎某富提起诉讼，要求盛唐公司退还其支付的全部款项。

五跃公司成立于2015年8月17日，法定代表人为黎某富。2016年10月27日，五跃公司向法院提交的撤诉申请书中载明："因涉案合同签订于公司筹备期间，当时公司尚未成立，合同的签订以及款项往来均在黎某富个人与被告之间进行，为明确法律关系并简化案件审理，本公司提出撤诉，由黎某富个人作为原告参加诉讼。本公司对此无异议。”

案号：福州市台江区人民法院(2016)闽0103民初3719号

【律师分析】

本案的争议焦点为：黎某富作为发起人能否以自己的名义向盛唐公司提起诉讼。

发起人以设立中公司的名义对外签订合同，可以由发起人作为合同主体，主张债权。

根据《民法典》第75条第1款的规定，设立人为设立法人从事的民事活动，其法律后果由法人承受。

本案中，黎某富作为五跃公司的发起人，其为五跃公司的经营筹备，以设立中的五跃公司的名义与盛唐公司签订合同，并无不当。五跃公司在成立后，对黎某富作为合同一方当事人表示认可。

虽然法律确定了公司发起人为了设立公司的法律责任由公司承担，但是对于债权而非债务，公司确认同意由发起人行使的，并不违反法律的禁止性规定，因此发起人可以以自己的名义主张设立公司时发生的债权。

最终，法院结合案件事实，允许黎某富作为原告发起诉讼，并支持了原告的部分诉讼请求。

【实务指南】

设立中的公司是一种权利能力受限的工商主体，只能从事设立公司所必需的活动，因此，设立中的公司以自身名义实施的订立合同等交易行为，虽然并不因超越权利能力而无效，但是也不对已成立公司产生当然的约束力。

综合上述，笔者建议如下。

一、基于发起人的角度

首先，发起人应尽量避免以自己的名义对外签订合同，若为设立公司而与第三方订立合同，应当充分明示签订合同的用途或目的，最好在合同中通过一定条款予以明确。

其次，若发起人以设立中的公司的名义对外签订合同，在公司设立后，发起人应及时催促公司与合同相对人签订补充协议，明确公司设立过程中所签订合同的责任承担问题。

二、基于合同相对人的角度

在发起人表明其是为设立公司而签订合同的情形下，合同相对人应当充分考量公司设立的时间，己方承担的商业风险，拟设立公司的经营范围及其履约能力等因素，再决定是否接受同发起人订立合同。如不能接受，则可要求同发起人本人签署协议或要求发起人对该协议进行个人担保。

【关联法条】

《中华人民共和国民法典》(2021 年 1 月 1 日)

第七十五条第一款 设立人为设立法人从事的民事活动，其法律后果由法人承受；法人未成立的，其法律后果由设立人承受，设立人为二人以上的，享有连带债权，承担连带债务。

《中华人民共和国公司法》(2024 年 7 月 1 日)

第四十四条 有限责任公司设立时的股东为设立公司从事的民事活动，其法律后果由公司承受。

公司未成立的，其法律后果由公司设立时的股东承受；设立时的股东为二人以上的，享有连带债权，承担连带债务。

设立时的股东为设立公司以自己的名义从事民事活动产生的民事责任，第三人有权选择请求公司或者公司设立时的股东承担。

设立时的股东因履行公司设立职责造成他人损害的，公司或者无过错的股东承担赔偿责任后，可以向有过错的股东追偿。

2. 公司尚未成立，能否招聘员工，成立之前的劳动关系是否有效？

【案例还原】

泰和城科技公司于2020年3月设立，在设立前招聘了3名员工：王某浩、岳某遥、王某田，在设立后招聘了2名员工：张某珂、李某恒，公司分别与5名员工约定了工作范围和月工资，但均未签订劳动合同。

2020年9月，因公司长期拖欠工资，岳某遥、王某田主动从公司离职。离职时，岳某遥、王某田的工资并未结清。后因公司经营困难，辞退了王某浩、张某珂、李某恒，亦未结清3人的工资。

5名被告因解除劳动关系发生争议，向周口市劳动争议仲裁委员会申请仲裁，周口市劳动争议仲裁委员会裁决泰和城科技公司向5名被告支付拖欠工资、未签订书面劳动合同的2倍工资差额以及经济补偿金若干元。泰和城科技公司不服裁决，向法院提起诉讼。

案号：周口市川汇区人民法院(2021)豫1602民初3534号

【律师分析】

本案的争议焦点为：公司设立后，设立之前招聘的人员是否会被追溯为劳动关系。

本案中，王某浩、岳某遥、王某田均是在公司成立前入职的，虽未签订书面劳动合同，但3人一直工作至泰和城科技公司成立后才离职。王某浩、岳某遥、王某田3人与公司之间的关系应该分为两个阶段进行分析。

一、一般情况下，设立中的公司与其招聘的员工之间不存在劳动关系

在公司设立阶段，设立中的公司并不具备法律上的主体资格，无法与劳动者建立劳动关系。此时，王某浩、岳某遥、王某田是与公司发起人达成一致协议，建立的是雇佣关系，属于劳务关系。

二、公司设立后，与之前招聘的员工之间成立劳动关系且可能被追溯

在公司正式设立后，公司成为法律上独立的主体，是具备用人资格的用人单位。此时，上述3人与公司之间的关系转化为劳动关系。

本案中，公司未及时与王某浩、岳某遥、王某田签订劳动合同，公司设立前的权利义务被设立后的公司概括承受，为了保障劳动者的权益，法院将3人与公司之间的劳动关系追溯到公司设立之前。

最终，法院支持公司支付王某浩、岳某遥、王某田被拖欠的工资、未签订书面劳动合同的2倍工资差额和经济补偿金的诉求，这意味着法院认可王某浩、岳某遥、王某田与公司存在劳动关系。

【实务指南】

在公司设立过程中，为了生产经营需要，公司发起人往往会在公司设立阶段便开始招聘员工。如何在设立公司前采取一定措施，避免与员工产生纠纷呢？笔者给出以下建议。

第一，在公司设立过程中，应当与员工签订劳务协议，约定工作内容、薪资及支付方式等内容。劳务协议的期限自员工正式为设立中的公司提供服务之日起算，以公司设立之日/公司停止设立之日终止。

第二，公司设立后，应当在1个月内及时与员工签订劳动合同，明确约定劳动关系的开始时间，以便与设立过程明确区分。

【关联法条】

《中华人民共和国公司法》(2024年7月1日)

第三条 公司是企业法人，有独立的法人财产，享有法人财产权。公司以其全部财产对公司的债务承担责任。

公司的合法权益受法律保护，不受侵犯。

第三十三条第一款 依法设立的公司，由公司登记机关发给公司营业执照。公司营业执照签发日期为公司成立日期。

3. 股东在公司设立过程中，以个人名义签订超出公司注册资本的合同是否需要承担连带责任？

【案例还原】

2014年6月30日，温某寅、张某荣、金某、案外人徐某共同签订《投资合作框架协议书》，拟共同出资设立盗梦空间公司。随后，温某寅以个人名义租赁房屋用于公司经营，又与胡某签订装饰工程合同，胡某按照约定完成工程后，收到温某寅个人支付的装饰装修工程款70余万元，剩余工程款30余万元未支付。

2014年9月，经工商机关批准，盗梦空间公司成立，注册资本为

10 万元,股东约定出资时间至 2020 年 1 月 1 日止。随后,盗梦空间公司的股东几经变更,也曾因故被列入经营异常名录。

因经多次催讨欠款无果,胡某认为盗梦空间公司存在股东滥用公司独立地位,公司与股东存在人格混同问题,以盗梦空间公司已付装饰装修工程款由温某寅个人支付、盗梦空间公司被市场管理机关列入经营异常名录且目前已停止经营为由提起诉讼,要求盗梦空间公司支付剩余工程价款,股东承担连带责任。

案号:江苏省苏州市中级人民法院(2018)苏 05 民终 1861 号

【律师分析】

本案的争议焦点为:债权人在向公司主张债权的同时,要求设立时的发起人与公司承担连带责任是否应被支持。

一、法律赋予了债权人向发起人或公司主张债权的选择权

《民法典》第 75 条、《公司法》第 44 条赋予了第三人选择权,使第三人可以根据实际情况选择对自己维权更为有利的主体进行主张,第三人既可选择由设立人承担责任,也可选择由设立后的公司承担责任。

本案中,债权人选择优先向公司主张债权,并非直接向发起人主张。其主张发起人承担责任的理由是发起人与公司存在人格混同,而非基于设立时以个人名义签订合同产生的债务。

因此,本案的争议焦点就变成发起人与公司之间是否构成人格混同问题。

二、在无人格混同的情况下,发起人无须与公司承担连带责任

判断公司与股东是否人格混同,主要考虑以下因素:(1)股东无偿使用公司的资金或者财产,不作财务记载的;(2)股东用公司的资金偿还股东的债务，或者将公司的资金供关联公司无偿使用，不作财务记载的；(3)公司账簿与股东账簿不分，致使公司财产与股东财产无法区分的；(4)股东自身收益与公司盈利不加区分，致使双方利益不清的；(5)公司的财产记载于股东名下，由股东占有、使用的；(6)人格混同的其他情形。

本案中，原告胡某认为，盗梦空间公司股东温某寅通过个人账户支付公司的债款，且债款远高于公司的注册资本，构成股东与公司的人格混同，需要与公司承担连带责任。但温某寅未挪用公司资金财产，也未将公司财务独立设置，并不存在发起人和公司的财务混同。温某寅甚至反过来使用个人资产偿还公司的债务。因此，温某寅与公司并不构成财务混同和人格混同。

最终法院判定盗梦空间公司支付胡某剩余工程价款，驳回胡某的其他诉讼请求。

【实务指南】

出资人在公司设立过程中签订合同时，既可以以自己的名义签订，也可以以设立中的公司的名义签订。一般而言，为了取得合同相对方的信任，也为了避免自身承担风险，笔者建议如下。

第一，选择以设立中的公司的名义对外签订合同；

第二，设立专门账户管理设立中的公司的资金流动，使用该专门账户进行付款结算；

第三，转账付款时，备注设立中的公司名称和相关款项用途；

第四，出资人之间约定各方可以签订合同的最高金额；

第五，出资人之间约定签订超出公司注册资本数倍金额的合同时，书面征求所有出资人书面同意。

【关联法条】

《中华人民共和国公司法》(2024 年 7 月 1 日)

第四十四条 有限责任公司设立时的股东为设立公司从事的民事活动,其法律后果由公司承受。

公司未成立的,其法律后果由公司设立时的股东承受;设立时的股东为二人以上的,享有连带债权,承担连带债务。

设立时的股东为设立公司以自己的名义从事民事活动产生的民事责任,第三人有权选择请求公司或者公司设立时的股东承担。

设立时的股东因履行公司设立职责造成他人损害的,公司或者无过错的股东承担赔偿责任后,可以向有过错的股东追偿。

4. 公司发起人为了设立公司以个人名义对外签订合同,应当如何承担责任?

【案例还原】

2016 年 11 月初,凌某义进入筹建中的乐玩公司从事游戏开发工作。因乐玩公司尚未完成登记设立,故筹建中的乐玩公司委托股东管某、关联公司财务赵某通过支付宝支付凌某义的工资。在乐玩公司成立后,股东管某通过微信通知凌某义结算工资,双方解除了劳动关系。

乐玩公司成立后,并未向凌某义支付 2016 年 12 月至 2017 年 1 月的工资。在多次催促未果后,凌某义向劳动争议仲裁委员会申请仲裁,但其请求被全部驳回。凌某义不服,向法院提起诉讼,要求乐玩公司支付未付工资及经济补偿金。

案号:浙江省温州市中级人民法院(2017)浙03民终3776号

【律师分析】

本案的争议焦点为:发起人在公司设立过程中以个人名义履行合同的,公司成立后是否需要承担法律责任。

一、公司发起人为了设立公司以个人名义履行的合同,在公司设立后可以由公司承担责任

本案中,乐玩公司股东管某为了日后公司的运营,以个人名义与原告凌某义进行沟通对接。根据《公司法》的规定,筹备中的公司责任应由负责其筹备的发起人承担,公司如注册登记设立,发起人在筹备过程中的行为即被追认为公司的行为。换言之,管某作为乐玩公司的股东及法定代表人,其在筹备公司过程中的行为应被追认为乐玩公司的行为,故乐玩公司作为被告的主体资格适格。

最终,法院判决乐玩公司向凌某义支付未付工资与经济补偿金。

二、第三人享有向发起人或公司主张责任的选择权

公司在登记设立前,并不具备对外签订合同的主体资格。因此在为公司成立而进行的场地租赁、设备购买及人员聘用等准备工作中,常常会出现以发起人个人名义对外签订合同的情形。

基于合同的相对性,发起人以自己的名义对外进行缔约的,第三人在主张合同责任承担的问题上,原本只能要求合同相对人即公司设立人承担。但根据《民法典》第75条、《公司法》第44条的规定,法律赋予了第三人选择权,使第三人可以根据实际情况选择更有利于自己维权的主体进行主张,既可选择由设立人承担,也可选择由设立后的公司承担。

该规定对于第三人而言,极大地降低了其主张权利的成本及举证难度。第三人无须再等待公司追认或收集证明公司已经实际享有合同权利或者履行合同义务的证据材料,更有利于第三人主张权利。

【实务指南】

结合案例及上述分析不难看出,在针对“公司股东为设立公司以个人名义对外签订合同的责任承担”的问题上,第三人可以自主选择由股东或公司承担责任。必须明确的是,第三人主张由成立后的公司承担责任应仅限于“以设立公司为目的”这一前提。因此,第三人若选择将成立后的公司列为被告,则需要完成对“股东系为设立公司而签订合同”这一事实的举证。

根据过往的司法判例裁判精神,笔者针对此情形提出以下风险防范建议。

一是在合同条款磋商时,公司股东应在合同中明确约定“本合同的签署系为筹备设立公司而订立合同”等相关条款。

二是在公司设立后,若所签署的合同需长期继续履行,公司股东可以与第三方协商重新签订合同,将合同主体变更为公司;或签订补充协议,明确由公司享有合同权利、履行合同义务。

【关联法条】

《中华人民共和国民法典》(2021 年 1 月 1 日)

第七十五条第二款 设立人为设立法人以自己的名义从事民事活动产生的民事责任,第三人有权选择请求法人或者设立人承担。

《中华人民共和国公司法》(2024 年 7 月 1 日)

第四十四条 有限责任公司设立时的股东为设立公司从事的民事活动,其法律后果由公司承受。

公司未成立的，其法律后果由公司设立时的股东承受；设立时的股东为二人以上的，享有连带债权，承担连带债务。

设立时的股东为设立公司以自己的名义从事民事活动产生的民事责任，第三人有权选择请求公司或者公司设立时的股东承担。

设立时的股东因履行公司设立职责造成他人损害的，公司或者无过错的股东承担赔偿责任后，可以向有过错的股东追偿。

5. 公司未设立成功，出资人能否要求返还投资款？

【案例还原】

2017 年，何某良与钟某明及徐某三方签订《关于投资方案的备忘录》，约定 3 人拟于近期成立一家游戏开发公司，并在备忘录中对各方出资方式、出资比例和股权比例进行了书面约定。其中，何某良为主要的资金提供方。

三方内部实质达成由钟某明提供技术入股、何某良提供资金投入的一致意见。随后，钟某明租赁场地、组建团队、开始运营公司并准备公司设立工作，并根据公司设立进度多次向何某良请求支付因运营公司而产生的费用，总计金额 198 万余元，何某良均无异议并予以支付。

2017 年 9 月 27 日，上海市工商行政管理局下发企业名称预先核准通知书。何某良认为，钟某明收取其投资款项后，未按约定注册设立公司，并存在将何某良的投资款挪作他用的嫌疑，违反三方的一致意愿，无法达成合同目的和合作目的等，故提起诉讼，要求钟某明返还何某良已支付的出资款及其利息。因此，预先核准的公司没有登记成立。

案号:广东省广州市中级人民法院(2018)粤01民终21320号

【律师分析】

本案的争议焦点为:在公司未能登记设立的情况下,钟某明是否应向何某良返还其前期出资款。

在本案中,何某良、钟某明、徐某关于投资设立公司的约定出于各方的真实意思表示,内容没有违反法律法规的强制性约定,三者之间的合同关系依法成立且有效,各方当事人应该严格履行约定义务。

根据三方约定的内容,钟某明在公司设立过程中多次与何某良沟通房租、员工工资、项目研发等事项,何某良负责分期将资金注入。在钟某明筹备公司的过程中,何某良不仅从未提出异议,还陆续支付对应款项,以行为表达了对钟某明筹备公司工作的认可。其间,钟某明多次催促何某良办理公司注册登记手续但何某良并未配合。

由此可见,在整个筹备过程中,钟某明一直按照三方约定履行义务,并无过错,因此何某良作为出资方自行提出终止合作,其亦应自行承担相应投资款的损失,不能向钟某明追回投资款。

最终法院亦认定,何某良要求钟某明返还其投资款,缺乏事实和法律依据,不予支持。

【实务指南】

在公司设立过程中,常常由部分发起人负责筹备相关事宜,为明确各方责任,督促负责筹备设立的发起人勤勉推动公司设立相关工作,保障全部发起人的利益,笔者建议如下。

一是设立前,对筹备金与投资款进行区分,约定公司设立成功后再由对应发起人支付投资款；

二是书面明确各发起人在公司设立筹备过程中的责任义务，划分责任范围，约定责任承担范围；

三是负责公司筹备设立的发起人在公司筹备过程中，及时将工作进度同步给各发起人，及时沟通跟进情况；

四是发起人在支付投资款时，要备注款项用途；

五是其余发起人积极配合公司筹备设立工作。

【关联法条】

《中华人民共和国公司法》(2024 年 7 月 1 日)

第四十四条 有限责任公司设立时的股东为设立公司从事的民事活动，其法律后果由公司承受。

公司未成立的，其法律后果由公司设立时的股东承受；设立时的股东为二人以上的，享有连带债权，承担连带债务。

设立时的股东为设立公司以自己的名义从事民事活动产生的民事责任，第三人有权选择请求公司或者公司设立时的股东承担。

设立时的股东因履行公司设立职责造成他人损害的，公司或者无过错的股东承担赔偿责任后，可以向有过错的股东追偿。

6. 公司未设立成功，发起人应当如何分配责任？

【案例还原】

2018 年 2 月，马某与绵阳市优狐网络科技有限公司(以下简称优狐公司)签订《合伙人投资协议》，约定招募合伙人成立新公司，协议约定:公司性质为网络科技有限公司,注册资金为1000万元;马某投资5万元认购5万股。协议签订当天,马某向优狐公司支付5万元,优狐公司出具收据注明系“投资”并加盖财务专用章。3月,李某向马某出具《欠条》,内容为:欠马某现金5万元整承诺于2018年4月底前还清。

之后网络科技有限公司未成立,马某因此向一审法院起诉请求解除马某与优狐公司签订的《合伙人投资协议》,并由优狐公司与李某全额退还马某支付的股份认购费用5万元等。一审法院支持马某的诉求,优狐公司不服提起上诉。

案号:四川省绵阳市中级人民法院(2019)川07民终1672号,四川省高级人民法院(2019)川民申5080号

【律师分析】

本案二审争议的焦点为:合伙协议约定的新公司未设立成功时,发起人之间的权利义务如何分配。

各方签订的《合伙人投资协议》在性质上应认定为合伙协议,发起人之间是合伙关系。从协议的履行情况来看,新公司未设立成功时,设立中的公司消失,设立公司行为所带来的各项义务当然地由全体发起人按照合伙协议中的约定或按照其出资认购比例以其各自的财产共同承担。

本案中,优狐公司的法定代表人李某向法院提交的租赁合同、费用票据等证据,证明在新公司设立期间确实存在因公司设立需要而支出费用的事实,由于全体发起人也就是所有合伙人在合伙事务结束以后并未依法对合伙事务进行清算,在所有合伙人所享有的权利、承担的义务仍处于不确定的情况下,合伙人之一的马某起诉请求返

还其全部投资款的诉讼请求于法无据，不能获得法院的支持。

最终，二审法院判决支持优狐公司的观点，驳回了马某要求返还全部投资款的请求。

【实务指南】

通过上述案件可以看出，在司法实践中，公司未能设立时，股东要求返还投资款首先要看各方是否有约定，有约定的按照其约定；无约定的，不仅要确定公司未能设立的责任应由谁承担，还要结合在公司设立阶段是否有资金支出，是否能够清算等的具体情况。笔者建议，股东在设立公司时应当注意以下五点。

一是成立公司前做好前期调研工作，咨询专业人士，以确定公司能否设立成功。

二是两个以上发起人合意设立公司时，建议就合意内容包括拟成立的公司名称、经营地址、经营范围、出资比例、公司成立后的股权比例、支出费用流程及违约责任等签订详细的书面协议，明确各方的权利义务，明确约定特殊情况下的合同解除权。协议中应重点明确负责保管、支出款项的发起人的义务和责任，确保其他各方对资金使用、公司设立情况享有充分的知情权、监督权。

三是负责保管、支出款项的发起人为设立公司支出相关费用时，应当严格遵守发起人之间签订的协议，或者经过其他发起人的同意，并留存相应证据及支出凭证。

四是如公司未能设立导致发起人之间的协议被解除，则负责保管投资款的发起人应当在扣除其他发起人应分担的费用后退还剩余投资款。

五是公司未能设立成功的，应当就主要原因搜集相关证据，不可贸然起诉。

【关联法条】

《中华人民共和国民法典》(2021 年 1 月 1 日)

第五百六十六条第一、二款 合同解除后,尚未履行的,终止履行;已经履行的,根据履行情况和合同性质,当事人可以请求恢复原状或者采取其他补救措施,并有权请求赔偿损失。

合同因违约解除的,解除权人可以请求违约方承担违约责任,但是当事人另有约定的除外。

7. 因部分发起人的过错导致公司未设立的,其他发起人如果在设立过程中支付了费用或承担了债务,是否有权主张由过错方承担责任?

【案例还原】

2014 年 9 月,辛某以第三人的名义与他人签订租房协议,承租时间为 2014 年 9 月 1 日至 2015 年 8 月 31 日,累计支付租金 21 万元。

2015 年 10 月,原告辛某与被告上海闪客电子商务有限公司(以下简称上海闪客公司)及案外人签订合作协议书,约定共同出资成立辽宁闪客网络信息技术有限公司(以下简称辽宁闪客公司),其中约定辛某以现金出资,上海闪客公司以货物出资。协议签订后,辛某先后于 2015 年 11 月、2016 年 5 月两次转款共计 10 万元到上海闪客公司负责人薛某利的账户,欲以承租房屋租金 21 万元的形式完成剩余出资,并承诺将承租的房屋作为辽宁闪客公司的经营场地供公司使用。

辽宁闪客公司最终未能成功设立，经核算，设立过程中已花费固定设备、装修材料、开业庆典费用合计22万余元。原告辛某诉称因上海闪客公司的过失导致辽宁闪客公司未设立，其投资目的不能实现，要求判令上海闪客公司法定代表人及其他股东总计退还出资金额10万元。被告上海闪客公司及其他被告主张因原告提供承租场地到期，致使辽宁闪客公司在设立过程中不能提交公司的住所证明，故而公司未能设立，原告应当承担责任。

案号：抚顺市顺城区人民法院(2019)辽0411民初4213号，辽宁省抚顺市中级人民法院(2020)辽04民终705号

【律师分析】

因部分发起人的过错导致公司未设立的，其他发起人如果已经在设立过程中支付了费用或承担了债务，则可以主张由过错方承担责任。

在本案中，辛某与上海闪客公司同为辽宁闪客公司的发起人，均负有出资义务和公司设立职责。根据双方关于公司设立的约定，辛某应该按期足额出资。辛某虽然签订了租赁合同，但是租赁场所用途并未标明为设立公司，同时该租赁期限并不足以覆盖辽宁闪客公司注册后的使用期限，因此支付的21万元租金不应当认定为以租金形式履行的关于设立辽宁闪客公司的出资款。故辛某实际出资款仅为10万元，尚未完全履行出资义务。

原告与被告为设立公司而签订出资协议，双方同为公司的发起人，均负有出资义务和公司设立职责。在各方并未约定由谁代表全体股东申请公司设立登记，也没有约定公司未成功设立的责任划分

的情况下，按照法律规定，若公司未成功设立，公司设立过程中产生的债务应由股东按照出资比例分担。

在本案中，辛某、上海闪客公司并未约定由上海闪客公司代表全体股东申请设立，又无足够证据证明上海闪客公司在设立辽宁闪客公司的过程中存在过错，无法认定上海闪客公司为过错方，所以辛某的诉讼请求未被法院支持。

【实务指南】

在实践中，为了保障发起人权益，笔者建议在公司设立过程中进行以下约定。

一是对出资款与设立款进行区分，约定设立款用于公司设立阶段，明确各方的承担比例。

二是限定设立款的使用范围，如不可用于发起人的个人用途；使用时备注预设立公司名称及用途。

三是以预设立公司的名义对外签订合同，避免以发起人个人名义。

四是约定在公司成功设立后，发起人在限定时间内履行出资义务。

【关联法条】

《中华人民共和国公司法》(2024 年 7 月 1 日)

第四十四条　有限责任公司设立时的股东为设立公司从事的民事活动，其法律后果由公司承受。

公司未成立的，其法律后果由公司设立时的股东承受；设立时的股东为二人以上的，享有连带债权，承担连带债务。

设立时的股东为设立公司以自己的名义从事民事活动产生的民事责任,第三人有权选择请求公司或者公司设立时的股东承担。

设立时的股东因履行公司设立职责造成他人损害的,公司或者无过错的股东承担赔偿责任后,可以向有过错的股东追偿。

8.公司字号与他人公司/产品的名称雷同,是否构成侵权或不正当竞争?

【案例还原】

原告腾讯公司为大型互联网企业,拥有"全媒派"注册商标。被告全媒派公司、巨火公司未经许可,在其网站、商务交易文书等经营活动中使用了"全媒派"及"全媒湃"标识。

腾讯公司认为,被告全媒派公司使用的公司字号"全媒派"与腾讯公司注册商标的文字完全相同,被告全媒派公司、巨火公司使用的标志"全媒湃"与腾讯注册商标的读音相同,构成商标近似。因此,腾讯公司请求法院认定全媒派公司、巨火公司构成商标侵权和不正当竞争。

案号:江苏省高级人民法院(2019)苏民终1186号

【律师分析】

本案的争议焦点为:使用他人商标作为企业名称字号是否构成商标侵权和不正当竞争行为。

一、被告构成商标侵权行为

在本案中,全媒派公司字号"全媒派"与腾讯公司注册商标的文字完全相同，属于相同标识，在广告网站上使用的"全媒湃"虽与注册商标有一字之差，但读音是相同的，不影响呼叫识别，属于近似商标。同时，全媒派公司、巨火公司实际从事网络广告投放、媒体信息推送以及相应文稿编辑等经营业务，与腾讯公司涉案注册商标核定服务类别构成相同或近似。腾讯公司"全媒派"商标本身为臆造词汇，显著性较强，经腾讯公司持续大量宣传推广，"全媒派"商标在相关消费群体中亦具有一定的知名度，在此情况下，被告在公司字号和推广标识中使用腾讯的注册商标构成商标侵权行为。

二、被告构成不正当竞争行为

在本案中，被告全媒派公司在与腾讯"全媒派"品牌无任何渊源的情况下将"全媒派"作为企业字号并且以"全媒派"或"全媒湃"之名开展商务活动，在"全媒派"作为臆造词汇且由他人在先使用且全媒派公司对其字号并无合理解释的情况下，可以合理推定其注册使用该字号在主观上具有搭载他人在先商誉的故意。客观上，"全媒派"作为腾讯公司商标以及全媒派公司字号的唯一识别要素，全媒派公司无论是否突出使用均会不可避免地使他人产生混淆和误认。因此，被告全媒派公司作为同业经营者，未对他人在先具有一定知名度的商标予以合理避让，将他人商标文字注册为字号的行为构成不正当竞争。

最终，法院判决全媒派公司向腾讯公司赔偿经济损失 30 万元，巨火公司对其中的 10 万元承担连带赔偿责任。

【实务指南】

鉴于企业名称或字号使用他人注册商标可能构成商标侵权和不正当竞争，为了使发起人在给公司起名并确定公司字号时避免风险，笔者建议如下。

一是在拟定公司名称或字号时，应注意查询是否存在相同或近似的注册商标；

二是经查询，如发现已有相同或近似的注册商标，应该在修改企业名称或字号后再进行注册；

三是经查询，如发现不存在相同或近似的注册商标，应该及时对企业名称或字号进行商标注册；

四是在企业名称或字号已经使用的情况下，或者及时修改企业名称或字号进行避让，或者通过授权获得企业名称或字号的合法使用权利；

五是在收到侵权警告后，应该及时评估企业名称或字号使用的风险，采取合理避让手段，避免侵权；

六是如被权利方起诉，应积极提供使用相应企业名称或字号的合理性证据，降低侵权赔偿责任。

【关联法条】

《中华人民共和国商标法》(2019 年 11 月 1 日)

第五十八条 将他人注册商标、未注册的驰名商标作为企业名称中的字号使用，误导公众，构成不正当竞争行为的，依照《中华人民共和国反不正当竞争法》处理。

《中华人民共和国反不正当竞争法》(2019 年 4 月 23 日)

第六条 经营者不得实施下列混淆行为，引人误认为是他人商品或者与他人存在特定联系：

(一)擅自使用与他人有一定影响的商品名称、包装、装潢等相同或者近似的标识；

（二）擅自使用他人有一定影响的企业名称（包括简称、字号等）、社会组织名称（包括简称等）、姓名（包括笔名、艺名、译名等）；

（三）擅自使用他人有一定影响的域名主体部分、网站名称、网页等；

（四）其他足以引人误认为是他人商品或者与他人存在特定联系的混淆行为。

《最高人民法院关于适用〈中华人民共和国反不正当竞争法〉若干问题的解释》（2022年3月20日）

第十三条 经营者实施下列混淆行为之一，足以引人误认为是他人商品或者与他人存在特定联系的，人民法院可以依照反不正当竞争法第六条第四项予以认定：

（一）擅自使用反不正当竞争法第六条第一项、第二项、第三项规定以外"有一定影响的"标识；

（二）将他人注册商标、未注册的驰名商标作为企业名称中的字号使用，误导公众。

9. 公司一般需要几个股东？一人股东的公司在法律上有何不同？

【案例还原】

原告上海轩儒网络科技有限公司（以下简称轩儒公司）是一家游戏开发公司，主营网络游戏业务，被告乐承公司是一家网络推广公司，被告刘某俊系被告乐承公司法定代表人兼一人股东。

原告法定代表人周某与被告刘某俊通过电话方式达成口头协议，约定由被告乐承公司为原告提供推广服务，周某于2018年9月29日向被告刘某俊的个人账户转账10万元服务费。然而，被告乐承公司收款后并未提供任何推广服务,原告多次向两被告催讨,但均以各种理由推托拒不返还。故原告轩儒公司向法院提起诉讼,认为其与被告乐承公司之间的口头协议因被告乐承公司严重违约而解除,被告乐承公司未履行任何合同义务,故被告乐承公司理应返还全部服务费及自付款之次日起至实际付清之日止的逾期付款利息损失,并且被告刘某俊系公司一人股东,对公司的债务承担连带清偿责任。

案号:上海市宝山区人民法院(2021)沪0113民初31335号

【律师分析】

本案的争议焦点为:一人股东公司,其股东是否要对公司的债务承担连带清偿责任;一人股东公司和两人以上股东公司在承担责任上的区别。

一、一人股东公司的唯一股东需要对公司债务承担连带清偿责任

根据《公司法》第23条的规定,只有一个股东的公司,股东不能证明公司财产独立于股东自己的财产的,应当对公司债务承担连带责任。

本案中,法院认定被告乐承公司的行为构成严重违约,应当退还全部服务费用并支付逾期利息。案涉债务发生于被告刘某俊担任被告乐承公司一人股东期间,并且被告刘某俊未提供任何证据证明其持股期间个人财产独立于公司财产;相反,在案证据可以证明被告刘某俊通过个人账户代公司收付款。

最终,法院判决被告的唯一股东刘某俊对案涉债务承担连带清偿责任。

二、两人以上股东的有限责任公司，以出资额为限对公司的债务承担清偿责任

根据《公司法》的规定，一人股东公司和两人以上股东的有限公司是两种不同的公司主体。两人以上的公司，一般情况下，股东仅以出资额为限对公司承担责任。只有在抽逃出资或损害公司利益的情况下，才对公司不能清偿的债务向债权人承担补充赔偿责任。

【实务指南】

一人公司即只有一个股东的公司，一人公司在我国是被允许注册成立的，由于其只有一个股东，缺少多个股东之间的内部制衡机制，容易产生公司与股东之间的财产混同以及股东滥用公司独立人格的情形，从而损害债权人的合法权益。因此，我国法律对一人公司的财产独立性作出专门的规定。

笔者建议，若要在商业活动中设立公司，最好股东达两人以上，如此可以保证公司法人的有限责任性质。如果一定要设立一人公司，一人股东应注意《公司法》对一人公司的特殊规定，要更加严格规范公司的财务制度，保证公司账目完整且清晰。同时，股东还应依法进行年度审计，在公司账户、人员、经营场所等方面均要保持独立，避免因公司财产与股东财产混同导致对公司债务承担无限连带责任的情况发生。

【关联法条】

《中华人民共和国公司法》(2024 年 7 月 1 日)

第二十一条 公司股东应当遵守法律、行政法规和公司章程，依法行使股东权利，不得滥用股东权利损害公司或者其他股东的利益。

公司股东滥用股东权利给公司或者其他股东造成损失的，应当承担赔偿责任。

第二十三条 公司股东滥用公司法人独立地位和股东有限责任，逃避债务，严重损害公司债权人利益的，应当对公司债务承担连带责任。

股东利用其控制的两个以上公司实施前款规定行为的，各公司应当对任一公司的债务承担连带责任。

只有一个股东的公司，股东不能证明公司财产独立于股东自己的财产的，应当对公司债务承担连带责任。

10. 有限责任公司的含义是什么？在有限责任的情况下，公司的股东或者法定代表人会承担哪些风险？

【案例还原】

草莓互娱(北京)文化有限公司(以下简称草莓公司)成立于2016年，注册资本为100万元，其中，北京游乐科技有限公司(以下简称游乐公司)认缴60万元。直到2019年9月5日，游乐公司经多次受让，认缴100万元，成为草莓公司持股100%的股东。

2019年，草莓公司与芜湖易玩网络科技有限公司(以下简称易玩公司)因著作权纠纷一案，经法院判决，草莓公司应当退还易玩公司合同款100万元。后因草莓公司无赔付能力，易玩公司在强制执行的过程中追加游乐公司为被执行人，要求其在草莓公司的债务范围内承担连带清偿责任。

游乐公司不服上述执行裁定，提起执行异议之诉，并出具了相关的审计结果及司法鉴定意见书，证明游乐公司自2019年9月5日才成为草莓公司的唯一股东，游乐公司与草莓公司不存在财产不独立的情况，故游乐公司不应当对草莓公司的债务承担连带清偿责任。

案号：北京市丰台区人民法院(2021)京0106民初3264号，北京市第二中级人民法院(2023)京02民终4393号

【律师分析】

本案的争议焦点为：游乐公司作为草莓公司的唯一股东，是否应被追加作为被执行人清偿草莓公司的债务。

一、即使游乐公司与草莓公司财务独立、不存在混同，游乐公司仍应当对草莓公司的债务承担责任

根据《公司法》的规定，有限责任公司是指由50个以下股东共同投资设立的，每个股东以其认缴的出资额为限对公司承担责任，且公司以其全部资产对债务承担责任的企业法人。在注册资本认缴制下，股东可以根据自身情况，在章程中约定注册资本的实缴时间。因此，司法实务中也会保障股东的认缴利益，债权人以公司不能清偿到期债务为由，请求出资期限未到的股东在未出资范围内对公司不能清偿的债务承担补充赔偿责任的，法院一般不予支持。

如果公司已经成为案件的被执行人，人民法院穷尽执行措施也未能执行到财产，公司已具备破产原因，但在不申请破产的情况下，法院一般认可出资期限未到的股东的出资义务提前到期，不受章程的约束。

在本案中，游乐公司作为草莓公司的股东，虽然尚未达到实缴出资的期限，但根据已查明的情况，在草莓公司作为被执行人的案件中，人民法院已穷尽执行措施确认草莓公司无财产可供执行，草莓公

司明显属于不能清偿到期债务且明显缺乏清偿能力，已具备破产原因，尚未进入破产程序。因此，游乐公司作为草莓公司的股东，其出资期限应当加速到期。

二、如果游乐公司需要承担责任，应当承担何种责任

根据《公司法》的规定，在无法证明一人股东与有限责任公司之间存在财务混同的情况下，有限责任公司的股东一般在未实缴注册资本的范围内对公司的债务承担补充赔偿责任。

在本案中，没有证据证明游乐公司和草莓公司之间存在财务混同，因此，游乐公司仅在其尚未缴纳出资的范围内对草莓公司债务不能清偿的部分承担补充赔偿责任。

最终，一审法院及二审法院判令追加游乐公司作为被执行人，并确定游乐公司仅在其尚未缴纳出资的范围内对草莓公司债务不能清偿的部分承担补充赔偿责任。

【实务指南】

一般而言，有限责任公司的股东仅需依据出资协议或章程的相关约定，在约定的时间内完成出资义务，即便在公司有债务的情况下，有限责任公司的股东一般也不需要提前履行出资义务。但是有限责任公司的股东也不能据此在未能实缴的情况下，无限地以出资义务未到期为由(拒绝公司偿还对外债务)。在特定情况下，股东的出资义务会提前到期，并且在出资范围内对公司的债务承担补充责任。粗浅地理解即股东未能实缴出资，等同于股东对公司有一笔债务，在公司对外有债务的情况下，债务可以进行转移，以股东出资→公司→清偿给第三人的路径进行转移。

认缴金额≠不需要缴纳，针对有限责任公司的股东从认缴到实缴的实务问题,笔者提出以下三点建议。

一是在公司设立时,根据公司业务的实际情况,谨慎拟定公司注册资本的数额,切不可贪大求全,将注册资本设立为天文数字,避免无法履行出资义务。

二是如果注册资本过高,公司股东应当依照法定程序及时对公司进行减资,以减少个人实缴的资金压力。

三是当公司债务存在不能对外清偿的风险时,不能简单地以对公司的注册资本进行减资来逃避股东的出资义务,这样可能引发除在认缴金额内进行补足的责任外,还需要对公司的债务承担连带责任。该类减资的问题我们将在后续的篇幅中进行阐述。

【关联法条】

《中华人民共和国公司法》(2024 年 7 月 1 日)

第三条 公司是企业法人,有独立的法人财产,享有法人财产权。公司以其全部财产对公司的债务承担责任。

公司的合法权益受法律保护,不受侵犯。

第四条 有限责任公司的股东以其认缴的出资额为限对公司承担责任;股份有限公司的股东以其认购的股份为限对公司承担责任。

公司股东对公司依法享有资产收益、参与重大决策和选择管理者等权利。

《最高人民法院关于适用〈中华人民共和国公司法〉若干问题的规定(三)》(2021 年 1 月 1 日)

第十三条第二款 公司债权人请求未履行或者未全面履行出资义务的股东在未出资本息范围内对公司债务不能清偿的部分承担补充赔偿责任的,人民法院应予支持……

《最高人民法院关于民事执行中变更、追加当事人若干问题的规定》(2021 年 1 月 1 日)

第十七条 作为被执行人的营利法人,财产不足以清偿生效法律文书确定的债务,申请执行人申请变更、追加未缴纳或未足额缴纳出资的股东、出资人或依公司法规定对该出资承担连带责任的发起人为被执行人,在尚未缴纳出资的范围内依法承担责任的,人民法院应予支持。

11. 分公司能否对外承担法律责任?

【案例还原】

家家公司与酷虎贵州分公司、酷虎遵义分公司分别签订了《App 开发合同书》与《〈家家传〉App 软件开发合同》,约定家家公司委托酷虎贵州分公司进行 App 开发,家家公司向其支付开发服务费。协议签订后,家家公司向酷虎贵州分公司负责人邵某玲支付了费用。

在协议履行的过程中,家家公司认为酷虎遵义分公司、酷虎贵州分公司未按约定履行合同,所开发的 App 软件一直未达到其要求。在沟通无果后,家家公司将酷虎公司、酷虎遵义分公司、酷虎贵州分公司起诉至法院,要求解除合同、退回款项并支付违约金等费用。

案号:贵州省遵义市中级人民法院(2019)黔 03 民终 6425 号

【律师分析】

本案的争议焦点为:分公司能否对外承担法律责任。

一、酷虎贵州分公司和酷虎遵义分公司可以对外承担责任

在本案中,家家公司与酷虎贵州分公司、酷虎遵义分公司签订的

《App 开发合同书》是双方当事人的真实意思表示，内容不违反法律法规的强制性规定，该合同合法有效。

换言之，酷虎贵州分公司和酷虎遵义分公司经依法登记、领取营业执照，虽不具有法人资格，但仍有相对独立性，可以以自己的名义对外签订合同，拥有一定的民事责任承担能力。进一步讲，若二分公司的财产足以对外承担责任，则由二分公司独立承担；若二分公司的财产不足以对外承担责任，则由酷虎公司承担连带或补充责任。

最终，根据案件事实，法院判决解除案涉合同，酷虎贵州分公司和酷虎遵义分公司向家家公司返还部分开发费用，酷虎贵州分公司和酷虎遵义分公司清偿不足的部分由酷虎公司承担补充责任。

二、分公司责任承担的常见问题

尽管分公司在权力来源和民事责任的承担上表现出极强的依附性，但其仍具有一定的独立性。该独立性主要表现在“有权以自己的名义从事民事活动”以及“可以作为独立的民事诉讼主体”两个层面。因为分公司可以作为独立的民事诉讼主体，所以在与分公司发生纠纷时，常常会面临确定起诉对象与最终执行的问题，笔者简要归纳如下。

1. 起诉分公司，可否将总公司列为共同被告

可以将总公司列为共同被告，并且可以主张由总公司承担责任。

在与分公司发生纠纷时，不仅可以将总公司列为共同被告，还可以直接起诉总公司。不过，若签订合同的相对方是分公司，那么即便法律规定相关责任由总公司承担，也建议在诉讼过程中将分公司列为被告，这样更有利于事实的查明。

2. 申请执行分公司，可否将总公司申请为共同被执行人

可以追加总公司为共同被执行人。根据《最高人民法院关于民

事执行中变更、追加当事人若干问题的规定》的规定，分公司对外负债的，可以追加总公司为被执行人，执行总公司的财产。总公司对外负债，也可以追加分公司为被执行人，执行分公司的财产。

【实务指南】

随着市场经济的飞速发展，不少公司为扩大规模或规避相关风险，会选择在主要经营地、人才集中地设下分公司或子公司，负责当地业务的对接与发展。针对公司为扩大生产经营规模而设立新主体的，笔者建议如下。

公司如为扩展业务需要新设公司，首先可以考虑设立子公司或关联公司。这两类公司不同于分公司，二者具有独立的法律地位，可以独立承担民事责任。若对外产生负债，公司不必然承担连带赔偿责任。需要特别提醒的是，在选择设立子公司后，公司也应谨慎设立全资子公司，避免连带责任承担的可能。

公司若欲设立一家新公司承接某一板块专门业务，除需避免在股权架构上存在关联关系外，还需注意避免双方在对接人员、经营地址、财务对账上构成混同，否则仍可能需要承担连带责任。

公司在经营过程中亦可能出现与某企业的分公司进行交易的情形，面对这种情况笔者建议如下：

1. 公司应首先注意与该分公司所进行的交易的内容是否超出分公司的经营范围。如超出，为控制风险公司应要求该分公司提供总公司的特别授权。

2. 公司在与分公司因合作发生纠纷需起诉时，应将分公司与总公司列为共同被告，要求总公司对分公司债务承担补充清偿责任；若公司在诉讼中仅起诉了分公司一方，在申请执行阶段却发现该分公司不具有清偿能力，公司亦可追加总公司，甚至总公司的其他分公司作为被执行人。

【关联法条】

《中华人民共和国民法典》(2021年1月1日)

第七十四条 法人可以依法设立分支机构。法律、行政法规规定分支机构应当登记的，依照其规定。

分支机构以自己的名义从事民事活动，产生的民事责任由法人承担；也可以先以该分支机构管理的财产承担，不足以承担的，由法人承担。

《中华人民共和国公司法》(2024年7月1日)

第十三条 公司可以设立子公司。子公司具有法人资格，依法独立承担民事责任。

公司可以设立分公司。分公司不具有法人资格，其民事责任由公司承担。

第三十八条 公司设立分公司，应当向公司登记机关申请登记，领取营业执照。

《最高人民法院关于民事执行中变更、追加当事人若干问题的规定》(2021年1月1日)

第十五条 作为被执行人的法人分支机构，不能清偿生效法律文书确定的债务，申请执行人申请变更、追加该法人为被执行人的，人民法院应予支持。法人直接管理的责任财产仍不能清偿债务的，人民法院可以直接执行该法人其他分支机构的财产。

作为被执行人的法人，直接管理的责任财产不能清偿生效法律文书确定债务的，人民法院可以直接执行该法人分支机构的财产。

Part 2 股东出资和资格确认纠纷

12. 股东对公司进行出资或者借款应当如何区分？

【案例还原】

叶游公司成立于2014年12月29日，注册资本为1739.25万元。叶游公司最新一版章程约定，股东洪某斌以货币出资1000万元，出资时间为2015年12月。

其后，叶游公司因经营不善，向法院申请破产清算。其间，法院指定的叶游公司破产管理人向洪某斌发出通知函，要求洪某斌履行股东认缴注册资本即时到位的义务，但未收到回复。经叶游公司管理人核实，目前公司债务不足200万元。

公司管理人以200万元为基数，请求法院判令洪某斌向叶游公司缴付其认缴的出资额114.98万元。

经法院核实，洪某斌于2016年1月8日总计转账1000万元，但备注均为"归还公司借款"。

案号:上海市徐汇区人民法院(2020)沪0104民初17607号

【律师分析】

本案的争议焦点为:洪某斌向叶游公司转款的性质是借款还是出资款。

本案中,叶游公司的银行账户流水中有洪某斌的多项转账,其中,2016年1月8日转账4笔总计1000万元,洪某斌本人均备注为"归还公司借款"。此外,因洪某斌未出庭抗辩和举证该笔款项的性质,且结合案件现有证据,法院认为难以认定该笔款项系出资款。

最终,法院认为,洪某斌应向叶游公司履行114.98万元的出资义务。

【实务指南】

在实践中,为了缓解公司资金流转问题或为了扩大公司的经营规模,经常会发生股东向公司投入资金的行为。由于一些公司在建立初期并未建立完善的财务制度,故双方在未明确所投入的资金系借款或出资款时,对该笔款项性质的认定常常会产生较大的争议。

发生争议后,不少股东会主张该资金系借款,要求公司返还。公司也常以此资金为投资款进行抗辩。针对股东借款与股东投资款的区别,结合法律规定以及法院裁判精神,笔者认为可以从以下四个方面进行考量。

一、关注是否对出资享有固定回报,或是否共担风险

若出资人与公司签署了《投资合作协议》,但该协议并未明确共同经营、共享收益、共担风险,且一方对其出资享有固定回报,根据最高人民法院的观点,则属于借贷关系,该款项应被认定为借款。若出

资人参与公司利润分配，且与公司共担风险，则属于投资性质，该款项应被认定为投资款。

二、关注公司章程的约定

公司增资行为需要遵循公司法和公司章程的法定程序，属于要式法律行为，而民间借贷不一定签订书面合同。若章程中约定，增加或减少注册资本必须召开股东会由全体股东通过并作出决议，那么在无增资决议的情形下，股东在完成实缴后，又向公司注入的资金，应被认定为借款。

三、关注公司会计账册

若公司会计账册中将出资款和借款分别建账，如将股东汇款登记为“其他应付款”的，则应视为借款；如将股东汇款以“出资款”进行记账，则应视为投资款。

四、关注是否存在借款的合意

公司向股东借款时，存在的债权债务关系可以通过借款合同、借条、借据、欠条、借款收据予以证明；而关于出资的认定，一般可以通过出资证明书、验资报告、银行询证函、银行进账单、年报等证据进行确认。

综上所述，为了维持公司的内部稳定，避免公司与股东之间的纷争，减少后期诉累，笔者建议在股东打款之初，双方就对款项的性质予以明确，并签署书面协议予以确认。若系股东通过增资形式对公司的投资，则公司应通过有效的增资决议，将该款项计入“注册资金”或“资本公积金”项下，并向股东签发出资证明。

若系股东对公司的借款，则公司应与股东订立书面的借款协议，且协议应对借款期限、借款金额、利息等涉及双方权益的条款予以明确。此外，公司在收到款项后，应将其计入“负债类”科目或“借款”项下。

【关联法条】

《中华人民共和国公司法》(2024 年 7 月 1 日)

第五十五条 有限责任公司成立后,应当向股东签发出资证明书,记载下列事项:

(一)公司名称;

(二)公司成立日期;

(三)公司注册资本;

(四)股东的姓名或者名称、认缴和实缴的出资额、出资方式和出资日期;

(五)出资证明书的编号和核发日期。

出资证明书由法定代表人签名,并由公司盖章。

第一百一十六条 股东出席股东会会议,所持每一股份有一表决权,类别股股东除外。公司持有的本公司股份没有表决权。

股东会作出决议,应当经出席会议的股东所持表决权过半数通过。

股东会作出修改公司章程、增加或者减少注册资本的决议,以及公司合并、分立、解散或者变更公司形式的决议,应当经出席会议的股东所持表决权的三分之二以上通过。

13. 有限责任公司的全体股东能否约定不按实际出资比例持有股权?

【案例还原】

郑州国华投资有限公司(以下简称国华公司)与深圳市启迪信息

技术有限公司(以下简称启迪公司)、开封市豫信企业管理咨询有限公司(以下简称豫信公司)3家公司签订投资协议共同设立一家投资公司。投资协议约定:国华公司以现金出资人民币300万元,占公司注册资本的30%;豫信公司以现金出资人民币150万元,占公司注册资本的15%;启迪公司以现金出资人民币500万元,占公司注册资本的55%。3家公司约定,公司的注册资本1000万元和投资6000万元全部由国华公司负责筹集投入。

应豫信公司和启迪公司要求,国华公司分别汇给豫信公司150万元,汇给启迪公司500万元。豫信公司、启迪公司分别将上述150万元、500万元汇入投资公司账户作为其认缴出资。国华公司将300万元汇入投资公司账户作为其认缴出资,至此投资公司1000万元注册资本全部实缴完毕。后投资公司在经营过程中,国华公司和其他股东就公司经营事项发生争议,国华公司遂以投资公司的全部资金均为其投入为由,向法院起诉,要求其享有投资公司100%的股权。

案件经过两级法院审理,均支持国华公司的诉讼请求,判决根据国华公司实际缴纳的资金认定其股权份额。启迪公司不服,上诉至最高人民法院。

案号:河南省高级人民法院(2009)豫法民二终字第20号,最高人民法院(2010)民申字第866号,最高人民法院(2011)民提字第6号

【律师分析】

本案的争议焦点为:股东之间不按出资比例持有股权的约定是否有效。

一、股东约定不违反法律规定且不损害他人利益的，应该有效

我国法律并未禁止股东内部对各自的实际出资数额和占有股权比例作出约定，这样的约定并不影响公司资本对公司债权担保等对外基本功能的实现，并非规避法律的行为，并未损害他人利益，不违反法律和行政法规的规定，属有效约定，当事人应按照约定履行。

本案中，注册资本1000万元已经根据投资协议的约定足额出资，依法进行了验资，且公司股权结构亦已按照投资协议的约定一并经工商行政机关核准登记，故该1000万元系有效出资，当事人之间对各自持有的股权比例未提出任何异议，虽然国华公司以其筹集全部注册资本为由主张其享有公司的全部股权，但实际出资额是股东内部约定，不影响公司资本对外登记的有效性。故启迪公司作为投资公司的股东按照投资协议和投资公司章程的约定持有投资公司55%的股权应当受到法律的保护。

根据投资协议的约定，国华公司仅享有30%的股权，因此认定投资协议有效，驳回了国华公司主张100%股权的诉讼请求。最终，最高人民法院再审判决撤销二审判决，认定投资协议约定的股东权利有效，驳回国华公司的全部诉讼请求。

二、股东内部为什么可以自行约定股东权利

股东认缴的注册资本是构成公司资本的基础，在公司注册资本符合法定要求的情况下，各股东的实际出资数额和持有股权比例属于公司股东意思自治的范畴。股东持有股权的比例一般与其实际出资比例一致，但有限责任公司的全体股东内部也可以约定不按实际出资比例持有股权，这样的约定并不影响公司资本对公司债权担保等对外基本功能的实现。如该约定是各方当事人的真实意思表示，未损害他人利益且不违反法律和行政法规的规定，则应属有效，股东

按照约定持有的股权应当受到法律的保护。主要理由总结如下。

第一,各股东在内部约定不按实际出资比例持有股权,只是一种内部约定,并不影响公司工商登记中股东按出资比例认缴注册资本。

第二,我国公司法等有关法律法规并未对有限责任公司全体股东在内部约定不按实际出资比例持有股权作出禁止性规定。

第三,各股东在内部约定不按实际出资比例持有股权,是当事人意思自治的表现,在不违反法律法规的前提下,当事人有对自己权益作出处分的自由。

【实务指南】

股权比例实际上就是公司股东享有股权权益的比例,最为核心的股东权益便是对公司事项的表决权以及对公司利润的分红权。对此,我国《公司法》规定,全体股东可以约定不按照出资比例行使表决权,不按照出资比例分取红利。

考虑股东约定不按出资比例确定持股比例主要是因为在实际商事活动中,股东合作经营有限责任公司时,部分股东是通过自身商业资源、经营管理能力等非法律规定的出资形式获得特定股权。所以,股东往往通过在投资协议中特别约定表决权比例、分红权比例来平衡股东之间管理公司、分配利益的比例,实现对各自出资义务和应享有的权益做特别分配。

结合《公司法》及相关司法解释,笔者总结实务中的要点如下。

一、公司章程、股东间协议可对各股东持有股权的比例进行个性化约定

我国《公司法》规定,全体股东可以约定不按照出资比例认缴出资;全体股东可以约定不按照出资比例行使表决权;公司章程可以规定股东不按照出资比例分配利润。《公司法》本身既未明确授权，亦未明确禁止公司股东之间不得约定不按照出资比例享有股权。在实践中，鉴于股权的分配涉及股东的多方商业考虑，多数法院认可股东可通过章程或者股东协议的方式，规定股东不按照出资比例享有股权。

二、股东协议对股权份额的特别约定未经登记不能对抗第三人

我国《公司法》规定，有限责任公司的股东以其认缴的出资额为限对公司承担责任。因此，股东未按照章程规定实缴出资，在公司财产无法清偿债务时，需要在认缴出资额范围内承担责任。

【关联法条】

《中华人民共和国公司法》(2024 年 7 月 1 日)

第三条第一款 公司是企业法人，有独立的法人财产，享有法人财产权。公司以其全部财产对公司的债务承担责任。

第四条第一款 有限责任公司的股东以其认缴的出资额为限对公司承担责任；股份有限公司的股东以其认购的股份为限对公司承担责任。

第六十五条 股东会会议由股东按照出资比例行使表决权；但是，公司章程另有规定的除外。

第二百一十条 公司分配当年税后利润时，应当提取利润的百分之十列入公司法定公积金。公司法定公积金累计额为公司注册资本的百分之五十以上的，可以不再提取。

公司的法定公积金不足以弥补以前年度亏损的，在依照前款规定提取法定公积金之前，应当先用当年利润弥补亏损。

公司从税后利润中提取法定公积金后，经股东会决议，还可以从税后利润中提取任意公积金。

公司弥补亏损和提取公积金后所余税后利润，有限责任公司按照股东实缴的出资比例分配利润，全体股东约定不按照出资比例分配利润的除外；股份有限公司按照股东所持有的股份比例分配利润，公司章程另有规定的除外。

公司持有的本公司股份不得分配利润。

第二百二十七条 有限责任公司增加注册资本时，股东在同等条件下有权优先按照实缴的出资比例认缴出资。但是，全体股东约定不按照出资比例优先认缴出资的除外。

股份有限公司为增加注册资本发行新股时，股东不享有优先认购权，公司章程另有规定或者股东会决议决定股东享有优先认购权的除外。

14. 股东以非货币形式出资，在投资协议或股东协议中应当如何体现？

【案例还原】

英梦公司系成立于2013年的有限责任公司，发起人恺英公司是一家网络游戏开发、运营公司，在手机游戏运营和推广方面拥有丰富的经验和资源。一六八公司系成立于2013年的有限责任公司，方某一直是该公司的董事、法定代表人兼股东，其对手机及周边配件销售、维修具有丰富的经验并拥有一定的资源。

2015年7月29日，恺英公司、方某共同签署投资协议，各方经协商达成协议共同经营手机维修业务并对英梦公司进行增资，增资完成后，恺英公司持股 70%，方某持股 30%。同时，投资协议中约定，方某应当在本协议生效后，将其原有的一六八公司的“HI 维修”手机维修业务、相关知识产权、资质、行政审批、核心人员劳动关系等相关资产转入英梦公司；投资协议签订后，英梦公司开始经营手机维修业务。

后来英梦公司出现亏损，英梦公司起诉方某，认为方某未履行股权协议约定的业务及资产注入义务，严重损害了英梦公司的合法利益，依法应当承担继续履行、赔偿损失等责任。

案号：上海市徐汇区人民法院(2020)沪 0104 民初 24946 号

【律师分析】

本案的争议焦点为：投资协议中约定的相关业务、资产转入，是否构成方某对英梦公司的出资义务。

一、投资协议明确方某的出资形式为货币

出资系《公司法》范畴内的概念，《公司法》第 48 条规定：“股东可以用货币出资，也可以用实物、知识产权、土地使用权、股权、债权等可以用货币估价并可以依法转让的非货币财产作价出资……对作为出资的非货币财产应当评估作价，核实财产，不得高估或者低估作价……”因此，股东以非货币财产作价出资时，除应将非货币财产明确记载为出资外，还应对非货币财产进行评估作价。

本案中，投资协议明确约定：“目标公司新增 10 万元注册资本，甲方(恺英公司)以 500 万元价格认购其中 4 万元新增注册资本，乙方(方某)以 6 万元认购其中 6 万元新增资本。”《股东会决议》明确约定，同意恺英公司认缴 4 万元作为新增注册资本，出资方式为货币，其余 496 万元计入公司资本公积，同意吸纳方某为公司股东，认缴6万元作为新增注册资本,出资方式为货币。

上述表述均未提及方某除6万元货币出资外,还存在其他非货币出资义务,或对方某的非货币出资估值进行任何约定。

二、投资协议中的业务、资产注入约定并非方某的出资形式

投资协议第2.1条项下有关方面协助手机维修业务运营的内容,与各方关于增资的约定分属不同章节的不同条款,各方既未在协议中明确将其纳入方某的出资范围,也未就相关转入的业务、资产进行估值并作价,故不能视作方某的增资义务,而仅是双方先以增资方式确立英梦公司未来股权架构之后,就后续合作内容、合作方式所作约定,属于方某的合同义务。

最终,法院判决认定业务、资产注入并非方某的出资义务,仅为投资协议的普通义务。因此,驳回英梦公司的所有诉讼请求。

【实务指南】

知识产权出资在股东出资的实务中非常普遍,《公司法》规定,股东用于出资的知识产权可以进行评估作价,可以依法转让,且不得高估或者低估作价,非货币财产的实际价额显著低于公司章程所定价额的,应当由交付该出资的股东补足其差额。除此之外,著作权出资入股还应格外注意以下几个问题,应审查是否满足著作权出资条件,应对著作权进行依法评估作价,应对出资入股的著作权进行备案。

为了避免发生股东知识产权出资瑕疵导致的责任承担问题,笔者将实务中知识产权出资应关注的要点总结如下。

一、出资应当符合法定要求

根据前述法律规定,以知识产权作价出资,应当首先满足非货币资产出资的法定条件,即可评估作价且可依法转让。同时,须依据出资时有效的法律法规，判断该项出资是否有出资比例的限制，是否符合法律法规关于出资比例的规定。

二、用于出资的资产应当权属清晰

对于用于出资的知识产权，出资股东应当合法享有所有权并且权属清晰。因此，应当关注出资股东对所出资知识产权是否享有所有权，知识产权是否在有效期内，是否构成出资股东的职务发明，相关知识产权是否存在与第三方诉讼、仲裁或其他争议及纠纷的情形等。

三、出资程序应当合法、合规

根据法律要求，就知识产权出资事项应当履行评估程序，并办理产权转移手续，所聘请的资产评估机构、验资机构应当具备证券期货从业资格。同时，审核亦会关注用以出资的知识产权的后续应用，即是否实际投入并应用到其主营业务，能否对发行人的生产经营、技术研发起到促进作用并带来经济效益，评估作价的结果与经营成果之间是否有明显差异，是否存在高估作价、出资不实的情形。

综上，根据前述法律要求、监管审核重点并结合案例的具体情形，股东以知识产权出资的，依据出资瑕疵的具体情形不同，在申报前应当采取以下补救措施。

首先，出资价值、资产权属存在瑕疵的，需通过作价由出资股东用等额现金置换以补足出资，或者进行减资处理。实践中会根据发行人的资金需求及出资人的资金实力，具体选择是以货币资金置换还是以减资的方式补足出资。此外，前述补足出资的方式均需要发行人履行内部审议程序，减资程序还需履行相应的公示程序。

其次，出资程序不合法合规的，如未履行评估程序、未办理权属变更手续等，应聘请具备证券期货从业资格的资产评估机构、验资机构进行追溯评估、验资复核，及时补办产权转移手续。

最后,要求发行人的实际控制人出具关于补足出资并就相关政府主管部门的处罚承担赔偿责任的兜底承诺,同时要求相关股东出具出资事项不存在争议及纠纷的书面说明。

【关联法条】

《中华人民共和国公司法》(2024 年 7 月 1 日)

第四十八条 股东可以用货币出资,也可以用实物、知识产权、土地使用权、股权、债权等可以用货币估价并可以依法转让的非货币财产作价出资;但是,法律、行政法规规定不得作为出资的财产除外。

对作为出资的非货币财产应当评估作价,核实财产,不得高估或者低估作价。法律、行政法规对评估作价有规定的,从其规定。

第四十九条第二款 股东以货币出资的,应当将货币出资足额存入有限责任公司在银行开设的账户;以非货币财产出资的,应当依法办理其财产权的转移手续。

《最高人民法院关于适用〈中华人民共和国公司法〉若干问题的规定(三)》(2021 年 1 月 1 日)

第九条 出资人以非货币财产出资,未依法评估作价,公司、其他股东或者公司债权人请求认定出资人未履行出资义务的,人民法院应当委托具有合法资格的评估机构对该财产评估作价。评估确定的价额显著低于公司章程所定价额的,人民法院应当认定出资人未依法全面履行出资义务。

第十五条 出资人以符合法定条件的非货币财产出资后,因市场变化或者其他客观因素导致出资财产贬值,公司、其他股东或者公司债权人请求该出资人承担补足出资责任的,人民法院不予支持。但是,当事人另有约定的除外。

15. 干股股东是否为合格股东？干股股东是否具有股东资格？

【案例还原】

2015年4月25日，原告晁某与被告新疆天格信息科技有限公司（以下简称天格信息公司）签订《干股（虚拟股）分红协议》，约定被告天格信息公司与原告晁某共同合作经营公司现有的各项业务，共同拓展新客户，双方同意天格信息公司以虚拟股（干股）的方式对晁某的工作进行奖励和激励。其中，虚拟股（干股）是指晁某名义上的分红比例，虚拟股拥有者不是天格信息公司在工商注册登记的实际股东，虚拟股的拥有者仅享有参与天格信息公司年终净利润的分配权，而无所有权和其他权利，虚拟股可以转让和继承，天格信息公司对虚拟股拥有有限回购权。

协议签订后，晁某积极履行了该协议中约定的义务。协议期限到期后，晁某多次找天格信息公司协商分红款支付事宜，但天格信息公司一直拖延不给原告晁某相应分红款，故晁某诉至法院。

案号：新疆维吾尔自治区乌鲁木齐市新市区人民法院（2017）新0104民初6949号

【律师分析】

本案的争议焦点为：天格信息公司是否应当向晁某支付干股分红款与利息。

一、《干股（虚拟股）分红协议》合法有效，公司应当向干股股东支付分红款与利息

本案中，被告天格信息公司认为《干股（虚拟股）分红协议》未经公司股东同意而无效,但是法院认为该协议经天格信息公司签字盖章,且不存在法律规定的合同无效情形,即具有法律效力,该协议是否经天格信息公司股东同意,不影响该协议对外的效力。

最终法院判决认定天格信息公司应向晁某支付分红款259 981.71元及利息19 011元。

需要特别注意的是,本案中,晁某主张的按照《干股(虚拟股)分红协议》获得分红款,并未主张其享有股东身份。且《干股(虚拟股)分红协议》明确约定虚拟股指名义上的分红比例,并不指晁某享有公司股东身份。因此,签订关于干股的协议是否等于获得股东身份,以下笔者将进一步阐述。

二、公司干股股东的法律认定

1. 干股股东协议是否有效

在涉及股东与股东之间、股东与公司等内部法律关系时,应当贯彻意思自治原则,因此若干股股东与公司或其他股东签订的协议不存在法律规定的无效的情况,一般尊重意思自治原则,认定有效。

除签订协议外,是否行使股东权利、是否实际出资仍然作为确认股东资格的主要依据。

2. 其他股东是否认可干股股东身份

干股股东持续参与公司经营管理,在公司正常行使股东权利。公司其他股东认可干股股东的身份,一般也是认定干股股东享有股东身份的重要依据。

3. 干股股东是否实际出资

干股股东自身未出资并不等于实际没有出资,其出资实质是由其他具有交换价值的非货币形式财产或财产性资源替代。就公司而言,股东用于出资的财产源于何处,是自有还是借贷抑或其他,只要财产本身没有权利上的瑕疵,并不会影响出资。因此,未出资或未实际出资到位的人同样具有股东身份。

退一步而言,即便干股股东确未按股东内部约定实际出资到位,最终影响的是部分股东自益权,对股东共益权一般不应限制,更不应据此否定其依公司意思自治规则所应具备的股东资格。

【实务指南】

在实践中,基于干股产生的原因不同,干股持有人无须实缴、认缴股权,也就无法进行工商登记,笔者总结了以下关于干股股东的实务指南。

一、通过内部协议对干股股东的权利与义务予以明确

其一,明确干股股东的权利,包括是否享有分红权、决策权、股东知情权、优先受让权和认购新股权等;其二,明确赠与方的资本充实义务,包括资本出资期限、方式等;其三,明确达成需要何种股东间合意,即是否所有股东都需要知悉干股的具体约定。

二、履行股东权利义务时避免未实缴带来的风险

如干股股权的注册资本由其他股东代为缴纳。其一,履行代为出资的义务,及时督促赠与方履行出资义务。其二,设置好干股股东的退出机制,合作到期后及时通过股权转让或公司回购的方式退出股东地位,避免可能面临的补缴资本责任或补充赔偿责任。其三,接到公司催缴通知后,应当及时缴纳相应款项,再向实际出资人求偿,避免被限制甚至剥夺股东权利。其四,确定是否进行工商变更登记,即是否需要通过工商登记确定干股权利人的股东身份。

【关联法条】

《中华人民共和国公司法》(2024 年 7 月 1 日)

第三十四条 公司登记事项发生变更的,应当依法办理变更登记。

公司登记事项未经登记或者未经变更登记,不得对抗善意相对人。

第五十六条 有限责任公司应当置备股东名册,记载下列事项:

(一)股东的姓名或者名称及住所;

(二)股东认缴和实缴的出资额、出资方式和出资日期;

(三)出资证明书编号;

(四)取得和丧失股东资格的日期。

记载于股东名册的股东,可以依股东名册主张行使股东权利。

《江西省高级人民法院关于审理公司纠纷案件若干问题的指导意见》(2007 年 12 月 6 日)

第二十八条 股东与第三人约定该第三人无须出资,但可享受公司利润,第三人要求确认股东资格或要求公司支付利润的,人民法院不予支持。

《山东省高级人民法院关于审理公司纠纷案件若干问题的意见(试行)》(2006 年 12 月 26 日)

第三十一条 股东与第三人约定该第三人无须出资,但可享受公司利润,第三人要求确认股东资格或要求公司支付利润的,人民法院不予支持。

16. 股东内部约定的出资方式与工商备案内容不一致的，应以哪个为准？

【案例还原】

2013年10月30日，臻扬公司与维泉公司签订合作协议书，约定维泉公司以现有的、可量产的、成熟的X技术及衍生产品技术投资参股的形式与臻扬公司合作，维泉公司的相关发明专利转让至臻扬公司名下，作价400万元，占臻扬公司40%的股权，臻扬公司在协议签订后3个月内完成股权变更手续。

2014年1月11日，臻扬公司制定公司章程，约定公司注册资本为900万元，其中，维泉公司认缴360万元，以货币出资，2014年1月16日，维泉公司将注册资本360万元以货币形式支付到臻扬公司的账户并进行验资。验资结束后，臻扬公司向维泉公司退回注册资本共计360万元。

2016年5月11日，臻扬公司与维泉公司签订合作协议备忘录，载明经过2年多的试生产，维泉公司提供的上述技术是成熟的和可量产的，且维泉公司已将相关发明专利转让至臻扬公司名下，同时承诺继续无条件进行技术升级和优化，该备忘录与合作协议效力相同。

臻扬公司的另一名股东陈某向法院起诉，认为维泉公司存在抽逃出资的行为，请求判令维泉公司返还注册资本360万元。

案号：江苏省常州市中级人民法院(2020)苏04民终4818号

【律师分析】

本案的争议焦点为：股东认缴的出资方式存在股东与公司之间

的内部约定,该约定与工商备案内容不一致的,应以哪个为准。

一、本案股东出资形式可以通过股东内部约定

当公司对外的工商登记与公司内部的约定不一致时,应根据当事人的身份予以区别对待,如果是股东之间的纠纷,应遵从股东内部签订的协议内容。

本案中,维泉公司提交的合作协议书、合作协议备忘录、投资协议、投资协议备忘录系各方的真实意思表示,均合法有效,陈某及臻扬公司对维泉公司以技术出资并已将该技术登记在臻扬公司名下,该技术可以量产且成熟一事均知情。因此,可以依据股东内部协议确认其技术出资的真实合法性。

二、股东通过技术出资,评估作价并非出资的前提条件

《最高人民法院关于适用〈中华人民共和国公司法〉若干问题的规定(三)》第9条规定,出资人以非货币财产出资,未依法评估作价,公司、其他股东或者公司债权人请求认定出资人未履行出资义务的,人民法院应当委托具有合法资格的评估机构对该财产评估作价。评估确定的价额显著低于公司章程所定价额的,人民法院应当认定出资人未依法全面履行出资义务。

因此,股东以非货币出资的,未依法评估作价不是其履行出资义务的前提条件。只有当公司、其他股东或者公司的债权人向法院主张以非货币出资的股东未全面履行出资义务时,法院才会启动评估作价程序。本案中,陈某并未主张维泉公司未足额出资,而是要求维泉公司承担抽逃出资的责任。虽然维泉公司的技术专利并未进行估值作价,但是股东间的协议已确认出资义务,因此维泉公司不存在抽逃出资的行为。

另外,法院也阐明,如果陈某认为维泉公司未全面出资,可以另行起诉。因此,虽然评估作价并不是股东技术出资的前提条件,但当其他股东对技术出资的价值提出异议时,仍应以鉴定机构的评估价值作为出资金额,如未足额出资的,股东仍将面临补足出资的风险。

最终,法院判决维泉公司已通过专利技术履行出资义务,不存在抽逃出资行为,驳回了陈某的诉讼请求。

【实务指南】

《公司法》已经肯定了技术出资的合法性,但是在实际操作层面,法律或行政法规没有对技术出资如何进行工商登记作出较为详细的规定。《最高人民法院关于审理技术合同纠纷案件适用法律若干问题的解释》将技术成果大致分为两类:一是专利、专利申请、技术秘密、计算机软件、集成电路布图设计、植物新品种等;二是不涉及专利、专利申请或者技术秘密的知识、技术、经验和信息。后者相较于前者的可估值性和可转让性较弱,因此将它们作为技术出资标的的操作难度较大。根据近年来内部约定技术出资相关纠纷的处理情况,笔者认为,技术出资方、标的公司和其他各方当事人应当注意以下四点。

一是技术出资方应当确保作为出资标的的技术具有可转让性;

二是作为出资标的的技术原则上应通过具有资质的资产评估机构评估后再作价入股,避免因出资发生争议;

三是技术出资方要积极履行权属转移义务;

四是若采取表面货币出资,实际技术出资的出资方式,那么即使技术已经供标的公司使用,但在表面上的货币出资义务没有实际履行时,技术出资方仍对公司债务不能清偿的部分在出资的本息范围内承担连带清偿责任。

【关联法条】

《中华人民共和国公司法》(2024 年 7 月 1 日)

第四十八条 股东可以用货币出资,也可以用实物、知识产权、土地使用权、股权、债权等可以用货币估价并可以依法转让的非货币财产作价出资;但是,法律、行政法规规定不得作为出资的财产除外。

对作为出资的非货币财产应当评估作价,核实财产,不得高估或者低估作价。法律、行政法规对评估作价有规定的,从其规定。

《最高人民法院关于适用〈中华人民共和国公司法〉若干问题的规定(三)》(2021 年 1 月 1 日)

第九条 出资人以非货币财产出资,未依法评估作价,公司、其他股东或者公司债权人请求认定出资人未履行出资义务的,人民法院应当委托具有合法资格的评估机构对该财产评估作价。评估确定的价额显著低于公司章程所定价额的,人民法院应当认定出资人未依法全面履行出资义务。

17. 非货币财产未经依法评估,能否认为出资人已经履行了出资义务?

【案例还原】

2015 年 8 月 19 日,史某群(甲方)与菲尔普泰公司(乙方)签订投资协议书,约定:甲乙双方决定联合投资建立北京普泰君安公司;公司注册资金为人民币 500 万元,甲方以货币形式投资人民币 325 万元,占投资总额的 65%;乙方以 10 项知识产权折价 125 万元、货币出资 50 万元的形式,总计 175 万元作为投资,占投资总额的 35%;乙方负责知识产权申报,完成受理日期不迟于2015年12月31日。

协议签订后,史某群与菲尔普泰公司于2015年10月23日依据投资协议书共同成立北京普泰君安公司。之后,菲尔普泰公司将取得时间均为2018年2月的11项计算机软件著作权变更登记至北京普泰君安公司名下,北京普泰君安公司则坚持要求菲尔普泰公司补足125万元出资,并将菲尔普泰公司起诉至法院。

案号:合肥市蜀山区人民法院(2017)皖0104民初7177号

【律师分析】

本案的争议焦点为:非货币出资无法评估作价的,股东是否应该补足出资金额。

根据《最高人民法院关于适用〈中华人民共和国公司法〉若干问题的规定(三)》第9条的规定,出资人以非货币财产出资,未依法评估作价,公司、其他股东或者公司债权人请求认定出资人未履行出资义务的,人民法院应当委托具有合法资格的评估机构对该财产评估作价。评估确定的价额显著低于公司章程所定价额的,人民法院应当认定出资人未依法全面履行出资义务。

本案中,法院委托4家鉴定机构对菲尔普泰公司提交的11项软件著作权的市场价值进行评估,均称无法评估鉴定,说明上述11项软件著作权无法用货币估价,因此法院认为上述出资方式不符合《公司法》关于非货币财产出资的规定。

最终,法院判决被告菲尔普泰公司应以货币125万元补足其认缴的出资额。

【实务指南】

非货币财产未经依法评估,出资人已将非货币财产转移至公司名下的,无法直接认定出资人履行了出资义务。只有经过补充评估程序,确定非货币财产价额与章程中约定的出资额相当时,才能认定出资人全面履行了出资义务。

法律没有对非货币财产评估作价高于投资人认缴额的情形作出规定。在实践中,法院倾向于认为《最高人民法院关于适用〈中华人民共和国公司法〉若干问题的规定(三)》第9条的立法本意是对公司资本充盈的考虑,避免公司实际资本额与登记注册资本之间的差额过大,从而避免虚增公司资本,进而损害公司、其他股东及外部债权人利益的情况发生,所以只赋予了公司、股东或外部债权人诉权,而没有赋予出资人相应的权利。因此,在投资人与标的公司之间没有特别约定的情况下,非货币财产的价值高于认缴出资额时,超出部分归公司所有。为了避免出资人利益受损,笔者提出以下建议。

一是出资人依法履行评估作价程序,以明确投资数额,避免发生纠纷;

二是若出资时没有经过评估作价程序,股东与标的公司之间可以约定评估价值高于认缴额时的处理办法。

【关联法条】

《中华人民共和国公司法》(2024年7月1日)

第四十八条 股东可以用货币出资,也可以用实物、知识产权、土地使用权、股权、债权等可以用货币估价并可以依法转让的非货币财产作价出资;但是,法律、行政法规规定不得作为出资的财产除外。

对作为出资的非货币财产应当评估作价，核实财产，不得高估或者低估作价。法律、行政法规对评估作价有规定的，从其规定。

第四十九条 股东应当按期足额缴纳公司章程规定的各自所认缴的出资额。

股东以货币出资的，应当将货币出资足额存入有限责任公司在银行开设的账户；以非货币财产出资的，应当依法办理其财产权的转移手续。

股东未按期足额缴纳出资的，除应当向公司足额缴纳外，还应当对给公司造成的损失承担赔偿责任。

《最高人民法院关于适用〈中华人民共和国公司法〉若干问题的规定(三)》(2021 年 1 月 1 日)

第九条 出资人以非货币财产出资，未依法评估作价，公司、其他股东或者公司债权人请求认定出资人未履行出资义务的，人民法院应当委托具有合法资格的评估机构对该财产评估作价。评估确定的价额显著低于公司章程所定价额的，人民法院应当认定出资人未依法全面履行出资义务。

18. 股东以非货币财产出资的，如该财产存在瑕疵，公司或其他股东能否主张该股东另行履行出资义务？

【案例还原】

2014 年 7 月 31 日，经工商部门核准登记，由陈某、许某共同出资成立了亿丰投资有限公司(以下简称亿丰公司)，其中陈某占 40% 的股份，许某占 60% 的股份。

2014年10月17日，公司发生股权转让，转让后，公司股权比例分别为许某50%、陈某某30%、田某某20%。同年11月11日，以上转让的股权通过工商进行了变更登记。陈某某向公司财务部支付现金50万元，另以“阳光易贷”品牌使用权、加盟权作价30万元以及前期办理“阳光易贷”品牌开支及部分办公设备作价10万元，共出资90万元。因案外人巴东县顶盛投资有限公司以享有“阳光易贷”独占许可经营权为由，要求亿丰公司停止使用“阳光易贷”品牌，因此，亿丰公司认为品牌加盟权作价30万元进行出资存在瑕疵，故向法院起诉，要求陈某某补足出资。

案号：湖北省恩施土家族苗族自治州中级人民法院（2018）鄂28民终1862号

【律师分析】

本案的争议焦点为：股东以品牌经营权出资是否有效，股东是否需要补足出资。

《最高人民法院关于适用〈中华人民共和国公司法〉若干问题的规定（三）》第13条第1款规定：“股东未履行或者未全面履行出资义务，公司或者其他股东请求其向公司全面履行出资义务的，人民法院应予支持。”

本案中，陈某某以非货币财产“阳光易贷”品牌使用权、加盟权作价30万元作为其向亿丰公司的出资，但未办理财产权转移手续，陈某某不是“阳光易贷”受许方，不享有“阳光易贷”品牌经营权、处分权。因此，该出资形式存在瑕疵。

最终，法院判决陈某某应该补充缴纳出资差额款30万元。

【实务指南】

根据我国《公司法》的规定，出资方式包括货币出资和非货币出资两种。其中，非货币出资相当于现物出资，范围可以包括动产、不动产、有形财产和无形财产等。一切符合标准“可以用货币估值并可以依法转让”的财产均可以成为出资财产。

值得注意的是，非货币出资应该是出资人享有处分权的出资，否则，如非货币出资存在瑕疵，股东将面临补足出资的风险，基于此，如股东通过非货币出资，应当注意以下三点。

一是股东非货币出资应该办理相应的所有权转让登记；

二是无法办理转让的，股东应该提供所有权证书或授权书等文件证明其对出资享有的合法权利；

三是股东协议中，应明确非货币出资瑕疵的法律后果，如约定股东对其非货币出资不享有处分权的，应该补足出资或承担赔偿责任。

【关联法条】

《最高人民法院关于适用〈中华人民共和国公司法〉若干问题的规定(三)》(2021 年 1 月 1 日)

第七条第一款 出资人以不享有处分权的财产出资，当事人之间对于出资行为效力产生争议的，人民法院可以参照民法典第三百一十一条的规定予以认定。

《中华人民共和国民法典》(2021 年 1 月 1 日)

第三百一十一条 无处分权人将不动产或者动产转让给受让人的，所有权人有权追回；除法律另有规定外，符合下列情形的，受让人取得该不动产或者动产的所有权：

(一)受让人受让该不动产或者动产时是善意;

(二)以合理的价格转让;

(三)转让的不动产或者动产依照法律规定应当登记的已经登记,不需要登记的已经交付给受让人。

受让人依据前款规定取得不动产或者动产的所有权的,原所有权人有权向无处分权人请求损害赔偿。

当事人善意取得其他物权的,参照适用前两款规定。

19. 实际出资人未经工商登记,如想显名,应当如何认定其股东身份?应当履行什么流程?

【案例还原】

恒翼能公司是一家科技有限公司,胡某是该公司的隐名股东。2009年3月18日,王某模、胡某等6位股东作为原始股东,以董事会决议的形式,对恒翼能公司股东及其持有股权比例的实际情况予以明确。2012年3月30日,王某模、胡某、汤某三方签署协议书,约定胡某、汤某作为恒翼能公司的隐名股东,分别将各自持有股权中的11.05%、5%转让给王某模,胡某、汤某享有转让后所持股权相应的股东权利并承担相应的义务,转让后胡某持有10%的股权,汤某持有5%的股权。

后王某模认为胡某的股权由三人代持,而胡某主张其股权由王某模一人代持,因此产生纠纷,胡某诉至法院,请求判决王某模配合恒翼能公司将其名下10%的股权变更登记到胡某名下;并且恒翼能公司履行修改相应的公司章程和股东名册的手续,记载胡某占公司

10%的股份。

案号：广东省深圳市龙华区人民法院(2019)粤0309民初13485号，广东省深圳市中级人民法院(2021)粤03民终2863号

【律师分析】

本案为股东资格确认纠纷，其争议焦点为：隐名股东身份应该如何确定，隐名股东是否有权要求显名。

一、隐名股东身份应该予以确认

胡某提交的恒翼能公司《董事会决议事项》、王某模与胡某和汤某转让股权的协议书以及双方当事人的陈述，均可认定胡某系恒翼能公司的隐名股东。恒翼能公司和王某模上诉时对该事实亦明确表示完全认可，故对胡某的隐名股东身份应予认定，胡某确系恒翼能公司的隐名股东。

二、代持人应该配合隐名股东变更为显名股东

法律对隐名持股关系采取内外区分的原则，对隐名股东与显名股东之间的权利和义务关系，予以肯定和支持；对隐名股东与公司其他股东之间的关系，因牵涉公司的人合性，需经其他股东的认可，否则隐名股东和显名股东之间的约定不能及于其他股东。

本案中，首先，恒翼能公司及其股东王某模、陈某一直知晓并认可胡某的原始股东身份，胡某不存在隐瞒其实际出资人的情况，据此认定显名登记只是还原恒翼能公司真实的股权结构、不违反公司的人合性；其次，王某模和陈某既是恒翼能公司的实际股东，又与胡某存在代持股关系，是胡某的显名股东，有义务配合胡某要求显名登记为股东的请求。

最终，法院判决支持了胡某的显名请求，王某模和恒翼能公司应

将胡某实际享有的股权变更至胡某名下,并记载于恒翼能公司章程和股东名册中。

【实务指南】

在司法裁判实践中,实际出资人要求确认股权和股东显名经常在一个诉讼中同时主张,但实际出资人确权和显名适用的是不同的法律规定,需要实际出资人通过多个维度的举证加以证明。笔者提出以下观点。

一、隐名股东的投资收益对公司无直接约束力

隐名股东委托他人代持时应与代持人签订协议,明确代持股权比例、收益归属以及是否产生代持费用等。

二、股权归属的确认为股东显名的基础条件,但非唯一条件

在隐名股东主张显名时仅有权要求代持人配合,仍会面临其他股东不予配合,无法显名的法律风险。

三、其他股东对隐名股东行使股东权利未提出异议的,可以推定为默示的同意

就不参与公司实际经营的投资人而言,在与显名股东建立股权代持关系前,应确保实际投资人身份的对内公示及其他股东对此不持异议,确保在实施投资行为后能获得应有的投资权益。

【关联法条】

《最高人民法院关于适用〈中华人民共和国公司法〉若干问题的规定(三)》(2021年1月1日)

第二十二条　当事人之间对股权归属发生争议,一方请求人民法院确认其享有股权的,应当证明以下事实之一:

（一）已经依法向公司出资或者认缴出资，且不违反法律法规强制性规定；

（二）已经受让或以其他形式继受公司股权，且不违反法律法规强制性规定。

第二十四条 有限责任公司的实际出资人与名义出资人订立合同，约定由实际出资人出资并享有投资权益，以名义出资人为名义股东，实际出资人与名义股东对该合同效力发生争议的，如无法律规定的无效情形，人民法院应当认定该合同有效。

前款规定的实际出资人与名义股东因投资权益的归属发生争议，实际出资人以其实际履行了出资义务为由向名义股东主张权利的，人民法院应予支持。名义股东以公司股东名册记载、公司登记机关登记为由否认实际出资人权利的，人民法院不予支持。

实际出资人未经公司其他股东半数以上同意，请求公司变更股东、签发出资证明书、记载于股东名册、记载于公司章程并办理公司登记机关登记的，人民法院不予支持。

20. 在双方未签订书面代持协议的情况下，应当如何认定双方是否存在代持关系？

【案例还原】

孙某系被告上海义乐信息科技有限公司（以下简称义乐公司）的实际控制人，赵某系义乐公司员工。被告公司成立时，原告孙某委托第三人（赵某）代其持有被告公司5%的股权，对应的注册资本为50万元，并进行了工商登记。义乐公司成立后，孙某即以赵某的名义开立银行账户,向该卡中转入注册资本50万元,后通过该卡向公司转入50万元,完成了第三人代为持有5%的股权的出资义务。后公司增资,案外人深圳某公司成为公司股东,在增资中赵某亦按孙某指示放弃增资并将其代为持有的股权稀释至4.2%。

因赵某拟从公司离职,孙某要求其配合办理股权变更登记,赵某推诿至今仍未办理。为此,孙某提起本案诉讼,请求判令确认登记在赵某名下的义乐公司4.2%的股权归原告孙某所有。

案号:上海市嘉定区人民法院(2021)沪0114民初3785号,上海市第二中级人民法院(2021)沪02民终12362号

【律师分析】

本案的争议焦点为:在未签订书面协议的情况下,孙某与赵某之间是否存在股权代持关系。

在双方当事人没有书面股权代持协议的情况下,确认股东资格的归属应当遵循商事外观主义原则、诚实信用原则,依据优势证据原则并结合案件事实予以综合判断。

本案中,孙某提供的多份证据均不足以证明存在代持关系。孙某提供的证据仅能证明孙某向赵某的银行账户划款50万元的事实,而赵某的签名印章系由孙某保管。虽然公司董事会纪要、财务报表从未发送过赵某,但都不足以当然否认赵某的股东身份。自义乐公司设立至案涉争议发生已有10余年,孙某从未提出案涉股权系由赵某代持,实不符合常理。

最终,在赵某的股东身份经工商登记并记载于公司章程、股东名册的前提下,孙某未能证明其与赵某代持股权法律关系的存在具有高度可能性,基于商事外观主义原则和优势证据原则,法院认为,孙

某与赵某不存在系争股权代持关系。驳回了孙某要求显名的诉讼请求。

【实务指南】

随着我国经济社会的发展,投资方式日益增多,隐名股东、显名股东之间无书面股权代持协议的情况普遍存在,隐名投资所引发的纠纷在实务中日益增多。从隐名投资相关法律规定来看,股权代持协议不必然要求签订书面合同。就隐名股东现象形成原因而言,隐名出资情况之所以时有发生,有时是因为投资者不愿公开自身的经济状况,有时可能是出于规避法律关于投资领域、投资主体及投资比例等方面的限制。

在此情况下,当双方发生纠纷时,法院应当以双方当事人提交的证据材料为基础进行综合审查,并以是否实际出资、是否参与经营管理或者结合相关当事人的陈述进行审查。如代持合意的存在达到高度盖然性,则可以认定双方之间成立代持法律关系。笔者总结了以下考察因素。

一、对公司实际出资是确认股东资格的必要条件

在股权代持的情况下,形式上的股东身份与实质上的股东权利、义务等暂时分离,如果不突破形式上的工商登记股权出资,在公司需要以认缴的资本承担责任时,实际出资人则会悄无声息地免责,如此不仅对公司的经营构成威胁,还可能损害公司股东间的合理信任。在隐名股东实际出资的情况下,出资已变为公司的现有资本,成为公司经营运转的动力源泉,实际出资人也因出资而承担股东的投资风险。因此,将实际出资上升到认定股东资格的层面,成为确认隐名股东资格不可缺少的核心要件,也是公司股东权责统一的必然要求。

二、参与公司的经营管理是确认股东资格的直接证明

在实践中，部分隐名股东虽选择隐名代持，但实际参与了公司的经营管理，行使了股东权利。可以将是否参与公司的经营管理作为判断的核心，实践中主要存在两种情形。

1. 若隐名股东完全地参与到经营管理之中并行使股东权利，显名股东只挂名并不行权，即可直接确认其隐名股东资格。

2. 若显名股东完全参与到经营管理之中并行使股东权利，隐名股东仅依据协议从显名股东处取得投资权益，在确认真实股东资格时，应考虑公司其他股东或公司外第三人是否认可隐名股东成为公司的真实股东。

三、当事人的陈述是确认股东的间接证明

在司法实践中，认定股权代持关系的关键考量因素通常包括是否实际出资和是否有代持合意两点，如能够证明实际出资，且有存在代持关系的证言、实际参与经营等佐证，一般能够认定代持关系。

虽然股权代持协议不必然要求签订书面合同，但是为了避免纠纷，笔者建议，股东之间最好未雨绸缪，签订完整有效的书面合同或者协议。

【关联法条】

《中华人民共和国公司法》(2024 年 7 月 1 日)

第三十四条 公司登记事项发生变更的，应当依法办理变更登记。

公司登记事项未经登记或者未经变更登记，不得对抗善意相对人。

《最高人民法院关于适用〈中华人民共和国公司法〉若干问题的规定(三)》(2021年1月1日)

第二十二条 当事人之间对股权归属发生争议,一方请求人民法院确认其享有股权的,应当证明以下事实之一:

(一)已经依法向公司出资或者认缴出资,且不违反法律法规强制性规定;

(二)已经受让或者以其他形式继受公司股权,且不违反法律法规强制性规定。

第二十四条第一款 有限责任公司的实际出资人与名义出资人订立合同,约定由实际出资人出资并享有投资权益,以名义出资人为名义股东,实际出资人与名义股东对该合同效力发生争议的,如无法律规定的无效情形,人民法院应当认定该合同有效。

21. 未成年人是否可以成为公司股东?

【案例还原】

安徽魔导文化传媒有限公司(以下简称魔导公司)是一家互联网直播公司,股东齐某担任法定代表人。黄某系某高校学生,在兼职网络主播时与齐某相识。之后齐某(甲方)与黄某(乙方)签订一份协议,约定:"魔导公司股东组成部分:齐某、黄某。经上述股东各方充分协商,就共同持有魔导公司股份事宜,达成出资协议并加盖了魔导公司公章。"协议签订后,黄某履行了出资义务。

然而,不久后魔导公司以黄某签订协议时系未成年人为由,请求法院判决该股权转让协议无效,认定黄某不能成为公司股东。该请求得到了一审法院的支持。黄某不服上诉至二审法院，经二审法院审理，判决撤销一审法院判决，认定黄某系魔导公司的合法股东。

案号：安徽省合肥市中级人民法院（2019）皖01民终3525号

【律师分析】

本案的争议焦点为：黄某作为未成年人是否可以成为公司的股东。

《民法典》规定，8周岁以上的未成年人为限制民事行为能力人，实施民事法律行为由其法定代理人代理或者经其法定代理人同意、追认。但可以独立实施纯获利益的民事法律行为或者与其年龄、智力相适应的民事法律行为。

本案的关键在于未成年人黄某在与魔导公司签订股权协议时，是否具有相应的民事行为能力。签订案涉协议时，黄某系在校大学生，虽然是未成年但是具有较高的文化。黄某亦兼职网络主播、获取一定报酬，并非对网络直播行业缺乏必要的认知。同时，黄某清楚地知晓魔导公司的经营项目、股东关系等情况，其受让公司股权的意思表示自愿、明确。故法院认定黄某签订案涉协议系实施与其年龄、智力相适应的民事法律行为。

另外，目前我国《公司法》对未成年人能否成为公司股东没有作出限制性规定。其实早在2007年，国家工商行政管理总局便下发了《关于未成年人能否成为公司股东问题的答复》。根据相关规定，未成年人可以成为公司股东，其股东权利可以由法定代理人代为行使。

最终，法院判决黄某虽是未成年人，但其仍可以受让魔导公司的股权，成为魔导公司的股东。

【实务指南】

在公众普遍的印象中，公司股东往往是沉稳睿智的中年人，或具有开拓精神的青年才俊，很少有人把未成年人和公司股东联系在一起。关于股东的年龄，《公司法》未明确限定；关于未成年人的持股资格，目前也经过实务和类似案例确认了其合法性。例如，2007 年北京银行上市时的"娃娃股东"事件，根据该银行公告，截至 2007 年北京银行 IPO 前，84 名"娃娃股东"中有 67 名是信用社的股东直接转为北京银行的股东，2004 年增资扩股时形成股东 15 人，接受家庭成员赠与及继承产生的股东 3 人。

按照《民法典》以及相关法律法规的规定，自然人为公司股东应当具备完全行为能力，才能有效地进行相关投资协议的签订、章程的签署、出资的缴纳等民事法律行为。自然人作为公司股东需要参与公司的经营与决策、履行出资人义务等，未成年人在行为能力上恐难胜任。对此问题，国家工商行政管理总局于 2007 年 6 月 25 日在对广东省工商行政管理局作出的《关于未成年人能否成为公司股东问题的答复》中载明："经请示全国人大常委会法制工作委员会同意，现答复如下：《公司法》对未成年人能否成为公司股东没有作出限制性规定。因此，未成年人可以成为公司股东，其股东权利可以由法定代理人代为行使。"

股东是一个公司非常重要的人员，普通员工都有年龄限制，为什么股东反而没有年龄限制？笔者认为，原因在于股东身份的特殊性，即股东的主要义务是履行出资义务，其享有的权利可以由代理人代为行使，所以权利和义务都不受年龄的限制，在我国，《公司法》及《证券法》均未禁止未成年人成为公司股东。

但大家也不必担心这样会产生过多隐患，实务中，成为公司股东一般需要经过一定的程序，并非所有人都能成为公司股东。《公司法》第 84 条第 2 款规定，股东向股东以外的人转让股权的，应当将股权转让的数量、价格、支付方式和期限等事项书面通知其他股东，其他股东在同等条件下有优先购买权。虽然 2024 年 7 月 1 日生效的《公司法》删除了对外转让股权应当经其他股东过半数同意的规定，但股东对外转让股权仍受其他股东“优先购买权”程序的限制。因此，若对外转让股权给未成年人时，其他股东在同等条件下行使了优先购买权，则未成年人也不必然成为公司股东。同时，《公司法》第 84 条第 3 款规定了公司章程可对股权转让做特殊规定。因此，若公司章程明确规定对外转让股权不得转让给未成年人，则未成年人不能成为对外转让股权的对象。

【关联法条】

《中华人民共和国民法典》(2021 年 1 月 1 日)

第十八条 成年人为完全民事行为能力人，可以独立实施民事法律行为。

十六周岁以上的未成年人，以自己的劳动收入为主要生活来源的，视为完全民事行为能力人。

第十九条 八周岁以上的未成年人为限制民事行为能力人，实施民事法律行为由其法定代理人代理或者经其法定代理人同意、追认；但是，可以独立实施纯获利益的民事法律行为或者与其年龄、智力相适应的民事法律行为。

第二十条 不满八周岁的未成年人为无民事行为能力人，由其法定代理人代理实施民事法律行为。

《中华人民共和国公司法》(2024 年 7 月 1 日)

第八十四条 有限责任公司的股东之间可以相互转让其全部或者部分股权。

股东向股东以外的人转让股权的，应当将股权转让的数量、价格、支付方式和期限等事项书面通知其他股东，其他股东在同等条件下有优先购买权。股东自接到书面通知之日起三十日内未答复的，视为放弃优先购买权。两个以上股东行使优先购买权的，协商确定各自的购买比例；协商不成的，按照转让时各自的出资比例行使优先购买权。

公司章程对股权转让另有规定的，从其规定。

22. 股东未履行出资义务，公司是否可以解除其股东资格？

【案例还原】

浙江依游网络科技有限公司(以下简称依游公司)于 2018 年 3 月 19 日设立，注册资本为人民币 1395.214 万元，其中，浙江宇石网络科技有限公司(以下简称宇石公司)认缴出资 700 万元，占注册资本的 50.17%，易某认缴出资 139.4713 万元，占注册资本的 10%。

后依游公司因经营需要于 2020 年 6 月 6 日经股东会决议将公司章程中注册资本的出资时间修改至 2020 年 6 月 21 日。此后，依游公司除易某外的其他股东均在上述出资期限内将出资实缴到位，易某经依游公司催告仍未缴纳出资。因此，依游公司于 2020 年 8 月 19 日经股东会决议解除易某的股东资格，并由宇石公司代替易某出资 139.4713 万元，占有公司 10% 的股份，但此后依游公司未办理相关工商登记手续。

故宇石公司起诉,判令依游公司办理将易某持有的依游公司10%的股份变更登记至宇石公司名下的工商手续。

案号:浙江省绍兴市上虞区人民法院(2020)浙0604民初7602号

【律师分析】

本案的争议焦点为:公司以未按照期限缴纳出资为由解除股东的资格是否有效。

一、公司有权通过公司章程修改注册资本的出资时间

根据《公司法》之规定,股东会系公司的权力机构,有权修改公司章程。本案中,依游公司于2020年6月6日召开股东会临时会议,经代表90%表决权的股东表决通过修改公司章程中有关公司注册资本的出资时间,公司股东应当按照公司章程修改后的出资时间履行出资义务。依游公司已将公司章程修改后的出资时间通过邮寄和登报的方式向易某进行了告知,并给予了易某合理的履行期限。

二、股东未履行出资义务的,公司有权解除其股东资格

依游公司按照公司章程规定召开股东会临时会议,以易某未履行出资义务为由,作出解除易某股东资格并由宇石公司缴纳相应出资的决议,依游公司向易某通知召开股东会临时会议的时间,已尽到对拟除名股东权利的保护。因此,公司解除股东资格的决议依法具有法律效力。该股东会决议一经作出,易某的股东资格即丧失,宇石公司缴纳相应出资后,其占股比例发生变动,依游公司应当办理相应的工商变更登记。

最终,法院判决依游公司有权解除易某的股东资格,宇石公司有权要求将易某持有的依游公司10%的股份变更登记至其名下。

【实务指南】

在现行公司法体系下，除部分特殊行业外，一般的有限责任公司均实行认缴注册制度，在此制度下，公司股东在出资期限届满前即便不出资也能享有股东权利。但是认缴不等于“不用缴”，在约定的出资期限届满后公司股东仍需要履行出资义务，且2024年7月1日实施的《公司法》第47条还要求“全体股东认缴的出资额由股东按照公司章程的规定自公司成立之日起五年内缴足”，强制规定了有限责任公司股东的最长认缴期限。但是实践中存在部分有限责任公司股东在享受权益的同时怠于履行出资义务，对公司利益及其他股东权益造成了损害，那么公司和其他股东为此可以采取哪些救济手段？笔者建议如下。

一、按照章程、股东协议追究未出资股东的违约责任

目前，法律对此并未作出禁止性规定，因此其他股东可以根据章程或股东协议追究未出资股东的责任。因此，公司及意向方在拟定章程或签订股东协议时，应当对此有所约定，以免届时无法对未出资股东形成有效的震慑，导致自身利益受损。

二、通过股东会形成决议，解除其未出资部分的股权

对于未按照公司章程规定的出资日期缴纳出资的股东，按照《公司法》第51、52条的规定，公司向该股东发出书面催缴书且经过60日出资宽限期后，股东仍未履行出资义务的，公司经董事会决议可以向该股东发出失权通知，自通知发出之日起，该股东将丧失其未缴纳出资的股权。

若股东完全不出资，则公司可以依照《最高人民法院关于适用〈中华人民共和国公司法〉若干问题的规定（三）》的规定，通过股东会形成决议，即形成股东会除名决议，解除未出资股东的股权，免除其股东资格。

三、通过章程或股东会，限制股东自益权

目前，自益权包括股息红利分配权、剩余财产分配权、新股认购权、股权转让权、股权强制收购权等；共益权包括出席会议权、表决权、提案权、质询权、知情权、代表诉讼权、会议决议诉权等。

根据相关规定，限制股东自益权的前提：一是股东未履行或未完全履行出资义务，或股东抽逃出资；二是公司章程或股东会决议对股东自益权行使进行了限制。

为此，当有限责任公司股东不履行出资义务时，公司可以通过章程或股东会限制未出资股东的股东权利，从而达到平衡。

【关联法条】

《中华人民共和国公司法》(2024 年 7 月 1 日)

第四十七条 有限责任公司的注册资本为在公司登记机关登记的全体股东认缴的出资额。全体股东认缴的出资额由股东按照公司章程的规定自公司成立之日起五年内缴足。

法律、行政法规以及国务院决定对有限责任公司注册资本实缴、注册资本最低限额、股东出资期限另有规定的，从其规定。

第五十一条 有限责任公司成立后，董事会应当对股东的出资情况进行核查，发现股东未按期足额缴纳公司章程规定的出资的，应当由公司向该股东发出书面催缴书，催缴出资。

未及时履行前款规定的义务，给公司造成损失的，负有责任的董事应当承担赔偿责任。

第五十二条第一款 股东未按照公司章程规定的出资日期缴纳

出资，公司依照前条第一款规定发出书面催缴书催缴出资的，可以载明缴纳出资的宽限期；宽限期自公司发出催缴书之日起，不得少于六十日。宽限期届满，股东仍未履行出资义务的，公司经董事会决议可以向该股东发出失权通知，通知应当以书面形式发出。自通知发出之日起，该股东丧失其未缴纳出资的股权。

《最高人民法院关于适用〈中华人民共和国公司法〉若干问题的规定(三)》(2021年1月1日)

第十六条 股东未履行或者未全面履行出资义务或者抽逃出资，公司根据公司章程或者股东会决议对其利润分配请求权、新股优先认购权、剩余财产分配请求权等股东权利作出相应的合理限制，该股东请求认定该限制无效的，人民法院不予支持。

第十七条第一款 有限责任公司的股东未履行出资义务或者抽逃全部出资，经公司催告缴纳或者返还，其在合理期间内仍未缴纳或者返还出资，公司以股东会决议解除该股东的股东资格，该股东请求确认该解除行为无效的，人民法院不予支持。

23. 公司章程约定的出资时间未到，是否可以要求股东提前履行出资义务？

【案例还原】

张某辰、谢某、黄某共同出资成立洛阳年代网络科技有限公司（以下简称年代公司），其中谢某认缴出资20万元，公司章程约定认缴出资的时间为2034年10月29日。公司成立后，因各股东出资均未到位，公司经营出现困难，无力偿还债务。为此，公司诉至法院，要求谢某缴纳出资款20万元。

案号:洛阳市瀍河回族区人民法院(2020)豫0304民初85号

【律师分析】

本案的争议焦点为:未到公司章程约定的出资时间,公司是否可以要求股东提前履行出资义务。

一、股东未履行或者未全面履行出资义务,公司或者其他股东可以请求其向公司依法全面履行出资义务,但受出资期限的限制

本案中,谢某未全面履行20万元的出资义务,年代公司或其他两位股东可以请求其履行。但公司章程中约定的认缴出资时间为2034年10月29日,出资期限是股东、公司之间对法定出资义务作出的约定。因此,谢某只需按照约定,在此日期前履行出资义务即可。

二、股东未履行或者未全面履行出资义务,公司债权人可以请求未出资股东承担补充赔偿责任,不受出资期限的限制

当公司现有资产不足以清偿到期债务时,又由于股东尚未履行出资义务导致公司债权人的债权无法实现,债权人请求股东出资,股东不得以未到约定出资时间作为抗辩。

本案中,倘若年代公司存在对应债权人,其债权人起诉要求谢某等人提前履行出资义务以实现债权,谢某等人不可以以未到约定出资时间为由进行抗辩。

最终,法院认为并未到公司章程中约定的认缴出资时间,公司股东谢某无须提前出资,驳回年代公司的诉求。

【实务指南】

在实务操作中,为了保证股东出资到位,公司成立之初既能具备充足的运营资金，又能保证股东出资顺利、资金流动，笔者给出以下建议。

一是设立公司时，股东在公司章程中约定分期出资；

二是约定认缴出资期限时，时间不宜过长，一般约定在 2 年内完成出资为宜；

三是通过公司章程或股东会决议，限制未履行全部出资义务或未按约定分期履行出资义务的股东的利润分配请求权、新股优先认购权、剩余财产分配权等权利，督促股东按时履行出资义务。

【关联法条】

《中华人民共和国公司法》(2024 年 7 月 1 日)

第四十九条　股东应当按期足额缴纳公司章程规定的各自所认缴的出资额。

股东以货币出资的，应当将货币出资足额存入有限责任公司在银行开设的账户；以非货币财产出资的，应当依法办理其财产权的转移手续。

股东未按期足额缴纳出资的，除应当向公司足额缴纳外，还应当对给公司造成的损失承担赔偿责任。

24. 已全面履行出资义务的股东是否可以起诉其他股东要求履行出资义务？

【案例还原】

上海恺英网络科技有限公司（以下简称恺英公司）、第三人上海友齐信息技术有限公司(以下简称友齐公司)以及公司全体股东签订的投资合作协议,约定恺英公司注资第三人友齐公司,在本协议生效后15个工作日内恺英公司支付1000万元,恺英公司分别于2015年6月17日、10月29日向友齐公司转账500万元,合计1000万元。2015年6月25日,友齐公司召开股东会并形成决议如下:第一,同意恺英公司成为公司股东;第二,增加公司的注册资本,由原来的2000万元增加到2500万元,其中原告增加500万元;第三,增加注册资本后,公司股东持股情况如下,潘某晓认缴出资额1020万元、出资比例40.80%,金某龙认缴出资额980万元、出资比例为39.20%,恺英公司认缴出资额500万元、出资比例20.00%。

其中,根据友齐公司章程,金某龙实缴出资款245万元,出资时间为2013年5月20日,金某龙未按期足额缴纳认缴出资款。恺英公司认为,金某龙未按期缴纳的行为已经违反公司资本维持原则,要求金某龙足额缴纳出资并承担违约责任,遂起诉至法院。

案号:上海市第一中级人民法院(2020)沪0115民初77065号

【律师分析】

本案的争议焦点为:公司其他股东是否可以起诉未足额缴纳出资的股东补足出资。

一、股东应按照公司章程约定履行出资义务

现行《公司法》为了彰显章程自治的现代公司法理念,在公司注册资本问题上持认缴登记制的立场,赋予公司股东通过章程形式自主决定出资的股东权利。

本案中,友齐公司章程规定,金某龙认缴出资980万元,恺英公司认缴出资500万元,均应在2020年8月2日前予以缴纳,现该期限

已经届满，恺英公司已依照章程规定缴纳出资，被告金某龙未如期履行上述出资义务。

二、股东不得利用优势地位损害其他股东的合法权利

公司治理规则一般尊重公司自治原则，但也规定了公司股东应当遵守法律、行政法规和公司章程，依法行使股东权利，不得滥用股东权利损害公司或者其他股东的利益。

在本案中，金某龙和友齐公司股东潘某晓作出股东会决议，决定公司认缴出资额的期限由2020年8月2日延期至2021年8月2日。该决议由金某龙、友齐公司股东潘某晓投“同意”票并签字，原告委派代表徐某宾投“不同意”票并签字。因此，该决议是利用被告及友齐公司股东占友齐公司80%股权的优势地位，通过股东会决议更改了这一规定，损害了已出资股东恺英公司的利益和友齐公司的资本充足利益，显然是滥用股东权利损害公司及股东利益的行为，故该决议内容违反法律规定，应认定为无效。

最终，法院判决金某龙履行期限已届满，应向公司足额履行出资义务。

【实务指南】

股东未履行或者未全面履行出资义务，公司或者其他股东请求其向公司依法全面履行出资义务的，人民法院应予支持。股东提起出资诉讼，法律效果归属公司，有利于公司资本充实、实现公司资本制度，法律已明确赋予了股东出资诉权，使股东权利得以相互抗衡、推动公司瑕疵出资状态的破除。笔者建议如下。

一是股东应依照法律积极履行自身的出资义务，已出资的股东可以自行提起出资之诉；

二是由于以公司为原告的出资诉讼具有优先性，若股东还未完全履行自身的出资义务，则可以首先要求公司作为原告对其他股东提起股东出资之诉；

三是若公司拒绝起诉，则已出资股东可以自行提起股东出资之诉。

【关联法条】

《最高人民法院关于适用〈中华人民共和国公司法〉若干问题的规定（三）》（2021 年 1 月 1 日）

第十三条第一款 股东未履行或者未全面履行出资义务，公司或者其他股东请求其向公司依法全面履行出资义务的，人民法院应予支持。

25. 公司与员工约定以每月工资抵扣股本，此约定是否有效？

【案例还原】

乐川团队与庄某博、赵某成签订入股协议书，约定庄某博、赵某成以工资抵扣和奖励入股乐川团队名下公司，按持股比例享受分红。三方还约定奖励股份部分只限于按持股比例享受分红，退股时奖励股份由乐川团队无条件收回，不计算在退股金额之内。

庄某博任职期间，以工资入股 12 万元，奖励入股 6 万元，按持股比例享受分红，但乐川团队并未将其登记为相关公司股东。随后，庄某博离职，申请退股，双方协商未果，诉至法院，庄某博请求解除入股协议书并要求乐川团队退还股款。

案号:大连市西岗区人民法院(2022)辽0203民初3118号,辽宁省大连市中级人民法院(2022)辽02民终4780号

【律师分析】

本案的争议焦点为:工资抵扣股本的约定是否有效。

一、工资抵扣股本的约定合法有效

法律上并不禁止公司与员工约定以工资入股。本案中,乐川团队与庄某博、赵某成二人签订的入股协议书属于各方真实的意思表示,合法有效,在各方签署后生效。

因此,入股协议书中以每月工资抵扣股本的约定是双方真实的意思表示,不违反法律的强制性规定,不违反公序良俗,合法有效,对约定双方具有约束力。

二、员工已出资但未登记为股东的,有权要求返还出资款

根据双方在入股协议书中的约定,庄某博在任职3年内按月以工资认缴出资,属于履行出资义务完毕,乐川团队应该及时向工商部门申请变更登记,将庄某博登记为公司的股东。但乐川团队并未如此操作,其消极行为明显违约。

庄某博将乐川团队诉至法院,实际上是对乐川团队进行履行义务的催告。但直到判决下发前,乐川团队并未有将庄某博变更登记为公司股东的意思表示和行为倾向,致使庄某博签订入股协议书的目的无法实现,构成根本违约,作为合同相对方的庄某博,可以主张解除入股协议书。

最终,法院支持了庄某博的诉讼请求,判决解除入股协议书,要求乐川团队在限定期限内返还庄某博股款12万元。

【实务指南】

为了鼓励员工与公司共同发展,公司会许诺给部分中高层员工、技术型高端员工一部分公司股权,为公司长远发展留住高端人才。在与员工约定股权激励方案的过程中,有以下几点需要公司注意。

一是在设置股权激励方式时,按照公司发展阶段的不同,调整授予股权的方式、对象、价格;

二是在股权激励协议中约定设立年度考核机制,根据员工的职务变化、贡献变化情况调整股权;

三是在与员工约定以工资入股的同时约定奖励入股和奖励入股的比例;

四是在签订股权激励协议时,与授予对象以公司与股东的身份关系签订股权授予的书面协议;

五是在签订股权激励协议后,要求授予对象对股权授予全部内容严格保密,否则撤回股权授予,避免员工内部互相猜忌,影响公司的发展和团结;

六是设立退出机制,结合员工退出的原因,如退休、离职、调动等,约定不同的退出机制;

七是注意股东人数不要超过法定限制,有限责任公司的股东上限为 50 人,股份有限公司的股东上限为 200 人。

【关联法条】

《最高人民法院关于适用〈中华人民共和国公司法〉若干问题的规定(三)》(2021 年 1 月 1 日)

第二十三条 当事人依法履行出资义务或者依法继受取得股权

后，公司未根据公司法第三十一条、第三十二条的规定签发出资证明书、记载于股东名册并办理公司登记机关登记，当事人请求公司履行上述义务的，人民法院应予支持。

26. 尚未签订增资协议，但已实际出资，能否认定为股东？

【案例还原】

2010 年 4 月 14 日，澳仪公司被核准设立。设立时澳仪公司拥有股东 3 名，分别为茅某燕、王某以及唐某，其中，茅某燕出资 60 万元，王某出资 30 万元，唐某出资 10 万元，共计注册资本为 100 万元，于 2010 年 4 月 9 日前均已出资到位。

公司设立后，唐某分两次向澳仪公司转账共计 17 万元，但仅在第二次的打款进账单上写了“投资款第三期”。

2017 年 2 月 8 日，澳仪公司的 3 名股东召开临时股东会会议，由于 3 名股东的意见分歧较大，未通过《关于推进公司增资扩股事宜的议案》。澳仪公司 2017 年 6 月至 2018 年 2 月的资产负债表显示，澳仪公司资本公积金一栏的数额经常变动，绝大多数月份里唐某投入的 17 万元未列入资本公积金。在此期间，2018 年 1 月和 2 月的资产负债表显示，唐某投入的 17 万元列入资本公积金。

唐某认为，澳仪公司没有将其转账的 17 万元款项用于增资扩股，3 名股东分歧较大且无法达成相应的增资决议，客观上无法实现增资的目的，遂向法院起诉要求确认其股东资格。

案号：上海市长宁区人民法院(2016)沪 0105 民初 24805 号，上海市第一中级人民法院(2018)沪 01 民终 2769 号

【律师分析】

本案的争议焦点为:投资人虽未签订增资协议,但已支付增资款,其是否享有股东资格。

公司增资作为公司的重要事项,属于要式法律行为,不仅需要合意基础,还需要履行法律以及公司章程规定的股东会决议、工商登记变更等手续。通过股东会决议和签订增资协议,是公司增资扩股行为生效以及确认股东资格(认定增资新股东资格)的关键要素。因此,若没有通过股东会决议,没有签订增资协议,那么即使已实际出资,也不能被认定为股东。

本案中,唐某虽然已实际出资 17 万元,但因股东投资意思表示不明确致使公司股东会未通过增资决议,公司增资行为不成立。

最终,法院判决驳回唐某要求确认股东资格的请求。

【实务指南】

公司增资作为要式法律行为,需要履行系列法定手续才能获得合法效力,笔者建议如下。

一、建议通过股东会决议确定增资事宜

有效的股东会决议,是公司有效增资的前提,影响增资协议的法律效力。

股东会决议是增资扩股至关重要的环节。股东会决议需满足法律、行政法规和公司章程的规定。股东会决议效力欠缺的情形,包括决议不成立、决议无效和决议可撤销。比较稳妥的做法是先通过股东会决议,后签订增资协议,或者在签订的增资协议中明确将已获得有效的股东会决议作为增资生效条件。

二、建议就增资事宜签订增资协议

公司是法律拟制主体，其实施法律行为的过程分为两个层次：一是公司内部的意思形成阶段，通常表现为股东会决议或董事会决议；二是公司对外作出意思表示的阶段，通常表现为公司对外签订的合同。增资协议即公司对外作出意思表示的行为，目标公司应成为合同的一方当事人。公司部分股东私下与投资人签订的增资协议，未经公司股东会决议，故该协议对公司不发生法律效力，投资人也无法成为公司股东。

投资人在增资入股公司时，应当与目标公司签订增资协议。增资协议是公司增资扩股行为成立且生效的关键要素，合同内容一定要规范、完善，建议由有经验的资深律师把关，避免发生纠纷和产生损失。

【关联法条】

《中华人民共和国公司法》(2024 年 7 月 1 日)

第六十六条 股东会的议事方式和表决程序，除本法有规定的外，由公司章程规定。

股东会作出决议，应当经代表过半数表决权的股东通过。

股东会作出修改公司章程、增加或者减少注册资本的决议，以及公司合并、分立、解散或者变更公司形式的决议，应当经代表三分之二以上表决权的股东通过。

Part 3 股东权利纠纷

27. 股东应该如何行使股东知情权?

【案例还原】

原告李某芳、邱某系被告艺典公司的股东,为全面了解公司运营及财务状况,维护股东的知情权,原告申请查阅、复制自公司成立以来的公司章程、股东会会议记录、董事会会议决议、监事会会议决议和财务会计报告,申请查阅自公司成立以来的公司会计账簿和会计凭证。艺典公司认可收到该邮件,但认为原告有不正当目的,可能损害公司利益,故拒绝其查阅申请。一审法院仅支持原告关于查阅会计账簿的支持。

原告李某芳、邱某认为一审判决存在错误,主张一审仅判决支持查阅会计账簿、不允许查阅会计凭证客观上剥夺了二人的知情权,原告认为《公司法》规定的股东可以要求查阅的公司会计账簿,必须是真实、恰当、完整反映公司经营状况的会计账簿,而不是脱离会计凭证、无法判断其真实性的会计账簿,且如果法院不判令在查阅会计账簿的同时查阅与之匹配的会计凭证,就无法通过正常途径获得公司真实、完整的财务数据，因此，李某芳、邱某提起上诉请求法院判决允许二人查阅会计凭证。

案号：北京市第三中级人民法院(2021)京03民终3821号

【律师分析】

本案的争议焦点为：股东如何行使知情权，可以要求查询公司的哪些资料。

一、公司股东有权行使知情权，并要求查阅公司资料

本案中，原告李某芳和邱某系被告艺典公司的股东，根据《公司法》对股东权利的规定，李某芳和邱某有权查阅、复制公司章程、股东名册、股东会会议记录、董事会会议决议、监事会会议决议和财务会计报告；也可以通过向公司提出书面请求，说明目的，从而查阅公司的会计账簿、会计凭证。2024年7月1日实施的《公司法》还规定，股东查阅上述材料，可以委托会计师事务所、律师事务所等中介机构进行。本案中，李某芳和邱某向艺典公司邮寄了《关于申请行使股东知情权的函》，符合提出书面请求的法律规定，且李某芳和邱某确为公司股东，享有股东知情权，在一般情况下，公司不能剥夺或限制股东的知情权，应当允许其查阅资料。

二、当股东查阅会计账簿具有不正当目的时，公司可以拒绝提供查阅

本案中，被告艺典公司认可收到书面申请，但其主张李某芳和邱某查阅会计账簿具有不正当目的，因此拒绝向原告二人提供查阅。艺典公司主张李某芳、邱某为七月公司的实际控制人，而七月公司的经营业务与艺典公司具有竞争关系，从而认定原告查阅会计账簿具有不正当目的，但李某芳、邱某并非七月公司在工商行政管理部门登记的股东,且艺典公司亦未就其主张举证,故现有证据不足以证明李某芳和邱某查阅会计账簿具有不正当目的。

最终,法院判决允许原告李某芳、邱某到被告艺典公司的办公场所查阅会计账簿,驳回被告的其他诉讼请求。

【实务指南】

由于公司难以判断股东查阅会计账簿是否具有不正当目的,因此对公司如何降低风险,笔者提出以下建议。

一是公司在审查股东是否具有不正当目的时,应当着重关注与本公司主营业务、客户群体或范围存在实质竞争关系的公司和业务,若股东与上述公司、业务有牵连,应当及时收集证据;

二是公司章程可以规定股东行使知情权的范围,公司可以通过修改公司章程在法律允许的范围内对股东知情权的范围作出细化规定;

三是公司可以查找股东近3年存在查阅公司会计账簿后向他人提供公司相关信息的行为,若股东存在该行为,则公司可以以此为由拒绝股东查阅账簿。

【关联法条】

《中华人民共和国公司法》(2024年7月1日)

第五十七条 股东有权查阅、复制公司章程、股东名册、股东会会议记录、董事会会议决议、监事会会议决议和财务会计报告。

股东可以要求查阅公司会计账簿、会计凭证。股东要求查阅公司会计账簿、会计凭证的,应当向公司提出书面请求,说明目的。公司有合理根据认为股东查阅会计账簿、会计凭证有不正当目的,可能损害公司合法利益的，可以拒绝提供查阅，并应当自股东提出书面请求之日起十五日内书面答复股东并说明理由。公司拒绝提供查阅的，股东可以向人民法院提起诉讼。

股东查阅前款规定的材料，可以委托会计师事务所、律师事务所等中介机构进行。

股东及其委托的会计师事务所、律师事务所等中介机构查阅、复制有关材料，应当遵守有关保护国家秘密、商业秘密、个人隐私、个人信息等法律、行政法规的规定。

股东要求查阅、复制公司全资子公司相关材料的，适用前四款的规定。

《最高人民法院关于适用〈中华人民共和国公司法〉若干问题的规定(四)》(2021年1月1日)

第八条　有限责任公司有证据证明股东存在下列情形之一的，人民法院应当认定股东有公司法第三十三条第二款规定的“不正当目的”：

(一)股东自营或者为他人经营与公司主营业务有实质性竞争关系业务的，但公司章程另有规定或者全体股东另有约定的除外；

(二)股东为了向他人通报有关信息查阅公司会计账簿，可能损害公司合法利益的；

(三)股东在向公司提出查阅请求之日前的三年内，曾通过查阅公司会计账簿，向他人通报有关信息损害公司合法利益的；

(四)股东有不正当目的的其他情形。

28. 后加入股东是否可以要求查阅其加入公司前的会计报告及会议决议?

【案例还原】

广州唯思软件股份有限公司(以下简称唯思公司)于2004年9月2日经工商部门核准设立,王某锋于2015年5月5日获得唯思公司股权并在工商部门登记为唯思公司股东。2019年,王某锋与唯思公司股东张某豪签订股权转让协议。

后王某锋要求唯思公司提供自2013年9月起至实际提供之日止的公司章程、股东会会议记录、董事会会议决议、监事会会议决议和财务会计报告及财务凭证供王某锋查阅、复制,同时提供自2013年9月起至实际提供之日止的公司会计账簿(含总账、明细账、日记账、其他辅助性账簿)和会计凭证(含记账凭证、相关原始凭证及作为原始凭证附件入账备查的有关资料)供王某锋及其委托的专业会计人员查阅。唯思公司以其股权存在争议为由未提供。王某锋遂起诉至法院。

案号:广东省广州市中级人民法院(2022)粤01民终12611号

【律师分析】

本案的争议焦点为:股东知情权是否受到加入公司时间的限制。

《公司法》并未对股东成为公司股东之前事项行使知情权作出限制性规定,股东知情权是公司股东享有的基本权利之一,一旦成为公司股东,即享有与其他股东完全相同的权利,不应以成为公司股东的时间先后予以区别对待或限制。公司经营是一个整体延续性的过程,公司今日的情况可能是以前运营的结果,若绝对地以身份论权利，不允许股东查阅取得股东身份之前的相关信息，势必导致股东权益保护的不完备。股东加入公司成为股东之后，要求了解和掌握其成为股东之前的公司运营状况和财务信息，应当属于其正当行使股东知情权，因而本案中股东有权要求查阅其加入公司之前的公司会计账簿。王某锋虽然在2015年5月5日才登记成为公司股东，但是其对在此之前的资料享有知情权。

最终，法院判决，王某锋有权查阅自2013年9月起至实际查阅之日止的公司章程、股东名册、股东会会议记录、董事会会议决议、监事会会议决议、财务会计报告。

另外，根据《公司法》的规定，在股份有限公司，只有连续180日以上单独或者合计持有公司3%以上股份的股东要求查阅公司的会计账簿、会计凭证的，在提出书面请求，说明目的后，方可查阅公司会计账簿、会计凭证。这也是因为股份有限公司的股东人数较多，限制股东对公司会计账簿的查阅权，更有利于维护公司的正常经营管理。因此，《公司法》的股东知情权制度也是在衡量公司与股东之间的权利博弈、利益平衡后所进行的安排。

【实务指南】

公司成立后，可能会发生股权转让或公司增资等情况，从而使公司出现除发起人以外的股东。正是在这种情况下，才出现了股东加入公司时间有先有后的情况。如果后加入公司的股东要求查阅其加入之前公司的财会资料，公司应如何处理呢？

一、股东行使知情权，范围可以追溯到其加入公司之前

有的股东认为，新进股东无权对其加入公司之前公司的相关情况行使知情权。这个理由是不成立的。股东知情权是股东固有的法定权利,公司股东享有平等的知情权。股东查阅加入公司之前的公司会计账簿,有助于股东了解公司在其加入之前的经营和财务状况,属于正常行使股东知情权。因此,不应以加入公司的时间先后区别对待。

二、股东对其加入公司之前相关情况的知情权行使的诉讼时效

公司的经营具有延续性,公司当前的情况是以往经营的结果。因此,只要公司还在经营,并且要求查阅者有合法的股东身份,那么其行使知情权就不应存在诉讼时效问题。

三、公司对抗股东行使其加入之前公司知情权的路径

就公司而言,如欲阻止股东查阅其加入之前公司的相关资料,有两条途径:一条途径是主张股东未履行书面请求的前置程序。但该抗辩不能最终阻止股东行使知情权。如欲最终阻止股东行使知情权,需通过另一条途径,即举证证明股东要求行使知情权具有"不正当目的"。因此,股东在行使知情权时,应当具有正当目的,并且履行了书面请求的前置程序。

【关联法条】

《中华人民共和国公司法》(2024 年 7 月 1 日)

第五十七条 股东有权查阅、复制公司章程、股东名册、股东会会议记录、董事会会议决议、监事会会议决议和财务会计报告。

股东可以要求查阅公司会计账簿、会计凭证。股东要求查阅公司会计账簿、会计凭证的,应当向公司提出书面请求,说明目的。公司有合理根据认为股东查阅会计账簿、会计凭证有不正当目的,可能损害公司合法利益的,可以拒绝提供查阅,并应当自股东提出书面请求之日起十五日内书面答复股东并说明理由。公司拒绝提供查阅的,股东可以向人民法院提起诉讼。

股东查阅前款规定的材料，可以委托会计师事务所、律师事务所等中介机构进行。

股东及其委托的会计师事务所、律师事务所等中介机构查阅、复制有关材料，应当遵守有关保护国家秘密、商业秘密、个人隐私、个人信息等法律、行政法规的规定。

股东要求查阅、复制公司全资子公司相关材料的，适用前四款的规定。

第一百一十条 股东有权查阅、复制公司章程、股东名册、股东会会议记录、董事会会议决议、监事会会议决议、财务会计报告，对公司的经营提出建议或者质询。

连续一百八十日以上单独或者合计持有公司百分之三以上股份的股东要求查阅公司的会计账簿、会计凭证的，适用本法第五十七条第二款、第三款、第四款的规定。公司章程对持股比例有较低规定的，从其规定。

股东要求查阅、复制公司全资子公司相关材料的，适用前两款的规定。

上市公司股东查阅、复制相关材料的，应当遵守《中华人民共和国证券法》等法律、行政法规的规定。

29. 公司是否有权以股东持有同类型公司的股份为由，限制股东的知情权？

【案例还原】

被告闪闪网络公司于2014年12月11日成立，共有3名股东，其中原告周某系股东及董事。原告周某陈述,其于闪闪网络公司成立后至2016年6月在该公司上班,该公司2016年6月之前没有召开过股东会、董事会,之后有无召开不清楚。原告周某向被告提出查阅被告自2015年起至本案审理法庭辩论终结之日止的财务会计报告、会计账簿(包括总账、明细账、日记账和其他辅助性账簿)及相关原始凭证、股东会会议记录、董事会会议决议的请求,未收到回复。因此,周某诉至法院,要求行使股东知情权。另外,查明周某现入职的公司与被告闪闪网络公司的经营范围相似,二者存在竞争关系。

案号:长沙市岳麓区人民法院(2017)湘0104民初2481号,长沙市中级人民法院(2018)湘01民终6759号

【律师分析】

本案的争议焦点为:公司能否以股东持有其他同类型公司的股份为由限制股东的知情权。

一、公司股东有权要求查阅公司资料

根据《公司法》的规定,股东有权查阅、复制公司章程、股东名册、股东会会议记录、董事会会议决议、监事会会议决议和财务会计报告,并在不损害公司利益的情况下有权要求查阅公司的会计账簿、会计凭证。

本案中,在原告周某提出查阅的有关申请后,被告闪闪网络公司既未提供相关资料也未向原告周某说明原因,损害了其股东知情权,违反了我国《公司法》的有关规定。故原告有权主张查阅、复印被告闪闪网络公司的财务会计报告、股东会议记录、董事会会议决议。

二、因股东在竞争关系公司工作,公司可不向其提供会计账簿、会计凭证等记载商业秘密的资料

根据《公司法》第57条的规定,公司有合理根据认为股东查阅会

计账簿有不正当目的，可能损害公司合法利益的，可以拒绝提供查阅。

本案中，原告现所在公司与被告闪闪网络公司的经营范围大致相同，具有竞争关系，被告闪闪网络公司的会计账簿、会计凭证记载了交易相对方以及交易金额、价款等商业秘密信息，原告获得被告闪闪网络公司商业信息可能导致被告闪闪网络公司的商业秘密被披露或使用，不利于被告闪闪网络公司的后续经营。

最终，法院判决支持股东周某查询公司的财务会计报告、股东会决议、董事会决议等资料的请求。但未支持股东周某查阅公司的会计账簿、会计凭证等请求。

【实务指南】

在实践中，股东知情权之诉有以下几点值得关注。

一、原告在起诉时应当具备股东资格

若原告为工商登记的股东，则其当然具备提起股东知情权之诉的资格；对于瑕疵出资的股东，若公司没有对其采取解除股东资格的程序，则该股东的起诉资格不受影响；若原告为隐名股东，则需先确认其股东资格，再行使股东知情权；若股东已经退股，只有在其能够提供初步证据证明在持股期间其合法权益受到损害时，才具备起诉资格。

二、由公司对原告行使股东知情权具有不正当目的承担证明责任

根据《公司法》及其司法解释的规定，只有在有证据证实原告行使知情权具有不正当目的的情形下，公司才可以拒绝提供会计账簿，否则公司应承担举证不能的法律后果。

三、根据查询目的确定行使知情权的范围

《会计法》第13条第1款规定："会计凭证、会计账簿、财务会计报告和其他会计资料，必须符合国家统一的会计制度的规定。"第14条第1款规定："会计凭证包括原始凭证和记账凭证。"第15条第1款规定："会计账簿登记，必须以经过审核的会计凭证为依据，并符合有关法律、行政法规和国家统一的会计制度的规定。会计账簿包括总账、明细账、日记账和其他辅助性账簿。"会计账簿、会计凭证在《会计法》上系不同的财务文件资料，并不存在包含与被包含的关系。

根据《公司法》第57条第2款的规定，股东如有不当目的，公司可以拒绝提供公司商业秘密信息。因此，在股东提出查阅请求时，应该根据股东查阅的目的进一步确定查阅的范围。

【关联法条】

《中华人民共和国公司法》(2024年7月1日)

第五十七条第一、二款 股东有权查阅、复制公司章程、股东名册、股东会会议记录、董事会会议决议、监事会会议决议和财务会计报告。

股东可以要求查阅公司会计账簿、会计凭证。股东要求查阅公司会计账簿、会计凭证的，应当向公司提出书面请求，说明目的。公司有合理根据认为股东查阅会计账簿、会计凭证有不正当目的，可能损害公司合法利益的，可以拒绝提供查阅，并应当自股东提出书面请求之日起十五日内书面答复股东并说明理由。公司拒绝提供查阅的，股东可以向人民法院提起诉讼。

30. 股东的知情权包括哪些?

【案例还原】

火烈鸟公司成立于 2011 年 12 月 13 日,触控公司是火烈鸟公司的股东,火烈鸟公司章程载明,股东享有下列权利"……(五)查阅本章程、股东名册、公司债券存根、股东大会会议记录、董事会会议决议、监事会会议决议、财务会计报告等"。

2019 年 4 月 4 日,触控公司要求火烈鸟公司提供 2016 年、2017 年、2018 年的财务报表等资料。但火烈鸟公司仅提供了公司 2016 年、2017 年、2018 年《年度审计报告》及公司章程,对其他财务文件火烈鸟公司要求触控公司说明查阅目的。

触控公司遂向法院起诉要求火烈鸟公司提供最新公司章程、股东名册、公司债券存根、股东大会会议记录、董事会会议决议、财务会计报告、会计账簿(包括但不限于总账、明细账、日记账等)以及相应的会计凭证(包括但不限于原始凭证、记账凭证、银行对账单等),以及火烈鸟公司投资的全资控股子公司的上述文件和资料、火烈鸟公司的全资控股子公司和并表投资公司所涉股东会决议和董事会决议等火烈鸟公司的内部审批文件。

案号:广东省广州市中级人民法院(2021)粤 01 民终 9812 号

【律师分析】

本案的争议焦点为:公司股东的知情权包括哪些,触控公司要求查阅火烈鸟公司的内部文件是否合理。

一、股东可以查阅公司章程、股东名册、股东大会会议记录、董事会会议决议、财务会计报告等文件，但不包括公司对外投资的内部文件

根据《公司法》的规定，股东有权查阅公司章程、股东名册、股东会会议记录、董事会会议决议、监事会会议决议、财务会计报告，并为公司的经营提出建议或者质询。

本案中，触控公司要求查阅、复制火烈鸟公司章程、股东会会议记录、董事会会议决议、监事会会议决议和财务会计报告合理合法，法院予以支持。触控公司要求查阅的火烈鸟公司对外投资的公司内部文件，因为超出股东知情权范围，法院不予支持。

二、股东知情权包括基于合理目的查阅会计账簿，包括总账、明细账、日记账及相应的会计凭证(包括原始凭证、记账凭证)

根据《公司法》第57条和第110条的规定，股份有限公司连续180日以上单独或者合计持有公司3%以上股份的股东要求查阅公司的会计账簿、会计凭证的，应当向公司提出书面请求，说明目的。公司有合理根据认为股东查阅会计账簿、会计凭证有不正当目的，可能损害公司合法利益的，可以拒绝提供查阅，并应当自股东提出书面请求之日起15日内书面答复股东并说明理由。公司拒绝提供查阅的，股东可以向人民法院提起诉讼。

《会计法》第14条规定："会计凭证包括原始凭证和记账凭证……"第15条第1款规定："会计账簿登记，必须以经过审核的会计凭证为依据，并符合有关法律、行政法规和国家统一的会计制度的规定。会计账簿包括总账、明细账、日记账和其他辅助性账簿。"

本案中，触控公司以书面形式要求查阅火烈鸟公司会计账簿(包括总账、明细账、日记账)及相应的会计凭证(包括原始凭证、记账凭证)，但是火烈鸟公司拒绝查询会计账簿并未提出合理理由。可见，基于合理目的查阅公司会计账簿也属于股东知情权的范围。因此，法院认定触控公司查阅火烈鸟公司会计账簿的请求合理，予以支持。

综上，法院最终支持了触控公司作为股东查阅火烈鸟公司章程、股东名册、股东大会会议记录、董事会会议决议、财务会计报告以及会计账簿的诉讼请求。

【实务指南】

基于股东知情权范围的规定，公司在保障股东知情权的过程中，应该注意以下问题。

一是公司应按照法律规定保障股东的知情权。

二是股东知情权的行使对象仅限于公司，不包括公司的对外投资主体。

三是股东知情权的范围既包括公司章程、股东名册、股东大会会议记录、董事会会议决议、财务会计报告，也包括公司的会计账簿（包括总账、明细账、日记账）及相应的会计凭证（包括原始凭证、记账凭证）。

四是股东查阅公司会计账簿应以书面形式提出，并说明合理目的。如公司认为股东查阅会计账簿存在不正当目的，可以拒绝查阅，但应当向股东书面回复并说明合理理由。

五是股份有限公司要求查阅公司会计账簿、会计凭证的股东，需满足连续180日以上单独或者合计持有公司3%以上股份的主体条件。

【关联法条】

《中华人民共和国公司法》（2024年7月1日）

第五十七条第一、二款 股东有权查阅、复制公司章程、股东名册、股东会会议记录、董事会会议决议、监事会会议决议和财务会计报告。

股东可以要求查阅公司会计账簿、会计凭证。股东要求查阅公司会计账簿、会计凭证的，应当向公司提出书面请求，说明目的。公司有合理根据认为股东查阅会计账簿、会计凭证有不正当目的，可能损害公司合法利益的，可以拒绝提供查阅，并应当自股东提出书面请求之日起十五日内书面答复股东并说明理由。公司拒绝提供查阅的，股东可以向人民法院提起诉讼。

第一百一十条第一、二款 股东有权查阅、复制公司章程、股东名册、股东会会议记录、董事会会议决议、监事会会议决议、财务会计报告，对公司的经营提出建议或者质询。

连续一百八十日以上单独或者合计持有公司百分之三以上股份的股东要求查阅公司的会计账簿、会计凭证的，适用本法第五十七条第二款、第三款、第四款的规定。公司章程对持股比例有较低规定的，从其规定。

31. 瑕疵出资的股东是否依然享有知情权、分红权等股东权利？权利受限的流程是怎样的？

【案例还原】

2014年1月28日，世境公司登记成立，登记股东为刘某艳、席某、胡某。2018年8月20日，刘某艳委托律师向世境公司发送律师函，内容载明：刘某艳自2014年7月从席某处受让股权，成为占世境公司30%股权的股东，并于2014年8月完成工商登记备案。但自受让股权以来,刘某艳对公司的经营状况所知甚少,公司既未披露经营状况,也未分红,为了解公司资产及实际经营状况,刘某艳要求查阅、复制世境公司章程、股东会会议记录、财务会计报告、会计账簿等。

2018 年 8 月 23 日,世境公司签收该律师函。同时,世境公司向刘某艳发送电子邮件,主要内容包括提供公司会计账目的电子表格;告知刘某艳股东会议纪要等相关文件在工商部门保存,可以自行查阅。此外,该邮件还载明,因刘某艳未缴纳入股款,需要承担相应的责任。

刘某艳认为邮件中提供的电子表格系世境公司自行制作,要求世境公司提供完整的文件。世境公司并未回复,故刘某艳向法院提起诉讼,要求世境公司完整提交公司的财务会计报告、股东会会议记录、董事会会议决议等供其查阅、复制。

世境公司在庭审中抗辩称,刘某艳确有转账行为,但并非入股款,而是作为分公司交给总公司的加盟费,刘某艳并未缴纳入股款,出资存在瑕疵。

案号:深圳市南山区人民法院(2019)粤 0305 民初 12720 号

【律师分析】

股东瑕疵出资不会对股东身份的认定产生影响,故不影响股东知情权。

股东知情权是公司法赋予公司股东通过查阅公司股东会会议记录、财务会计报告、会计账簿等有关公司经营决策管理的资料,以行使了解公司运营状况和公司高级管理人员活动的权利,公司应当按照《公司法》的规定向股东履行相关信息报告和披露的义务。在本案中,世境公司的工商登记明确记载刘某艳为公司股东,刘某艳对世境公司享有法律所赋予的股东知情权。

退一步讲，即便刘某艳的出资行为存在瑕疵，实际出资也仅是股东对公司的义务而非其取得股东身份的条件，股东出资瑕疵影响的仅是股东收益权，而股东知情权属于股东参与公司经营管理前知悉公司具体信息的权利，二者不存在必然联系。

最终，法院判决世境公司提供公司财务会计报告（包括资产负债表、损益表、现金流量表、财务情况说明书和利润分配表）、股东会会议记录、董事会会议决议供原告刘某艳查阅、复制。

另外，根据《公司法》及其司法解释，公司有权根据公司章程或股东会决议对瑕疵出资股东的利润分配请求权、新股优先认购权、剩余财产分配请求权等股东权利作出相应的合理限制。因此可以看出，虽然股东出资瑕疵并不影响股东的法定权利，但公司可以通过公司章程或股东会决议对瑕疵出资股东的相应权利进行限制。目前司法实践亦支持公司对瑕疵出资股东的权利限制的内部自治。

【实务指南】

根据《公司法》的规定，公司股东依法享有资产收益、参与重大决策和选择管理者等权利。成为公司股东、享受股东权利的关键即在于股东对公司的出资。在股东瑕疵出资的情况下，公司可以对股东权利进行限制。

一是通过股东会决议或公司章程明确出资瑕疵、抽逃出资的法律后果，如解除相应股东资格，不享有股东分红权、知情权、表决权等。

二是对出资瑕疵股东，在其行使查阅公司资料或分红等权利时，应该通过正式的书面通知催促其缴纳出资并告知不缴纳出资的相应法律后果。

三是对抽逃出资的股东，公司或其他股东亦可作出相应的决议解除股东资格，并提出解除股东资格的诉讼。

以上限制股东权利并不是最终目的，其仅是一种督促股东尽快按约定补足出资的方式和手段。

【关联法条】

《最高人民法院关于适用〈中华人民共和国公司法〉若干问题的规定(三)》(2021年1月1日)

第十六条 股东未履行或者未全面履行出资义务或者抽逃出资，公司根据公司章程或者股东会决议对其利润分配请求权、新股优先认购权、剩余财产分配请求权等股东权利作出相应的合理限制，该股东请求认定该限制无效的，人民法院不予支持。

第十七条第一款 有限责任公司的股东未履行出资义务或者抽逃全部出资，经公司催告缴纳或者返还，其在合理期间内仍未缴纳或者返还出资，公司以股东会决议解除该股东的股东资格，该股东请求确认该解除行为无效的，人民法院不予支持。

《最高人民法院关于印发〈全国法院民商事审判工作会议纪要〉的通知》(2019年11月8日)

第七条 股东认缴的出资未届履行期限，对未缴纳部分的出资是否享有以及如何行使表决权等问题，应当根据公司章程来确定。公司章程没有规定的，应当按照认缴出资的比例确定……

32. 隐名股东能否直接行使知情权，还是只能通过代持人行使？

【案例还原】

商畅公司于2015年12月25日成立，注册资本为100万元，方某亮为法定代表人。2019年9月19日，商畅公司形成股东会决议，该股东会决议的出席股东名单载明：方某亮持股34%、洪某函持股33%、杨某云持股16%、赵某中持股12%、彭某文持股5%。

2019年12月10日，各方签订股权转让协议，其中第2条约定，自本股权协议签订之日起1年内，杨某云、赵某中、彭某文三人持有的股权数量暂由方某亮、洪某函二人代持，暂不进行股东结构变更的工商信息登记，签订协议满1年后，根据各方共同讨论的结果，再行确定有关股东结构变更的工商登记；5名股东均在该协议上签名。

2019年12月25日，彭某文向公司和方某亮发送了《要求查阅公司账簿的申请书》，要求行使股东知情权，查阅自2015年公司成立至今的所有财务资料（包含公司所有会计账簿、原始凭证、财务报表等），并复印各年度相关的财务报表。2020年1月10日，方某亮回函拒绝了彭某文申请查阅公司账簿的申请。因此，彭某文起诉至法院要求行使股东知情权。

案号：江苏省南京市中级人民法院（2020）苏01民终11010号

【律师分析】

本案的争议焦点为：隐名股东能否直接行使股东查阅权。

根据《最高人民法院关于适用〈中华人民共和国公司法〉若干问题的规定（四）》第7条的规定，股东行使查阅权时，公司有证据证明前款规定的原告在起诉时不具有公司股东资格的，人民法院应当驳回起诉，但原告有初步证据证明在持股期间其合法权益受到损害，请求依法查阅或者复制其持股期间的公司特定文件材料的除外。

本案中，彭某文虽未记载于商畅公司股东名册，也非该公司登记股东，但从彭某文提供的证据来看，商畅公司 2019 年 9 月 9 日、12 月 12 日两份股东会决议及 2019 年 12 月 10 日商畅公司股权协议均载明彭某文持有商畅公司 5% 的股权，协议各方（含商畅公司 2 名登记股东方某亮、洪某函）均签字确认，商畅公司亦在两份股东会决议上加盖公章，故可以认定商畅公司认可彭某文系实际出资人，具有股东资格。

最终，法院判决彭某文作为实际股东，有权直接行使股东的查阅权。

【实务指南】

隐名股东是否可以行使自己的股东权利，取决于股东身份是否获得了其他股东的同意。隐名股东在行使查阅权时的规则如下。

一是在完全隐名的情况下，股东知情权行使的前提条件为具备公司的股东资格，隐名股东对公司享有的股东权利应通过名义股东主张。

二是根据《最高人民法院关于适用〈中华人民共和国公司法〉若干问题的规定（三）》第 24 条第 3 款的规定，经过其他股东半数以上同意或未提出异议的，隐名股东可以显名化，此时，隐名股东可以以己方名义行使股东权利。

三是在实践中，隐名股东需要向法院提供股权代持协议、投资款支付凭证、股东会出具的认可其股东身份的决议等文件，证明自己的股东身份已经得到公司和其他股东的认可后，其直接行使股东知情权的主张才可能获得法院支持。

【关联法条】

《最高人民法院关于适用〈中华人民共和国公司法〉若干问题的规定（四）》（2021年1月1日）

第七条 股东依据公司法第三十三条、第九十七条或者公司章程的规定，起诉请求查阅或者复制公司特定文件材料的，人民法院应当依法予以受理。

公司有证据证明前款规定的原告在起诉时不具有公司股东资格的，人民法院应当驳回起诉，但原告有初步证据证明在持股期间其合法权益受到损害，请求依法查阅或者复制其持股期间的公司特定文件材料的除外。

33. 股东协议中“退职即退股”的约定是否有效？退股的方式及价格应当如何确定？

【案例还原】

上海恒众信息科技有限公司（以下简称恒众公司）系于2012年9月24日登记成立的有限责任公司，注册资本为890万元，法定代表人为钱某保，现登记股东为孙某栋、李某、王某、朱某玺、汤某坚、钱某保、张某乐及颜某，监事为张某乐。

恒众公司章程载明：公司注册资本为890万元；颜某出资262 159元，出资时间为2012年9月30日前缴付100 000元、2014年7月24日缴付5000元、2014年9月25日缴付4286元、2015年9月21日缴付152 873元;恒众公司是上海宝宏软件有限公司(以下简称实体公司)的股东,公司的所有自然人股东均为实体公司或其关联公司的员工,如各股东在实体公司公开发行股票并上市前与实体公司或其关联公司解除劳动关系,则该离职股东须向其他股东转让其持有的全部公司股权;若其他股东均不同意受让该离职股东的股权,则该离职股东的股权可以保留;其他股东无法就受让比例达成一致的,以各自实际出资比例分摊。

颜某于2018年1月18日从被告恒众公司处离职,并办理完毕相关离职手续。

2019年3月19日,恒众公司作出股东会决议,载明:本次会议应到会股东14人,实际到会股东12人,代表公司股份数额为94.4%,符合召开股东会条件;经到会全体股东讨论,会议一致同意转让方颜某将其在恒众公司2.9456%的股份转让给受让方张某乐,转让价格按照公司章程、股东协议和补充协议执行。

但颜某一直以各种理由推诿,拒绝办理股权转让和工商登记变更手续。

案号:上海市浦东新区人民法院(2020)沪0115民初34544号

【律师分析】

本案的争议焦点为:“退职即退股”是否有效。

“退职即退股”的约定具有公司意思自治的特点,具有公司自治的效力。从《公司法》规定的公司章程性质来看,公司章程不仅是关于公司的组织结构、内部关系和开展公司业务活动的基本规则和依据,亦是股东自治意思规则的载体。除《公司法》规定的公司章程必要的记载事项外，股东在公司章程中约定股东“退职即退股”，属于公司意思自治的范畴，不违反法律的规定。公司章程等全体股东协商一致同意作出的书面约定，系全体股东的真实意思表示，对全体股东均具有约束力。

本案具有一定的特殊性，恒众公司就离职股东股权转让事宜，已事先通过公司章程、股东协议及补充协议的方式作出相应规定，公司章程及补充协议均明确规定股东离职时应将其持有的恒众公司的全部股权转让给其他股东，转让价格以该股东离职时上一年度实体公司资产负债表所反映的所有者权益为计算标准，现颜某已从恒众公司离职，即已发生股权转让事由，因此“退职即退股”的约定是有效的。

最终，法院判决颜某配合公司办理退股的工商变更登记。

【实务指南】

公司章程约定股东“退职即退股”条款，若不违反公司资本维持的原则，不损害第三人的合法权益，经全体股东决议通过，则合法有效。在确保“退职即退股”条款有效方面，笔者建议如下。

一、“退职即退股”条款应当取得全体股东的签字确认

由于“退职即退股”系股东对其私有财产权利的处分，涉及股东个人利益事项，因此需要股东在制定公司章程或修订公司章程的股东会决议中签字确认。

二、明确“退职即退股”发生的具体情形

在将“退职即退股”条款写入公司章程时，对“退职即退股”的适用情形予以明确。主要包括：(1)持股人辞职、被公司辞退、开除或除名；(2)持股人调离公司；(3)持股人死亡；(4)持股人落选董事会；

(5)持股人不再被公司续聘等。

三、明确“退职即退股”的股权受让主体

为了防止“退职即退股”条件成就后股权受让主体不明确的问题,建议有限责任公司在公司章程中约定“退职即退股”的条款应明确,“退职即退股”条件成就后应采取何种方式处置退职员工所持股权。

四、“退职即退股”条款载入公司章程时应履行必要的法定程序

在实践中,法院在认定“退职即退股”条款的效力时,该条款在载入公司章程时是否经过公司内部权力机构的审批、是否有公司股东在公司章程及相关决议上签字盖章,均是法院认定“退职即退股”效力的重要因素。

五、明确“退职即退股”中的退股价格

退股价格主要考虑公司的净资产、转让方股东的原始出资以及公司经营中的股东分红等因素。建议在将“退职即退股”条款写入公司章程时,对“退职即退股”情形发生时股权转让的价格进行明确约定,以便各方在条件成就时就股权转让的价格达成一致,避免发生不必要的争议。

【关联法条】

《中华人民共和国公司法》(2024年7月1日)

第五条 设立公司应当依法制定公司章程。公司章程对公司、股东、董事、监事、高级管理人员具有约束力。

第八十四条第三款 公司章程对股权转让另有规定的,从其规定。

34. 原股东是否有权查阅公司的会计报告及会议决议？

【案例还原】

智考公司由白日焰火公司与文苑公司于2014年8月23日发起设立，注册资本为30万元，其中，白日焰火公司认缴出资14.7万元，文苑公司认缴出资15.3万元。2018年3月1日，智考公司对工商登记信息进行了变更，白日焰火公司所持有的智考公司的股权变更登记至案外人高某强。

2019年1月8日，白日焰火公司作为原告，以高某强、智考公司为被告、李某为第三人向人民法院提起股权转让纠纷诉讼。

白日焰火公司认为该次股权转让系被告和白日焰火公司的股东、本案第三人李某的单方擅自操作。并且，李某与被告单方操作的股权转让基于错误的公司财务信息，转让价款明显低于股权的实际价值，原告的权益受到严重损害。

原告为维护自身的合法权益，要求智考公司提供白日焰火公司担任股东期间所有股东会会议记录、董事会会议决议、财务会计报告、会计账簿（含总账、明细账、日记账、其他辅助性账簿）、会计凭证（含记账凭证、相关原始凭证及作为原始凭证附件入账备查的有关资料）供原告查阅、复制。

案号：南京市鼓楼区人民法院（2020）苏0106民初2382号，江苏省南京市中级人民法院（2020）苏01民终9755号

【律师分析】

本案的争议焦点为：已退出公司的股东能否行使查阅权。

《最高人民法院关于适用〈中华人民共和国公司法〉若干问题的规定(四)》第7条第1、2款规定:“股东依据公司法第三十三条、第九十七条或者公司章程的规定,起诉请求查阅或者复制公司特定文件材料的,人民法院应当依法予以受理。公司有证据证明前款规定的原告在起诉时不具有公司股东资格的,人民法院应当驳回起诉,但原告有初步证据证明在持股期间其合法权益受到损害,请求依法查阅或者复制其持股期间的公司特定文件材料的除外。”

本案中,原告白日焰火公司在2014年8月23日至2018年3月1日为被告智考公司的股东,持股比例为49%。原告现已丧失智考公司股东资格,根据前述规定,原告在本案中提交的现有证据可以作为其持股期间合法权益受到损害的初步证据。在原告持股期间,被告未向原告披露公司财务信息,被告亦自认从未分配过利润。故对原告主张查阅、复制智考公司自2014年8月23日起至2018年3月1日止的股东会会议记录、董事会会议决议、财务会计报告,主张查阅智考公司自2014年8月23日起至2018年3月1日止的会计账簿、会计凭证的诉讼请求,属于合理请求。

最终,法院判决支持白日焰火公司行使查阅权。

【实务指南】

通常而言,股东资格与股东的知情权不可分离,在丧失股东身份后股东就不应再享有知情权。在实践中,原股东的该类请求出于维护自身权益,如果在原股东具有股东身份期间,存在与其自身利益有重大关系的信息被隐瞒,则其权益有可能受损。所以,为了保护原股东在其身为股东期间的正当利益,即使在其股份全部转让后,也应当允许原股东出于正当目的查阅其作为公司股东期间会计年度内的财务会计报告等文件。

具体而言，对于有限责任公司和股份有限公司的股东，法律有不同的规定：

一是有限责任公司股东有权查阅、复制公司章程、股东名册、股东会会议记录、董事会会议决议、监事会会议决议和财务会计报告。

二是股份有限公司股东有权查阅公司章程、股东名册、股东会会议记录、董事会会议决议、监事会会议决议、财务会计报告，有权对公司的经营提出建议或者质询。

【关联法条】

《最高人民法院关于适用〈中华人民共和国公司法〉若干问题的规定(四)》(2021年1月1日)

第七条 股东依据公司法第三十三条、第九十七条或者公司章程的规定，起诉请求查阅或者复制公司特定文件材料的，人民法院应当依法予以受理。

公司有证据证明前款规定的原告在起诉时不具有公司股东资格的，人民法院应当驳回起诉，但原告有初步证据证明在持股期间其合法权益受到损害，请求依法查阅或者复制其持股期间的公司特定文件材料的除外。

35. 股东未履行任职期间的保证，需要承担什么法律责任？

【案例还原】

2015年2月，上海圣娱网络科技有限公司(以下简称圣娱公司)

成立,主要从事网页游戏开发、运营和服务。2015 年 12 月 1 日,圣娱公司决定增资王某辉持股的娱齐公司。增资后圣娱公司持有娱齐公司 40% 的股权,王某辉持有娱齐公司 60% 的股权,王某辉担任娱齐公司的董事长兼总经理;双方约定了王某辉及娱齐公司高级管理人员的竞业限制义务等。

增资协议签订后,王某辉及娱齐公司在圣娱公司资金的支持下开发了《战争使命》网页游戏。2016 年 7 月正式上线后,该款网页游戏成为娱齐公司的主要业务和资产。

2017 年年底,王某辉在圣娱公司不知情的情况下,擅自办理了离职手续并入职一家与娱齐公司经营相似业务的网络公司。同时,王某辉自行遣散娱齐公司员工,导致娱齐公司无法继续经营,《战争使命》游戏的运营收入分成则被支付给娱齐公司以外的主体。

圣娱公司认为,王某辉的行为不仅违反了《公司法》关于公司高级管理人员忠实、勤勉义务的规定,还违反了增资协议关于勤勉尽责的约定,于是诉至法院,请求判决王某辉依据增资协议的约定回购圣娱公司持有娱齐公司的全部股权。

案号:上海市徐汇区人民法院(2019)沪 0104 民初 2127 号,上海市第一中级人民法院(2020)沪 01 民终 460 号

【律师分析】

本案的争议焦点为:股东违反增资协议应该承担什么法律责任。具体而言,主要包括以下两个方面:第一,王某辉在娱齐公司任职未满 3 年是否违反增资协议的约定?第二,王某辉是否存在违反“勤勉及非竞争义务”的行为?

一、王某辉任职未满3年违反了增资协议的约定

根据增资协议的约定，在圣娱公司增资后，王某辉应在娱齐公司登记设立后7个工作日内与娱齐公司签订劳动合同，且保证在娱齐公司全职任职自该增资协议签署之日起不少于3年；王某辉应与娱齐公司签署保密协议和不竞争协议，保证其在任职期间和离职后3年内不得从事与娱齐公司有竞争的行业。

本案中，王某辉于2017年12月31日离职，其在娱齐公司任职未满3年。更为关键的是，即使王某辉的离职已经圣娱公司同意，也不能得出圣娱公司同意王某辉离职即放弃行使增资协议约定权利之结论。故王某辉任职未满3年违反了增资协议的约定。

二、王某辉违规泄露公司游戏源代码违反了增资协议的约定

根据增资协议的约定，王某辉及娱齐公司高级管理人员应当保证：除目标公司外，不以任何方式直接持有与目标公司经营相同或者类似业务的公司的股权，也不以任何方式直接参与或控制与目标公司经营同样或类似业务的公司。

本案中，根据王某辉与案外公司的款项往来、微信聊天记录、案外公司回函等证据材料以及时间节点的关联性，可以认定王某辉将《战争使命》游戏源代码私下提供给案外公司，或者授意案外公司更新维护游戏，因此，王某辉违反了“勤勉及非竞争义务”。

另外，根据增资协议的约定，王某辉未履行任职期限或违反竞业义务的，王某辉应按照圣娱公司要求以“100%圣娱公司投资金额+10%年息+应分配而未分配红利”的条件受让圣娱公司本轮增资获得的股权，王某辉及娱齐公司应按照圣娱公司的要求办理股权转让和支付对价。

最终，法院判决，王某辉应按照增资协议的约定回购圣娱公司所持有的娱齐公司的股权。

【实务指南】

随着商业社会的发展,股东退股创业的现象成为商事常态,股东“另起炉灶”损害公司利益的现象时有发生。在此背景之下,公司希望通过竞业禁止、竞业限制的方式约束股东的意愿越发强烈。可以通过竞业条款对股东进行以下限制。

一、通过书面协议设立股东竞业禁止(限制)义务

如果股东恶意进行同业竞争,将极大地降低公司的商业价值,严重损害投资人利益,故可以通过在公司章程或股东协议中约定竞业禁止(限制)条款,明确股东的保证承诺义务,并约定适当的违约责任和责任承担方式,以此防范股东的同业竞争和利益输送行为。

二、关注股东此前附随的竞业禁止(限制)义务

公司股东可能对其他公司负有竞业禁止义务,也可能对原就职单位负有竞业限制义务,一旦违反,轻则需要承担相应的赔偿责任,重则导致公司经营出现重大法律瑕疵和风险。所以,公司需要认真细致地调查,确保股东未违反竞业禁止义务。

【关联法条】

《中华人民共和国公司法》(2024 年 7 月 1 日)

第二十二条 公司的控股股东、实际控制人、董事、监事、高级管理人员不得利用关联关系损害公司利益。

违反前款规定,给公司造成损失的,应当承担赔偿责任。

36. 股东的竞业禁止与员工的竞业限制有什么区别？是否可以同时适用？

【案例还原】

北京亿起联科技有限公司(以下简称亿起联公司)系一家主要经营移动互联网广告服务业务的公司。2012 年 12 月 27 日,黄某入职亿起联公司,并与亿起联公司签订了劳动合同书和保密协议。黄某担任销售总监、全国营销总监、全国营销副总经理等职务,最终负责全国营销工作。2014 年 10 月 21 日,黄某正式离职,离职时,其负责的未回款单位有掌上互动(北京)科技有限公司(以下简称掌上互动公司)。

2014 年 11 月底,客户举报黄某在亿起联公司任职期间曾另行成立与亿起联公司业务相同的互联网科技公司,从事类似的互联网广告服务业务。经核实,黄某与侯某于 2013 年 8 月 1 日投资成立掌上互动公司,黄某任监事。2014 年 5 月 1 日,黄某将广告客户转介绍给掌上互动公司,并以掌上互动公司的名义与亿起联公司签订推广服务协议,通过亿起联公司的移动互联广告平台为掌上互动公司的广告主提供推广服务,掌上互动公司通过截量截价的方式,获得价差、量差的收入。根据亿起联公司的后台统计并参照同业市场利润率可以折算出,掌上互动公司截取的利润不少于 20 万元。

原告亿起联公司认为,被告黄某违反勤勉、忠实义务,在担任公司销售经理期间违反与亿起联公司签订的劳动合同书和保密协议的约定,私设与亿起联公司具有同业竞争关系的公司,转移亿起联公司的业务,并与亿起联公司发生交易,非法套取利润,造成亿起联公司损失至少20万元。故诉至法院,请求判令黄某赔偿亿起联公司广告业务经济损失20万元。

案号:北京市朝阳区人民法院(2015)朝民(商)初字第11519号,北京市第三中级人民法院(2016)京03民终5371号

【律师分析】

本案的争议焦点为:员工的竞业限制义务和公司高级管理人员的竞业禁止应该如何适用。

一、黄某并非公司高级管理人员,不适用竞业禁止的规定

根据《公司法》第180条的规定,董事、监事、高级管理人员对公司负有忠实义务,应当采取措施避免自身利益与公司利益冲突,不得利用职权牟取不正当利益。董事、监事、高级管理人员对公司负有勤勉义务,执行职务应当为公司的最大利益尽到管理者通常应有的合理注意。公司的控股股东、实际控制人不担任公司董事但实际执行公司事务的,适用前两款规定。另外,根据《公司法》第265条第1项的规定,高级管理人员,是指公司的经理、副经理、财务负责人,上市公司董事会秘书和公司章程规定的其他人员。从法律对公司高级管理人员职权内容的规定来看,公司高级管理人员应当是对外、对内能够行使公司经营管理权的人员。

首先,黄某虽然名为全国营销副总经理,但其仍受部门负责人李某的领导,李某的上级还有亿起联公司的总经理王某华,因此不能认定黄某属于《公司法》规定的高级管理人员。另外,根据亿起联公司章程的规定,公司总经理、副总经理、财务总监、董事会秘书为公司的高级管理人员,黄某也不属于公司的高级管理人员。

其次,黄某作为公司监事,其基于对公司的忠实义务,不得利用

关联关系损害公司的利益。但是本案的现有证据不能证明黄某利用其关联关系损害了亿起联公司的利益，掌上互动公司与亿起联公司具有同业竞争关系并不违反黄某作为监事在公司法上的法定义务。

二、公司可以通过劳动仲裁另行要求黄某履行竞业限制义务

本案中，黄某无须按照公司的高级管理人员或监事身份承担法律后果。但亿起联公司与黄某所签劳动合同和保密协议中约定了竞业禁止义务，亿起联公司可以提起劳动仲裁，要求黄某根据劳动关系承担违反竞业限制义务的法律后果。

最终，法院判决驳回亿起联公司要求黄某因违反高级管理人员法定义务承担赔偿经济责任的请求。

【实务指南】

人才及核心技术逐渐成为企业实现长期发展重要的资产，通过竞业限制制度保障市场竞争优势成为很多企业的重要选择，"竞业限制"也被越来越多的用人单位和劳动者熟知，而与"竞业限制"相似的"竞业禁止"的"知名度"相对较低。单从字面上看，"竞业禁止"与"竞业限制"似乎区别不大，实际上，二者在法律依据、义务主体等方面存在很大的区别，很多情况下还会发生"竞合"。笔者总结实务经验如下。

一、法律依据和目的不同

竞业禁止主要源于《公司法》第180～184条的规定，目的在于约束公司的董事、监事、高级管理人员等对公司负有忠实及勤勉义务的人员，禁止其利用职务便利为自己或他人谋取属于公司的商业机会，从而保护公司利益；而竞业限制源于《劳动合同法》第23、24条的规定，目的在于通过对劳动者的自由择业权进行限制，从而更好地保护用人单位的商业秘密。

二、义务的承担主体不同

根据《公司法》的规定，董事、监事、高级管理人员违反《公司法》第181～184条规定所得的收入应当归公司所有。可见，竞业禁止的约束对象主要是公司的董事、监事、高级管理人员。

根据《劳动合同法》的规定，竞业限制的人员限于用人单位的高级管理人员、高级技术人员和其他负有保密义务的人员。竞业限制的范围、地域、期限由用人单位与劳动者约定，竞业限制的约定不得违反法律法规的规定。可见，竞业限制的约束对象主要是高级管理人员、高级技术人员和其他负有保密义务的人员。

三、义务的效力区间不同

竞业禁止义务的效力期间仅限于义务人的任职期间。竞业禁止的约束对象是公司的董事、监事及高级管理人员。

鉴于竞业限制属于约定义务，劳动关系中既可以约定在劳动关系存续期间，也可以约定在劳动关系终止后。根据《劳动合同法》的规定，竞业限制包括在职期间及解除或终止劳动合同后的2年内。

四、违反义务后的责任形态不同

"竞业禁止"属于法定义务，《公司法》规定，公司董事、监事、高级管理人员必须履行竞业禁止义务，若其违反竞业禁止义务，构成侵权，则应向公司承担侵权责任，公司有权要求其赔偿损失。

"竞业限制"则属于约定义务，是基于用人单位与劳动者签订竞业限制协议或者在劳动合同中约定竞业限制条款而产生的，若双方未约定，则劳动者不受竞业限制的约束。

五、二者竞合的情形

竞业禁止和竞业限制看似界限明显，实则很多情形下会发生竞合，即同一主体同时承担两种义务或责任。例如，“高级管理人员”需要履行《公司法》规定的竞业禁止义务，若其与公司签署了竞业限制协议或在劳动合同中约定了竞业限制条款，则其也需要履行竞业限制义务。

笔者建议，用人单位在对高级管理人员、核心技术人员等进行竞业管理时，应根据相关法律法规的规定对相关事项进行判断及决策，并根据自身的实际需求分别制定管理制度及管理流程，除签署附带竞业限制条款的劳动合同或另行签署竞业限制协议外，同时加强高级管理人员、核心技术人员的聘任及履职管理工作，采取双重措施才能更好地保障企业的权益。

【关联法条】

《中华人民共和国公司法》(2024 年 7 月 1 日)

第一百八十条 董事、监事、高级管理人员对公司负有忠实义务，应当采取措施避免自身利益与公司利益冲突，不得利用职权牟取不正当利益。

董事、监事、高级管理人员对公司负有勤勉义务，执行职务应当为公司的最大利益尽到管理者通常应有的合理注意。

公司的控股股东、实际控制人不担任公司董事但实际执行公司事务的，适用前两款规定。

第二百六十五条第一项 本法下列用语的含义：

(一)高级管理人员，是指公司的经理、副经理、财务负责人，上市公司董事会秘书和公司章程规定的其他人员。

《中华人民共和国劳动合同法》(2013 年 7 月 1 日)

第二十三条第二款 对负有保密义务的劳动者，用人单位可以在劳动合同或者保密协议中与劳动者约定竞业限制条款，并约定在解除或者终止劳动合同后，在竞业限制期限内按月给予劳动者经济补偿。劳动者违反竞业限制约定的，应当按照约定向用人单位支付违约金。

37. 谁有权对股东发起竞业禁止义务的违约之诉？

【案例还原】

原告冼某作为投资人于 2015 年与第三人周某 1 和被告周某 2 订立了投资合同，约定由原告受让第三人闪闪公司原股东（周某 1 和周某 2）20% 的股权，股权作价 1 元。合同约定：原股东周某 1 和周某 2 承诺，在其保持股东身份期间，不在其他公司担任任何职务，不从公司离职，亦不设立新的公司，以免影响其在标的公司的工作质量，否则其所得的利润归公司所有。同时，原股东承诺其直系亲属也不得直接或间接从事与公司业务相同或类似的业务。协议签订并履行后，原告先后向公司注资百余万元以维持公司运营。

2016 年 6 月，周某 2 从闪闪公司离职，并投资成立了相同业务的公司。被告周某 2 离职并另行设立相同业务的公司的行为，严重违背了其在投资合同中的承诺与保证，严重损害了原告的利益。

因此冼某向法院提起诉讼，请求撤销被告对第三人闪闪公司的股权并判令其赔偿原告损失。

案号：湖南省长沙市岳麓区人民法院（2017）湘 0104 民初 8285 号，湖南省长沙市中级人民法院（2018）湘 01 民终 2654 号

【律师分析】

本案的争议焦点为：股东违反竞业义务的，谁有权起诉。

一、依据投资合同约定主张的，合同相对方有权起诉

本案中，投资合同中已明确约定股东在其保持股东身份期间，不在其他公司担任任何职务，不从公司离职，亦不设立新的公司。该约定是各方在平等自愿的基础上签订的，系各方的真实意思表示，竞业约定合法有效，对各方具有法律约束力。被告周某2虽然从闪闪公司离职，但一直是该公司股东，在保持公司股东身份期间，离职后到与闪闪公司经营范围类似且具有竞争关系的案外人长沙朋游网络科技有限公司任职，其行为违反了投资合同约定的竞业限制义务，原告冼某有权起诉主张周某2违约并要求赔偿。

二、依据《公司法》规定的法定义务，公司或股东有权起诉

本案中，股东竞业义务通过投资合同约定，投资人可以通过投资合同向违约股东提起诉讼。在另一种情况下，根据《公司法》的规定，即便股东竞业义务没有通过协议约定，股东仍需要履行法定的竞业禁止义务；否则，公司或股东均有权对违约股东起诉。

最终，法院综合各方过错，判决周某2构成违反竞业义务，并向投资人冼某支付违约金23 000元。

【实务指南】

一般情况下，如果投资协议、股东协议约定了股东竞业义务，可以优先通过违约向法院起诉。如果没有协议约定，公司或股东可以以股东违反法定竞业禁止义务、损害公司权益为由向法院起诉。鉴于此，笔者建议如下。

一是虽然股东有法定的竞业禁止义务，但仍建议通过投资协议或股东协议等文件明确约定股东的竞业义务。

二是通过投资协议或股东协议等文件明确约定股东的竞业义务的，既要明确竞业的范围、列举违反竞业义务的行为等，又要明确股东违反竞业的后果。

三是股东或公司起诉其他股东违反竞业禁止义务的，要注意收集违约行为的证据，同时在主张期间内避免采用不当手段损害违约股东的利益，如不向违约股东分红，不向违约股东披露公司的经营信息，避免因自身过错导致主张的权益受损。

【关联法条】

《中华人民共和国公司法》(2024 年 7 月 1 日)

第一百八十八条　董事、监事、高级管理人员执行职务违反法律、行政法规或者公司章程的规定，给公司造成损失的，应当承担赔偿责任。

38. 一人股东是否需要对受让前的债务承担连带责任？

【案例还原】

北京用心玩公司成立于 2014 年 11 月 2 日，企业类型为有限责任公司(自然人投资或控股)，注册资本为 10 万元，法定代表人为韩某，股东为韩某、张某涛、刘某朔、李某军。

2015 年 4 月 28 日，北京用心玩公司法定代表人由韩某变更为张某涛，股东由韩某、张某涛、刘某朔、李某军变更为唯一股东张某涛，企业类型由有限责任公司(自然人投资或控股)变更为有限责任公司(自然人独资)。

2017年12月29日,北京市石景山区人民法院作出(2017)京0107民初3474号民事判决书,判决北京用心玩公司退还上海范特西网络科技有限公司(以下简称上海范特西公司)版权金80万元,判决生效后,北京用心玩公司未按期退还版权金,上海范特西公司向法院申请强制执行。

2017年11月21日,公司法定代表人由张某涛变更为宋某涛,公司唯一股东由张某涛变更为宋某涛;2018年8月1日,北京用心玩公司的唯一股东由宋某涛变更为张某。张某为该公司的唯一股东,上海范特西公司认为张某作为北京用心玩公司的一人股东,应当对公司债务承担连带责任,遂向法院起诉主张张某对北京用心玩公司应退款义务承担连带赔偿责任。

案号:北京市石景山区人民法院(2021)京0107民初13345号

【律师分析】

本案的争议焦点为:一人股东在受让公司股权后,是否要对受让股权之前的公司债务承担连带责任。

一、一人股东在受让股权之前需要对公司的债务尽到谨慎调查义务

本案中,上海范特西公司于2018年3月29日申请法院对北京用心玩公司强制执行,北京用心玩公司于2018年8月1日将法定代表人和唯一股东变更为张某。虽然该笔债务并非在张某担任股东期间产生,但张某作为北京用心玩公司的现任唯一股东及法定代表人,在受让公司股权时应该对公司是否存在债务尽到调查义务。因此,推断张某应当知晓该笔债务。同时，现行法律并未规定一人公司股东承担责任以债务发生时间为判断标准，因此张某应就受让股权之前公司的债务承担连带责任。

二、一人股东如无法证明其与公司财产独立，应就公司债务承担连带责任

根据《公司法》第23条第3款的规定，只有一个股东的公司，股东不能证明公司财产独立于股东自己的财产的，应当对公司债务承担连带责任。

本案中，张某未提交证据证明公司财产与自己财产相互独立，在北京用心玩公司的财产不足以清偿生效法律文书所确定债务的情况下，张某应就北京用心玩公司的债务承担连带责任。

最终，法院判决追加张某作为被执行人，且张某在北京用心玩公司未履行的债务范围内承担连带清偿责任。

【实务指南】

鉴于一人股东对公司债务可能承担连带清偿责任，笔者建议如下。

一是自然人担任公司法定代表人或股东时，应当对目标公司进行尽职调查。例如，通过公司财务报表调查公司资产及债权债务情况，通过法院或判决公告调查公司是否存在未决诉讼或未偿还债务，避免因公司存在潜在债务导致股东承担清偿责任。

二是自然人尽量避免担任公司的唯一股东，公司设立时尽可能设2名以上股东，因2名以上股东的有限责任公司，每名股东仅以出资为限对公司债务承担责任。

三是如自然人担任公司唯一股东的，应当在账务处理、财务审计中保持公司与股东的财务独立。

四是如自然人因担任公司唯一股东被追偿,股东应当提供相应财务独立的报告或文件,以避免对公司的债务承担连带责任。

【关联法条】

《中华人民共和国公司法》(2024 年 7 月 1 日)

第二十三条第三款 只有一个股东的公司,股东不能证明公司财产独立于股东自己的财产的,应当对公司债务承担连带责任。

《最高人民法院关于民事执行中变更、追加当事人若干问题的规定》(2021 年 1 月 1 日)

第二十条 作为被执行人的一人有限责任公司,财产不足以清偿生效法律文书确定的债务,股东不能证明公司财产独立于自己的财产,申请执行人申请变更、追加该股东为被执行人,对公司债务承担连带责任的,人民法院应予支持。

39. 公司股东主张行使优先购买权的,“同等条件”应当如何认定?

【案例还原】

在一起股权转让纠纷案件中,原告涂某诉称,原告与被告宋某、柳某、张某、屠某均系上海神计信息系统工程有限公司(以下简称神计公司)的自然人股东。2017 年 12 月,原告涂某收到上述 4 名被告发出的股权转让告知书,得知其拟将名下神计公司的股权出让给被告亿企赢网络科技有限公司(以下简称亿企赢公司)。为此,原告涂某于2018年1月25日书面通知上述被告要求行使优先购买权。然而,上述被告拒绝配合并于同年1月30日单方发出告知书,声称所有股东均已放弃优先购买权,被告宋某、柳某、张某、屠某将执行与被告亿企赢公司签订的股权转让协议。根据《公司法》及其司法解释的规定,原告涂某作为神计公司的股东,在神计公司其余股东拟出让股权时,依法享有优先购买权。

为此,原告涂某诉至法院,请求判令原告对被告宋某、柳某、张某、屠某向被告亿企赢公司转让的神计公司股权(合计约25%)以同等股权数量、价格、支付方式享有优先购买权。

案号:上海市浦东新区人民法院(2018)沪0115民初12817号

【律师分析】

本案的争议焦点为:股东涂某优先购买权中的同等条件认定问题。

根据《公司法》的规定,股东对外转让股权,在同等条件下,其他股东享有优先购买权。在司法实践中,其他股东主张优先购买权应当接受对外转让的同等条件。该同等条件包括股权数量、价格、支付条件以及与公司股权有关的合理的附加条件。

本案中,被告等人与被告亿企赢公司的股权转让条件中除包括数量、价格外,还包括受让方应向出让方提供股权转让价款同等金额的银行存款锁定证明及受让方保证对神计公司现有研发人员的薪酬待遇不变等条款。上述条件前者可确保股权转让价款的按期履行,后者与神计公司的经营发展有关,应属于股权转让同等条件的范畴。

法院最终判决依法支持原告享有优先购买权。

从案例中不难看出,“同等条件”下所周延的数量要素、价格要素、方式要素和期限要素作为衡量点，发挥着重要的杠杆作用。但在实践中应当具体情况具体分析，从而达到最佳认定标准，实现股东之间的利益平衡。当然，在此还需明确的是，除上述要素外，在实践中，"同等条件"还应考虑一些经营性因素、各方当事人主观因素、交易环境和利益关系等。

【实务指南】

作为人合性与资合性并重的有限责任公司，股权转让时股东享有的优先购买权是其人合性的重要体现，《公司法》第84条在规定优先购买权基础的同时，也一并规定了股东优先购买权行使的条件，即需要在股权出让人与非股东的意向受让方协商的同等条件下行使优先购买权。因此，满足"同等条件"是股权优先购买权行使的核心前提。下面笔者将就实务中股东行使优先购买权是否具备"同等条件"展开讨论。

一、认定"同等条件"的基本原则

《公司法》第84条对"同等条件"的判断，应当遵循利益平衡的原则，根据股权转让合同的具体情况以及其他合同条款是否影响转让股东实质利益的实现，认定其是否能够作为"同等条件"。既不能要求其他股东优先购买的条件与公司以外的第三人绝对相同或完全一致，以避免架空其他股东的优先购买权，也不能过于模糊，使同等条件的确定无据可依而随意化。

二、认定"同等条件"的因素

《公司法》第84条采取了列举式的方法，将转让股权数量、股权转让价格、支付方式及履行期限纳入同等条件的衡量因素，将其他因素仅用"等"字概括，不能为复杂的股权交易安排提供明确指引。

(1)股权转让数量。其他股东行使优先购买权时,在没有另行约定的情况下,原则上按照转让股东与意向受让方约定转让的股权数量行使,其他股东不能仅就部分股权行使优先购买权。

(2)股权转让价格。股东行使优先购买权时支付的价款应当高于或者等于意向受让方向转让股东允诺支付的价款。

(3)支付方式。其他股东有权按照转让股东与意向受让方确定的支付方式行使优先购买权。

(4)履行期限。其他股东行使优先购买权的履行期限不应迟于转让股东与意向受让方转让合同约定的履行期限。但后者约定期限较短且明显不合理的,可以根据转让价款金额大小、其他股东支付能力等因素综合确定合理期限。

除上述“同等条件”外,关于实现公司或股东整体利益的其他附加条件,如债务担保、提供借款、保证预期收益、拓宽经营渠道、提供技术服务等,也可以作为股东行使优先购买权的同等条件予以考虑。

【关联法条】

《中华人民共和国公司法》(2024 年 7 月 1 日)

第八十四条 有限责任公司的股东之间可以相互转让其全部或者部分股权。

股东向股东以外的人转让股权的,应当将股权转让的数量、价格、支付方式和期限等事项书面通知其他股东,其他股东在同等条件下有优先购买权。股东自接到书面通知之日起三十日内未答复的,视为放弃优先购买权。两个以上股东行使优先购买权的,协商确定各自的购买比例;协商不成的,按照转让时各自的出资比例行使优先购买权。

公司章程对股权转让另有规定的,从其规定。

40. 股东是否可以按照认缴的出资比例获得分红?

【案例还原】

车某飞和林某妹、冼某旺签订股东合作协议书,主要约定:3人共同投资设立易购房公司,法定代表人为林某妹,注册资本为1000万元,车某飞、林某妹、冼某旺的持股比例分别为40%、30%、30%,经营范围为软件开发等,包括启动资金和注册资金,其中启动资金为10万元,车某飞出资4万元,林某妹出资3万元,冼某旺出资3万元。协议书还约定公司的盈亏分配方式:公司的利润和亏损由3名股东按照实缴的出资比例分享和承担。公司税后利润,在弥补公司前季度亏损后,可以进行股东分红。股东分红的具体制度为每季度第一个月第一日分取上个季度利润,上个季度有剩余利润的,3名股东按实缴比例分取。同月,易购房公司经该区工商行政管理局登记注册成立。

之后双方因分红产生纠纷,车某飞诉至法院,请求易购房公司向其支付上半年利润分红26万余元。

案号:广东省茂名市中级人民法院(2020)粤09民终954号

【律师分析】

本案的争议焦点为:股东应以认缴比例还是实缴比例享有分红权利。

根据《公司法》的规定,公司股东依法享有资产收益、参与重大决策和选择管理者等权利,有限责任公司的股东有权按照实缴的出资比例分配利润,但"全体股东约定不按照出资比例分配利润的除外"。

本案中,易购房公司的工商登记资料记载,车某飞为易购房公司的股东并持有公司股份,易购房公司的章程亦确认,股东按照其在易购房公司的实缴出资比例分取红利。

最终,法院判决车某飞享有按照其在公司的实缴出资比例分红的权利。

【实务指南】

鉴于《公司法》规定公司注册资本采用认缴制,为了避免公司在分红时发生认识偏差或误解,建议公司设立时,股东在公司章程中明确公司分红的方式,股东有权约定不按照实缴的出资比例分取红利。因此笔者提出以下建议。

一是股东未按时出资的,设置除名条款,如股东未按时实缴全部出资,经催告仍不缴纳出资,则股东会决议可以解除该股东的股东资格。股东会决议解除股东资格的,公司将依法办理法定减资程序或者由其他股东受让该部分股权。

二是股东出资不符合约定的,设置股权比例降低规则,如股东实缴出资不符合约定,即缴付金额不足,则经股东会作出决议,可以降低其享有的股权比例,并要求未履行或未完全履行出资义务的股东向公司承担赔偿损失的责任。

三是如股东缴付金额不足,则经股东会作出决议,可以降低其享有的股权比例,并要求未履行或未完全履行出资义务的股东向公司承担赔偿损失的责任。

四是设置股东分红规则、股东新增资本的认购规则(包括是否按实缴比例、实缴金额及时间等)。

【关联法条】

《中华人民共和国公司法》(2024 年 7 月 1 日)

第二百一十条第四款 公司弥补亏损和提取公积金后所余税后利润,有限责任公司按照股东实缴的出资比例分配利润,全体股东约定不按照出资比例分配利润的除外;股份有限公司按照股东所持有的股份比例分配利润,公司章程另有规定的除外。

41. 股东死亡后,继承人能否继承其股东资格?

【案例还原】

2009 年 5 月 22 日,金粒公司登记成立,共有股东 2 人,公司注册资本为 500 万元。其中,股东李某武、李某砚各入股 250 万元,各持股 50%,李某武担任公司法定代表人。

2017 年 10 月 22 日,李某武因交通事故不幸身亡,李某武之妻赵某华在李某武身亡后多次找李某砚协商股权继承变更登记事宜,但李某砚拒绝办理。无奈之下,赵某华向法院提起诉讼,要求法院确认赵某华系金粒公司的股东,并依法办理工商变更登记。

案号:云南省临沧市中级人民法院(2019)云 09 民终 455 号

【律师分析】

本案的争议焦点为:股东死亡后,继承人能否要求变更为公司股东。

首先,股权也即股东的权利包括财产性权利和人身性权利,财产性权利主要为股东的分红权,人身性权利主要是股东身份。股东之间设立公司不仅是财产的整合,也是人员的整合,有限责任公司的股权既包含财产性权利又包含人身性权利,也就是我们平时所说的“人合”兼“资合”。通常情况下,只有相互信任的股东才会共同发起设立公司,这就是公司的人合性。

根据《公司法》第90条的规定,自然人股东死亡后,其合法继承人可以继承股东资格;但是,公司章程另有规定的除外。此条在充分保障继承人继承权的基础上,兼顾了企业的人合性。按照上述法律规定,股东的继承人原则上是有继承权的,可以同时继承财产权和股东资格,但是当公司章程另有约定时,继承人只能继承财产权而不能继承股东资格。

本案中,金粒公司的公司章程或者股东之间并没有协议约定关于继承股东资格的限制,所以,金粒公司不能拒绝继承人要求继承股东身份的请求,并且应当配合继承人办理变更登记。

最终,法院判决确认赵某华具有金粒公司的股东资格。

【实务指南】

有限公司具有较强的人合性,股东的才能、品格、处世之道之优劣,会对公司的前途产生较大影响。一个有限责任公司做大、做强后,其中一位能力超强的股东去世,该死亡股东的继承人可以继承该股权,但如果某个自然人股东的继承人无经营能力或人品有问题,让其成为股东势必难以与其他股东建立起良好的信赖关系,这样将不利于股东之间的合作和公司的发展。

因此,《公司法》才对此专门作了例外性规定,即如果公司章程对继承股东资格有除外规定的,死亡股东的继承人不能当然地成为公司的股东。结合本案,笔者提出实务中关于股东资格继承需要注意的几个问题。

第一，公司章程应明确约定合法继承人是否能够继承股东资格及如何继承。

第二，在公司章程没有约定的情况下，其合法继承人可以继承股东资格，该股东在公司的股东资格是一个整体，如何分割该部分股权由全体继承人协商一致处理。

【关联法条】

《中华人民共和国民法典》(2021 年 1 月 1 日)

第一百二十四条 自然人依法享有继承权。

自然人合法的私有财产，可以依法继承。

《中华人民共和国公司法》(2024 年 7 月 1 日)

第九十条 自然人股东死亡后，其合法继承人可以继承股东资格；但是，公司章程另有规定的除外。

Part 4 股权转让纠纷

42. 存在多份股权转让协议，且内容存在差异，各协议的效力如何认定？

【案例还原】

原告李某煌与中金在线公司共同出资成立一六八公司，2010 年 1 月 15 日，李某煌与中金通达公司签订股权转让协议，约定李某煌将其持有的一六八公司的股权转让给中金通达公司；2010 年 3 月 4 日，李某煌与沈某策（中金通达公司的法定代表人）签订了补充协议，约定待中金在线公司 IPO 成功，由沈某策以 IPO 主体的股票支付股权转让款给李某煌，如中金在线公司未成功上市，则李某煌有权回购股权，且沈某策须每月向李某煌支付资金占用费；2012 年 6 月 25 日，李某煌和沈某策签订《一六八公司股权转让协议补充协议》，约定沈某策以 180 万元买断李某煌原持有的一六八公司股权，后双方因股权转让款产生纠纷，李某煌诉至法院。

案号：福建省高级人民法院（2014）闽民终字第 713 号

【律师分析】

本案的争议焦点为：存在多份股权转让协议且内容存在差异，各协议的效力应当如何认定。

一、原告与被告签订的三份协议均合法有效

2010年1月15日，原告李某煌与被告中金通达公司签订的股权转让协议系双方的真实意思表示，未违反法律、行政法规的禁止性规定，合法有效。2010年3月4日，沈某策作为设立中的中金通达公司的法定代表人，其与李某煌签订的补充协议应视为中金通达公司设立前的公司行为，该补充协议是对股权转让协议的补充和部分变更，系当事人的真实意思表示，不违反法律、行政法规的禁止性规定，合法有效。2012年6月25日，李某煌和沈某策签订了《一六八公司股权转让协议补充协议》，该协议的当事人同样是李某煌和中金通达公司，该合同与前两份合同具有连续性、补充性，合法有效。

二、当股权转让协议的内容发生冲突时，应当以最终确定的、具有真正意义的股权转让合同为准

原告李某煌和被告中金通达公司共签订了3份合同，其中的补充协议约定了资金占用费，并约定了资金占用费支付期间一六八公司的盈亏与李某煌无关，由此可以看出，该资金占用费的性质应当属于股权承包费。双方签订股权转让协议和补充协议的目的是让李某煌让渡其在一六八公司的部分股东权利给中金通达公司，由此中金通达公司可以获得一六八公司的承包经营权，此时的股权让与并非真正法律意义上的股权让与。本案的股权让与价格应当为双方最终于2012年6月25日在《一六八公司股权转让协议补充协议》中确定的180万元。

【实务指南】

鉴于公司可能会在签订股权转让协议的过程中因协议内容有冲突而造成损失，对于企业如何在协议冲突时降低自身风险，笔者建议如下。

一是企业在签订股权转让协议时，应当明确支付方式和支付费用，避免因支付费用不明确而造成协议效力瑕疵。

二是如针对同一标的签订了多份股权转让协议，在没有特殊约定的情况下，一般以最新的协议内容为准，企业应当在签订时将其与过往协议进行对比，并谨慎签订新协议。

三是在签订股权转让协议时，应当根据股权的对价和支付方式等确定该股权转让协议是否为真正法律意义上的股权转让。

【关联法条】

《中华人民共和国民法典》(2021 年 1 月 1 日)

第五百零九条第一、二款 当事人应当按照约定全面履行自己的义务。

当事人应当遵循诚信原则，根据合同的性质、目的和交易习惯履行通知、协助、保密等义务。

第五百四十三条 当事人协商一致，可以变更合同。

第五百七十七条 当事人一方不履行合同义务或者履行合同义务不符合约定的，应当承担继续履行、采取补救措施或者赔偿损失等违约责任。

43. 原股东未完成实缴出资即转让股权，原股东是否应当承担出资义务？

【案例还原】

云钥公司成立于2015年5月26日，公司设立时投资人为赵某与毛某某，毛某某为法定代表人。云钥公司的公司章程约定，赵某认缴出资245万元，认缴出资时间为2015年12月31日前。

2015年7月2日，赵某与毛某某、陈某汉签订的股权转让协议约定：赵某、毛某某向陈某汉转让公司股权20%，陈某汉向二人分别支付294万元、306万元。在签订股权转让协议后，陈某汉并未按约全额支付股权转让款，相应股权变更登记也未完成。此外，在该股权转让协议中，对于赵某转让股权对应的尚未实缴出资的金额由谁负责支付并无约定。

2017年，因赵某仍未履行出资义务，故云钥公司诉至法院，要求赵某补足出资245万元。

案号：上海市浦东新区人民法院(2017)沪0115民初53359号

【律师分析】

本案的争议焦点为：原股东未完成实缴出资就进行股权转让，其是否应当继续履行出资义务。

在本案中，根据云钥公司的公司章程约定，赵某应于2015年12月31日前完成出资，该章程经股东签字确认并经工商登记备案，合法有效，现赵某逾期未缴足出资，故应按照章程约定及时予以补缴。

赵某与案外人陈某汉等签订的股权转让协议有效，该协议中也未约定赵某转让的股权所对应的出资义务应由陈某汉承担，且赵某亦自认其与陈某汉之间就此股权所对应的出资义务应由谁承担并无其他明确约定。

目前该股权转让并未实际履行完毕，公司章程及相应企业信用信息显示，赵某仍持有云钥公司49%的股份，故该股份对应的245万元的出资义务应由赵某承担。

最终，法院判决赵某承担云钥公司的出资义务，补缴出资245万元。

【实务指南】

转让出资或股份是股东的法定权利之一，但转让协议并不意味着出资义务的免除，仍应根据工商登记及出资期限判断是否应履行出资义务。

一、"原股东认缴出资期限已届满但未履行出资义务便转让股权"的情形

在以上情形下，法院皆认可应由原股东在未依法出资范围内承担责任。

二、"原股东认缴出资期限未届满便转让股权"的情形

2024年7月1日施行的《公司法》规定，该出资义务应由受让人履行，受让人未按期足额缴纳出资的，原股东对受让人未按期缴纳的出资承担补充责任，即原股东对于其转让股权的出资义务在一定条件下仍需承担出资义务。

【关联法条】

《中华人民共和国公司法》(2024年7月1日)

第八十八条 股东转让已认缴出资但未届出资期限的股权的，

由受让人承担缴纳该出资的义务;受让人未按期足额缴纳出资的,转让人对受让人未按期缴纳的出资承担补充责任。

未按照公司章程规定的出资日期缴纳出资或者作为出资的非货币财产的实际价额显著低于所认缴的出资额的股东转让股权的,转让人与受让人在出资不足的范围内承担连带责任;受让人不知道且不应当知道存在上述情形的,由转让人承担责任。

44. 原股东未完成实缴出资即转让股权,原股东将承担什么法律责任?

【案例还原】

创梦公司因与优智公司就签订的《电视项目广告发布合同》发生争议,于 2016 年 11 月 3 日向法院提起诉讼。经一审、二审程序后,法院作出生效判决,判令优智公司给付创梦公司 70 万元。因优智公司未履行给付义务,创梦公司遂向法院申请执行,但因优智公司无财产可供执行,法院终结了执行程序。为了追回款项,创梦公司向优智公司的股东李某等人提起诉讼,要求其在各自未出资的范围内支付创梦公司 70 万元。

经法院查明,优智公司的股东李某等人认缴出资的时间为 2015 年 7 月 1 日,在认缴出资时间到期后,李某等股东均未实缴新增的认缴出资。2017 年 12 月 4 日,李某等股东将所有股权全部转让给案外人王某,且将公司注册资本认缴出资期间延长至 2025 年 6 月 26 日,并办理了相应股权及认缴出资时间的变更登记。

案号:湖南省长沙市中级人民法院(2021)湘 01 民终 4588 号

【律师分析】

本案的争议焦点为:李某等原股东是否应当在其尚未缴纳出资的范围内就优智公司对创梦公司所负债务承担补充赔偿责任。

一、受让人是否承担责任不影响原股东对创梦公司所负债务承担补充赔偿责任

《最高人民法院关于民事执行中变更、追加当事人若干问题的规定》第17条规定:"作为被执行人的营利法人,财产不足以清偿生效法律文书确定的债务,申请执行人申请变更、追加未缴纳或未足额缴纳出资的股东、出资人或依公司法规定对该出资承担连带责任的发起人为被执行人,在尚未缴纳出资的范围内依法承担责任的,人民法院应予支持。"

本案中,创梦公司与第三人优智公司之间的债权债务于2017年7月24日即经人民法院生效裁决文书确认。然而李某等股东就新增资本在原认缴期间届满时未履行出资义务,后将股权转让给他人,并将该部分认缴出资期间恶意延长至2025年6月26日,至今未实缴出资,以致第三人优智公司经人民法院依法强制执行,未发现可供执行的财产,故李某等原股东的行为损害了创梦公司的合法债权,应在认缴出资的本息范围内对创梦公司的债权承担相应赔偿责任。

最终,法院认定李某等原股东应当在其尚未缴纳出资的范围内就优智公司对创梦公司所负债务承担补充赔偿责任。

二、受让人知道或应当知道受让股权未实缴的,应承担补充赔偿责任

根据《最高人民法院关于适用〈中华人民共和国公司法〉若干问题的规定(三)》第18条的规定,受让人知道或应当知道有限责任公司的股东未履行或者未全面履行出资义务即转让股权,债权人有权要求受让人在未出资范围内承担连带赔偿责任。

那么如何断定"知道或应当知道"呢?笔者通过司法裁判简要归纳如下。

1. 受让人受让股权的对价是否合理

本案中,法院认为判断受让人是否知情的重要因素为股权转让对价是否合理。若受让人以0元或远低于股权市值的价格与原股东达成了交易,则极易被认定对原股东未履行或未全面履行出资系知情。故若受让人可以证明转让协议中约定的对价合理且已完成支付,则法院一般会认定受让人对此不知情。

进一步讲,如何判断股权的对价是否合理呢?在(2020)最高法民申1231号案中,最高人民法院认为:"合同法司法解释(二)第十九条第二款规定,转让价格达不到交易时交易地的指导价或者市场交易价百分之七十的,一般可以视为明显不合理的低价。案涉股权价值在原审中经专业评估机构鉴定的最低评估值为181 961 122.38元,案涉股权转让价仅为股权评估价最低值的63%左右。"据此,可以认定本案股权转让款为明显不合理低价、显失公平。

需要明确的是,尽管《最高人民法院关于适用〈中华人民共和国合同法〉若干问题的解释(二)》已被废止,但是该标准对于受让价格是否合理的判断仍有一定的参考意义。

2. 股权转让方与受让方是否存在特殊关系

根据法院的过往判例,若转让方与受让方存在亲属关系、受让方与标的公司的股东存在亲属关系、受让人担任目标公司的法定代表人或"董监高"等职务或转让人系受让人公司的股东或担任"董监高"等职务,上述情形因受让方具有异于外部一般交易主体的信息优势地位,故均有可能被认为股权转让方与受让方存在特殊关系。

3. 受让方是否尽到合理审查义务

目前,在司法实践中,法院认为在进行股权转让交易时,受让人应负合理的审慎注意义务,对标的公司的资产情况进行必要、基本的审查,如针对公司章程、验资报告等文件进行基本的审核与确认等,否则将有可能被认定为知情。

【实务指南】

如上所述,尽管在股权转让中,股权转让人负有如实告知受让人股权出资情况的义务,但股权受让人亦应履行基本的审查注意义务,避免因未履行该义务而被推定为“知道或应当知道”,从而承担连带责任。因此,笔者建议如下。

一、履行审慎审查义务

股权受让方应在进行股权受让前,对标的公司的公司章程、验资报告等文件进行基本的审核与确认,亦可聘请专业的中介机构对标的公司的出资情况出具尽职调查报告,从而核实标的公司实缴注册资本与股东。

二、在双方订立的股权转让协议中明确违约责任

股权受让方应在股权转让协议中,要求添加股权转让方已足额出资义务的保证性条款,并约定对应的较高额的违约责任及发生纠纷律师费、差旅费、保全费等合理费用的承担,以此减少损失。

【关联法条】

《最高人民法院关于适用〈中华人民共和国公司法〉若干问题的规定(三)》(2021 年 1 月 1 日)

第十八条 有限责任公司的股东未履行或者未全面履行出资义务即转让股权,受让人对此知道或者应当知道,公司请求该股东履行出资义务、受让人对此承担连带责任的,人民法院应予支持;公司债权人依照本规定第十三条第二款向该股东提起诉讼,同时请求前述受让人对此承担连带责任的,人民法院应予支持。

受让人根据前款规定承担责任后,向该未履行或者未全面履行出资义务的股东追偿的,人民法院应予支持。但是,当事人另有约定的除外。

45. 目标公司的股权已进行工商变更,增资方尚未完全支付增资款,目标公司能否要求解除增资协议?

【案例还原】

2017 年 9 月 1 日,原告广州玖七网络科技有限公司(以下简称玖七网络公司)与被告成都云端助手科技有限公司(以下简称云端助手公司)经协商签订投资合作协议书,约定云端助手公司以增资扩股的方式入股玖七网络公司,增资金额为 2 000 000 元,增资后云端助手公司持有玖七网络公司 25% 的股权。投资合作协议书签订后,玖七网络公司依据合同约定,于 2017 年 11 月办理并完成云端助手公司变更为玖七网络公司股东的工商登记手续。

玖七网络公司同时按照协议的约定多次向云端助手公司主张

支付增资款,但是云端助手公司除在2017年9月9日向玖七网络公司支付增资款300 000元外,拒不向玖七网络公司支付剩余的1 700 000元增资款。在多次沟通无果后,玖七网络公司向法院提起诉讼,请求判令解除案涉投资合作协议书并判令被告云端助手公司赔偿相应违约金。

案号:四川省成都高新技术产业开发区人民法院(2019)川0191民初12721号,四川省成都市中级人民法院(2020)川01民终3281号,四川省高级人民法院(2020)川民申5079号

【律师分析】

本案的争议焦点为:目标公司已就增资进行工商变更登记,在未进行法定减资的程序下,是否可直接解除增资协议。

在已完成增资工商变更后,公司解除增资协议的本质即为公司减资。本案中,云端助手公司已登记为玖七网络公司股东,玖七网络公司要求解除投资合作协议书,实为公司减资。

根据《公司法》第224条的规定,公司减资需要履行编制资产负债表及财产清单、通知债权人、公告等程序,并申请工商变更登记。

本案中,玖七网络公司并未履行公司减资的法定程序,因此其直接要求解除增资协议并要求云端助手公司支付违约金的本诉请求无事实和法律依据。

最终,法院判决驳回了玖七网络公司要求解除增资协议的诉讼请求。

【实务指南】

在实务中,对于增资的效力,应当具体情形具体分析,一般来说,

对内而言，增资协议签订后，记载于股东名册的，即可认定为公司股东，享有表决、收益等权利；对外而言，增资协议签订后，还需登记于工商系统，认定为公司股东。

股权增资产生纠纷，投资人未支付增资款的，公司直接要求解除协议并返还股份在实践中比较普遍，这涉及公司法领域的相关规定，以及对公司股东制度的理解，因此，笔者建议如下。

一是作为投资人，应当完全谨慎按照增资协议履行增资款支付义务，如果投资人通过受让获得股权，存在出让方行使合同解除权，要求返还股权的风险。

二是若投资人对解除有异议，则应及时向公司提出异议，否则一旦经过双方约定的除斥期间（无约定的按照法定期间 3 个月）则解除异议不成立。

三是作为目标公司，在增资方怠于履行增资款的支付义务时，可以按照法律规定办理减资后，依照约定向增资方发函告知行使合同解除权。

【关联法条】

《中华人民共和国公司法》（2024 年 7 月 1 日）

第三十四条 公司登记事项发生变更的，应当依法办理变更登记。

公司登记事项未经登记或者未经变更登记，不得对抗善意相对人。

46. 原股东放弃优先购买权但又不配合办理工商变更登记的，股权转让是否有效？

【案例还原】

尚雨公司成立于2014年10月29日，公司股东为A公司（持股51%）、鲁某川（持股22%）、魏某（持股2%）、梁某宇（持股22%）和雷某廷（持股3%）。

2021年5月6日，A公司、鲁某川、魏某和梁某宇分别向雷某廷寄送了股权转让通知书。股权转让通知书中载明各位股东拟对各自持有的股权进行转让，其中载明了转让价格及份额，并要求雷某廷在收到通知书后30日内书面答复在同等条件下是否购买，未答复则视为同意股权转让。各自载有A公司、鲁某川、魏某和梁某宇的股权转让通知书的快递也于2021年5月7日向雷某廷送达。

2021年7月23日，尚雨公司召开临时股东会，A公司、鲁某川、魏某和梁某宇出席，对向易对公司转让股权事宜进行了决议，4名股东均同意向易对公司合计转让97%的股权，且均放弃各自的优先购买权，并决定自股东发生变动之日起30日内向登记机关申请变更登记。

当日，易对公司与A公司、鲁某川、魏某和梁某宇分别签署了股权转让协议，易对公司分别受让A公司、鲁某川、魏某和梁某宇持有的被告公司的股权，即合计受让97%的股权。但雷某廷一直拒不配合股权转让事宜。易对公司遂起诉尚雨公司要求按照股权转让安排进行工商变更登记。

案号：上海市宝山区人民法院（2022）沪0113民初1108号

【律师分析】

本案的争议焦点为:股东对外转让股权,其他股东不配合工商变更登记,转让行为是否有效。

一、股东对外转让股权,应通知其他股东行使优先购买权

根据《公司法》的规定,股东向股东以外的第三人转让股权,其他股东享有优先购买权。本案中,A 公司、鲁某川、魏某和梁某宇在转让股权前已经向雷某廷发送了股权转让通知书,雷某廷在收到股权转让通知书后 30 日内未答复,应视为雷某廷同意转让股权。

二、股东对外转让股权的限制条件

2018 年《公司法》规定,股东向股东以外的人转让股权,应当经其股东过半数同意。本案中,尚雨公司召开临时股东会,就股权转让事宜进行了决议,A 公司、鲁某川、魏某和梁某宇均同意将股权转让给易对公司。A 公司、鲁某川、魏某和梁某宇合计持有超过半数的尚雨公司股权。易对公司分别与 A 公司、鲁某川、魏某、梁某宇签订了股权转让协议,因此该股权转让有效。

值得注意的是,2024 年 7 月 1 日施行的《公司法》已明确规定股东对外转让股权不需要其他股东同意,而改为规定转让股东履行对其他股东的书面通知义务即可。此项修订简化了股东对外转让股权的程序规则,强化了股东的转股自由。

最终,法院判决认定尚雨公司的股东雷某廷应对股权变更登记事宜予以配合。

【实务指南】

基于有限责任公司的人合性、封闭性,股东对外转让股权时,其他股东享有优先购买权。在实践中，常常出现其他股东既不行使优先购买权，也不同意股权对外转让的情形。虽然《公司法》第 84 条规定“股东自接到书面通知之日起三十日内未答复的，视为放弃优先购买权”，但在实际操作中受让人往往会面临无法顺利进行股权变更登记的问题。一般情况下，向工商管理部门申请股权变更登记需要提供有效的股东会决议。然而，在其他股东不同意受让人取得股权，无法形成股东会决议的情况下，股权登记变更可能无法操作。面对此类情形，笔者建议如下。

一是受让人可以向工商管理部门提交转让股权的股东就股权转让事项发给其他股东的书面通知，以及其他股东的答复意见，若其他股东未答复，则应提交拟转让股东的说明，以此要求工商管理部门进行股权变更登记。

二是若工商管理部门拒绝变更登记，则受让人可以提起请求变更公司登记之诉，起诉公司和股东，请求确认登记在出让人名下的股权为受让人所有，并要求公司到其登记管理部门将出让人的股权变更登记至受让人名下。

【关联法条】

《中华人民共和国公司法》(2024 年 7 月 1 日)

第八十四条 有限责任公司的股东之间可以相互转让其全部或者部分股权。

股东向股东以外的人转让股权的，应当将股权转让的数量、价格、支付方式和期限等事项书面通知其他股东，其他股东在同等条件下有优先购买权。股东自接到书面通知之日起三十日内未答复的，视为放弃优先购买权。两个以上股东行使优先购买权的，协商确定各自的购买比例;协商不成的,按照转让时各自的出资比例行使优先购买权。

公司章程对股权转让另有规定的,从其规定。

47. 代持人未经实际出资人同意向第三人转让股权,第三人能否取得股东资格?

【案例还原】

加和(北京)信息科技有限公司(以下简称加和公司)成立于2014年,原告精硕科技(北京)股份有限公司(以下简称精硕公司),于2015年4月与被告李某民、加和公司,案外人闫某、尹某杰签订股权代持协议,约定精硕公司分别从闫某、李某民及受让加和公司20%股份。2015年12月31日,李某民与精硕公司签订股权转让协议,约定:以2015年12月31日为股权转让基准日,将李某民拥有的加和公司18.5%的股权转让给精硕公司,精硕公司同意受让该股权。同日,精硕公司与李某民签订股权代持协议,约定:经公司其他股东确认及同意,精硕公司委托李某民代精硕公司持股。代持股权将登记在李某民名下,以李某民的名义对外代为持有。未有精硕公司指令,李某民不得处分其名下的代持股权,否则精硕公司有权立即收回代持股权,并要求李某民赔偿。

2017年12月5日,李某民和王某华签订出资转让协议书,约定李某民将其持有的加和公司16.06%的股权转让给王某华,李某民保证该股权不存在第三人的请求权,没有设置任何质押,未涉及任何争议及诉讼。加和公司股东会决议全体股东一致同意李某民退出,王某华成为新股东。2017 年 12 月 6 日，股权变更登记在王某华名下，2018 年 1 月 8 日，王某华向李某民支付了股权转让款。

随后精硕公司向法院起诉，请求确认李某民与王某华之间的股权转让无效，要求李某民和王某华共同承担赔偿责任，并将股权变更登记到精硕公司名下。本案经法院两次审理，最终认定王某华受让涉案股权符合善意取得的构成要件，构成善意取得，精硕公司要求确认李某民与王某华之间的股权转让行为无效的诉讼请求不能成立。

案号：北京市朝阳区人民法院（2018）京 0105 民初 88546 号，北京市第三中级人民法院（2020）京 03 民终 4963 号

【律师分析】

本案的争议焦点为：代持人未经实际出资人同意将股权转让给第三方，该股权转让是否有效。

根据《民法典》的规定，如果受让人取得股权时是善意的，该股权转让有效。判断善意的条件应该包括受让价格是否合理，股权是否已经完成工商登记。

本案中，根据涉案股权代持协议可知，李某民与精硕公司是股权代持关系，虽然李某民对外显示为股东，看似具有合法的股东地位，但是在代持股权关系中，就其与实际出资人之间股权的归属问题，应按照当事人的真实意思表示予以认定，故未经实际出资人同意，代持人擅自将涉案股权对外转让的行为系无权处分行为。

王某华在涉案股权转让时系依照加和公司提供的资产负债表中的“所有者权益”确定的对价，王某华已依法被登记为加和公司股东，完成法定登记程序，王某华受让涉案股权符合善意取得的构成要件，因此能够取得涉案股权。

最终，法院判决李某民将代持股权转让给王某华的行为有效，如精硕公司认为李某民的擅自转让给公司造成损失，可另行起诉。

【实务指南】

名义股东与实际出资人之间基于信任，以协议的形式建立一种股权代持关系是十分常见的，也即公司章程、股东名册、出资证明书和工商登记等仅显示名义股东的名字，实际上由出资人享有投资收益。在大多股权代持关系中，名义股东与实际出资人会产生诸多矛盾，其中就包括名义股东未经实际出资人同意，擅自将登记在其名下的股权对外转让。在这种情况下，如果股权受让人符合善意取得的构成要件，则实际出资人不能要求受让人返还股权，此时只能要求名义股东承担赔偿责任。对于该风险，笔者建议如下。

首先，实际出资人应该谨慎签订股权代持协议，并且在签订股权代持协议时，实际出资人有必要对代持的限制性规定进行合规分析，在协议中对实际出资人显名的时间节点、代持期限、解除权限、股权收益及双方权利义务、损害赔偿等作出明确约定，并且保留出资的证明材料，同时结合自身情况决定是否向目标公司披露实际出资人身份，是否能在不变更股权工商登记的前提下请求目标公司出具出资证明书，以此降低名义股东擅自转让股权的风险。

其次，对于第三方受让人来说，在签订股权转让协议前应对受让股权进行尽职调查，不仅需调查目标公司股东的工商登记情况，也应向公司核实是否存在内部代持股权的情形，包括核查股东出资证明书、公司股东名册、公司章程以及其他股东同意转让股权等全部或部分文件，从而减少出现股权代持的可能。另外，受让方应警惕股权受让价格过低的法律风险，若受让价格低于合理价格，一般指低于市场价格的 70% 时，实际出资人可能主张其不符合善意取得的构成要件。

【关联法条】

《中华人民共和国民法典》(2021 年 1 月 1 日)

第三百一十一条　无处分权人将不动产或者动产转让给受让人的，所有权人有权追回；除法律另有规定外，符合下列情形的，受让人取得该不动产或者动产的所有权：

(一)受让人受让该不动产或者动产时是善意；

(二)以合理的价格转让；

(三)转让的不动产或者动产依照法律规定应当登记的已经登记，不需要登记的已经交付给受让人。

受让人依据前款规定取得不动产或者动产的所有权的，原所有权人有权向无处分权人请求损害赔偿。

当事人善意取得其他物权的，参照适用前两款规定。

48. 股份受让人可以用公司的钱支付股权转让款吗？是否会形成股份回购？

【案例还原】

龚某明为畅想互娱(北京)科技有限公司(以下简称畅想公司)的法定代表人。

2017 年 5 月 31 日，广州网秀网络科技有限公司(以下简称网秀公司)与龚某明及其经营的畅想公司签订股权转让协议一份，其中，协议第1条约定:网秀公司将其持有的畅想公司3.5%的股权转让给龚某明,转让对价为4200万元,龚某明保证在2017年12月31日前以现金方式支付全部股权转让款给网秀公司,每逾期一天按未支付金额的5‰支付违约金。

合同签订后,龚某明通过畅想公司于2018年1月9日向网秀公司支付了股权转让款1500万元,于2018年1月17日支付了股权转让款1000万元,余下股权转让款1700万元一直未依约支付给网秀公司。其间,网秀公司多次通过发微信、打电话、发律师函等方式催促龚某明付款,但均未果。网秀公司遂起诉至法院要求龚某明支付股权转让款的尾款1700万元及逾期支付的违约金。

案号:广州市天河区人民法院(2018)粤0106民初24172号,广东省广州市中级人民法院(2019)粤01民终5803号

【律师分析】

本案的争议焦点为:通过公司支付股权转让款的方式是否有效;是否构成公司对股权的回购。

本案中,网秀公司、龚某明、畅想公司所签订的股权转让协议为各方当事人的真实意思表示,属有效协议,双方均应依约履行。上述协议已明确所涉股权的转受方及具体的权利义务,畅想公司认为该股权转让属于畅想公司对其股东股权的回购,但上述协议仅对畅想公司的股东网秀公司、龚某明之间涉及的股权转让及价格的权利义务作出约定。

因此,畅想公司转付网秀公司股权转让款,应属于接受龚某明指令或委托支付,并不直接构成畅想公司回购股权的事实及权利义务关系的成立。

最终,法院判决确认通过公司支付的股权转让款有效,并不构成回购公司股权。

【实务指南】

股权转让时约定以公司的部分财产作为股权转让对价,实践中并不少见。这种错误做法的根源在于,缺乏公司财产独立、依法治理公司的意识,将公司财产视同股东财产。这种现象在小微型公司,尤其是家族制公司、一人公司中较为普遍。有的股东甚至简单地认为"公司是我的,公司的财产当然也是我的"。因此,为了避免出现公司财产与股东财产混同,在确定股权转让价款支付主体时应该予以注意。

一、股权转让协议中约定的股权转让款应由受让人向转让人支付,不应约定由公司向转让人支付

股权转让协议是股权转让人将股权让渡给受让人,受让人支付价款的协议。法人财产权的权利主体是公司而非股东,因而股东作为股权转让合同的主体,只能让渡股权,而不能转移公司财产的所有权。故股权转让合同转让的标的物只能是股权而不是法人财产。

二、以公司财产支付股权转让款,会使该部分股权对应的出资出现瑕疵,可能存在抽逃出资风险

用目标公司资产支付股权转让款属于侵害公司财产,并且股权转让时的价值可能远大于原对应的注册资本,该行为的危害性也会大于抽逃出资。

【关联法条】

《中华人民共和国公司法》(2024 年 7 月 1 日)

第二十一条 公司股东应当遵守法律、行政法规和公司章程,依法行使股东权利,不得滥用股东权利损害公司或者其他股东的利益。

公司股东滥用股东权利给公司或者其他股东造成损失的,应当承担赔偿责任。

第五十三条第一款 公司成立后,股东不得抽逃出资。

49. 合伙企业的合伙人是否有权独立处置其持有的合伙份额?

【案例还原】

张某平系睿驰公司、好料公司、美料公司的法定代表人,分别持有3家公司74.65%、51%、99%的股权,同时是睿驰合伙企业、风范同道合伙企业的执行事务合伙人,分别持有两家合伙企业86.15%、99%的合伙份额。

2018年7月31日,广州众皮联供应链有限公司(以下简称众皮联公司)与张某平签订借款协议,约定:众皮联公司向张某平出借100万元借款用于受让股权,借款期限为1年,利息年化率为12%。该协议第5.3条约定:“若乙方(张某平)未按本协议约定用途使用借款的,按约定的利率上加收100%的标准向甲方支付违约金。”

同日,众皮联公司与张某平、睿驰合伙企业签署股权质押合同,与张某平、睿驰公司签署股权质押合同,与张某平、美料公司签署股权质押合同,与张某平、风范同道合伙企业签署股权质押合同,与张某平、好料公司签署股权质押合同,上述股权质押合同分别约定张某平将其持有的上述5家企业的股权或合伙份额出质给众皮联公司,用于担保上述借款协议项下100万元借款本金、利息、罚息、违约金及费用。

然而直至众皮联公司起诉之日，张某平既未向众皮联公司偿还借款本金，也未支付利息。众皮联公司遂起诉至法院要求张某平承担还款义务，并要求睿驰公司、好料公司、美料公司、睿驰合伙企业、风范同道合伙企业承担连带清偿责任。

案号：广州市花都区人民法院（2019）粤0114民初5834号

【律师分析】

本案的争议焦点为：张某平将其持有的有限公司及合伙企业份额出质的行为是否有效。

一、股东将其持有的有限公司股权出质的，应该办理股权出质登记

根据《民法典》的规定，以股权出质的，当事人应当订立书面合同，质权自市场监督管理部门办理出质登记时设立。

本案中，张某平以其对睿驰公司、好料公司、美料公司持有的股权出质，并未办理股权质押登记，因此有限公司的股权质押并未设立。虽然质押权未设立，但股权质押合同是有效的，张某平未依约办理股权质押登记，对众皮联公司构成了违约，应承担相应的违约责任。

二、合伙人将其持有的合伙企业份额出质的，应经过其他合伙人一致同意

根据《合伙企业法》第25条的规定，合伙人以其在合伙企业中的财产份额出质的，须经其他合伙人一致同意；未经其他合伙人一致同意，其行为无效，由此给善意第三人造成损失的，由行为人依法承担赔偿责任。

本案中，由于张某平以其对睿驰合伙企业、风范同道合伙企业持有的财产份额出质的行为未经过其他合伙人的同意,依照上述法律规定,该出质行为无效。

最终,法院认为张某平用其持有有限公司及合伙企业份额质押并未成立,睿驰公司、好料公司、美料公司、睿驰合伙企业、风范同道合伙企业不需要承担连带清偿责任。

【实务指南】

有限合伙企业是合伙企业的一种,与普通合伙企业相比,有限合伙企业的合伙人分为普通合伙人(GP)和有限合伙人(LP)。合伙企业相较于有限责任公司具有更强的人合性,因此合伙企业的合伙人不得擅自处置合伙份额。

第一,合伙企业的合伙人在转让、质押合伙份额时应该获得其他合伙人的一致同意。

第二,合伙企业的合伙人将合伙份额出质的,合伙人应办理相应的出质登记,避免未办理登记导致份额出质无效。

第三,合伙企业的合伙人未经全体合伙人同意处置合伙份额的,其他合伙人有权要求撤销合伙份额的处置。

【关联法条】

《中华人民共和国合伙企业法》(2007 年 6 月 1 日)

第二十二条 除合伙协议另有约定外,合伙人向合伙人以外的人转让其在合伙企业中的全部或者部分财产份额时,须经其他合伙人一致同意。

合伙人之间转让在合伙企业中的全部或者部分财产份额时,应当通知其他合伙人。

50. 配偶单方转让股权是否有效?

【案例还原】

陆某与中证万融公司法定代表人赵某系夫妻关系,中证万融公司由陆某与赵某于 2002 年共同设立,陆某持股 20%,赵某持股 80%。2009 年,陆某与赵某夫妻关系逐渐恶化,2010 年双方产生离婚纠纷。赵某开始转移夫妻共同财产,于 2010 年 5 月 19 日成立了格特公司。

此后,中证万融公司与格特公司签订股权转让合同,将中证万融公司持有的中正医药公司 28% 股权中的 18% 无偿转让给格特公司。以上所有转让均没有任何对价,也未召开股东会、董事会,作为中证万融公司股东与董事的陆某均不知情。故陆某起诉至法院,请求判决该股权转让合同无效。

案号:北京市通州区人民法院(2018)京 0112 民初 7682 号,北京市第三中级人民法院(2019)京 03 民终 10486 号

【律师分析】

本案的争议焦点为:夫妻一方单方主导的中证万融公司与格特公司签订的股权转让合同是否有效。

根据《民法典》的规定,如果一方恶意串通,损害第三人利益的,其民事行为应属无效。

本案中,陆某作为中证万融公司的股东及董事,与赵某系夫妻关系,对股权转让事宜并不知情。另外,本案股权转让发生在陆某与赵某关系恶化产生离婚纠纷之时,且同一时期,夫妻两人已经进行了多

次诉讼。考虑陆某及赵某因离婚纠纷必然涉及财产分割,中证万融公司的股权转让将会影响陆某的分割权益。因此,本案股权转让合同的签订具有恶意,并且将会损害陆某的合法权益。格特公司自签订合同之日起,至今仍未向中证万融公司支付协议约定的股权转让款,明显不符合常理。

综上所述,结合股权转让合同签订及履行的情况,以及赵某与陆某的特殊关系及离婚诉讼情况,法院认定本案中的赵某签订的股权转让合同存在恶意串通损害陆某利益的情形。

因此,法院最终判决股权转让合同无效。

【实务指南】

公司股权作为现代夫妻财产权益的重要构成形式,在婚姻案件中往往成为处理难点和焦点。夫妻关系恶化或正处于离婚纠纷中时,夫妻一方通过转让股权的方式转移、隐藏夫妻共同财产较为常见。法院认定配偶一方擅自转让股权是否有效,主要考量因素包括:诉争的股权或股权在婚后的收益是否属于夫妻共同财产;转让方是否无权处分;股权受让方是否构成善意取得。

综上,在实践中,若配偶一方将自己持有的股权擅自转让的,夫妻另一方在权益受到损害时,一般可以通过以下三种救济途径维护自己的合法权益:

一是根据《民法典》第154条的规定主张股权转让合同无效。在此种方案中,启动诉讼,主张股权转让行为无效,依法让法院判决股权回归夫妻共有状态。

二是根据《民法典》第1066条的规定主张婚内分割夫妻共同财产。《民法典》第1066条规定,婚姻关系存续期间,一方有隐藏、转移、变卖、毁损、挥霍夫妻共同财产行为的，夫妻一方可以向人民法院请求分割共同财产。

三是若以上两个方案都没有取得成功，还可以在离婚案件中，根据《民法典》第1092条的规定，主张在离婚分割夫妻共同财产时，对隐藏、转移夫妻共同财产的一方少分或者不分，还可以另案起诉请求损害赔偿。

【关联法条】

《中华人民共和国民法典》(2021年1月1日)

第一千零六十条 夫妻一方因家庭日常生活需要而实施的民事法律行为，对夫妻双方发生效力，但是夫妻一方与相对人另有约定的除外。

夫妻之间对一方可以实施的民事法律行为范围的限制，不得对抗善意相对人。

51. 股东转让股权后，能否要求公司就其转让前的利润进行分配？

【案例还原】

2005年8月11日，和翔公司成立。2010年11月23日，德翔公司受让刘某在和翔公司的股份，成为和翔公司的股东，出资额占和翔公司注册资本的20%。

2018年3月19日，德翔公司将其拥有的和翔公司20%的股权转让给合盛公司，双方签订的股权转让协议书约定，“在股权交割日之前,本协议项下的股份对应产生的权利和义务由德翔公司享有和承担;自股权交割日之日起,本协议项下的股份对应产生的权利和义务由合盛公司享有和承担”。

2021 年 7 月 6 日,和翔公司作出的《2021 年第六次临时股东会议决议》载明:同意和翔公司将 2018 年 3 月 19 日前剩余未分配利润 171 501 742.90 元按股东持股比例进行补充分配,其中,向原股东德翔公司或现股东合盛公司分配现金股利 34 300 348.58 元。

合盛公司、德翔公司均认为,该分红应由自己享有。在同和翔公司协商无果后,双方均起诉至法院,要求将该分红支付给己方。

案号:新疆维吾尔自治区高级人民法院(2022)新民终 37 号

【律师分析】

本案的争议焦点为:股东转让股权后,能否要求公司就其转让前的利润进行分配。

股东分红权,是指股东依法享有公司分配利润的权利。企业盈利时,公司可以按照股东持有股份的比例,将利润分配给股东。股东分红权是股东的一项重要权利,也是股东持有股份的主要目的。股东转让股权后,意味着其股东身份的丧失,在此种情形下,原股东能否要求公司就其转让前的利润进行分配呢?

一、原则上,股权转让后不能要求对其转让前的利润进行分配

股东分红权是股东基于“股东”这一资格与地位而享有的权利,与股东身份密切相关。换言之,股东身份是股东享有公司分红权的前提。股东在完成转让股权后,股东的身份即宣告丧失,股利分配请求权也随之丧失。因此,股东在转让股权后,无论是对转让前的公司盈利还是转让后的公司盈利,均无权要求分配。

二、股权转让协议或有效的股东大会决议另有约定的除外

首先，虽然股利分配请求权是现股东基于其股东资格和地位的一种专属性自益权利，但若在原股东转让股权前，股东会议通过分红决议，此时原股东享有的是一种具体的利润分配请求权，该权利与普通债权无异，不随股东身份的转移而转移。即便后期原股东因转让股权丧失股东资格，其仍可要求公司依照分红决议就其转让前的利润进行分配。

其次，股权转让人与受让人签订了合法有效的股权转让协议，协议中约定了协议签订前公司应给付股利的归属，则依双方约定处理。

综上所述，原股东转让股权后，能否要求公司就其转让前的利润进行分配具体还要依现实情况讨论。概言之，以不分配为原则，以股权协议或股东大会决议另有约定为例外。

本案中，和翔公司股东会决议所分配的公司盈余产生于2018年3月19日前，而德翔公司在该日前是和翔公司的股东，结合德翔公司与合盛公司股权转让协议的约定，应当认定该部分现金股利应当归德翔公司所有，和翔公司应当依法履行给付义务。

最终，法院判决德翔公司有权享有和翔公司分配的利润。

【实务指南】

根据我国《公司法》的规定，公司股东依法享有资产收益、参与重大决策和选择管理者等权利，股东分红权正是基于股东身份而产生的权利。进一步讲，股东要求分配利润，必须有具体且有效的利润分配决议。

若公司尚未形成分红决议，股东不能强制要求公司分配利润。若股东通过诉讼要求公司分配利润，其前提条件是，必须具有载明具

体分配方案的股东大会决议。在司法实践中，如果无决议形成分红方案，且没有股东滥用股东权利、损害其他股东利益的情形，法院一般判决不予分配。

为了避免股权转让方与股权受让方针对此问题产生争议纠纷，笔者建议如下。

一是在双方订立的股权转让协议中进行明确。在股权转让前，如公司尚未针对未分配利润作出分红决议，双方可以在协议中对该未分配利润进行约定，明确该利润具体由谁享有，从而避免可能的利润分配权属争议。

二是原股东在转让股权前，应当在综合考量各方面因素后对股权转让款进行确认。原股东可以在明确股权转让价款前，根据公司资产、经营情况及预期收益对股权的价值进行综合评估，并将公司尚未分配利润计入股权转让价款中，以免股权转让后丧失股东资格而无法获得未分配利润。

【关联法条】

《最高人民法院关于适用〈中华人民共和国公司法〉若干问题的规定(四)》(2021年1月1日)

第十四条 股东提交载明具体分配方案的股东会或者股东大会的有效决议，请求公司分配利润，公司拒绝分配利润且其关于无法执行决议的抗辩理由不成立的，人民法院应当判决公司按照决议载明的具体分配方案向股东分配利润。

《中华人民共和国公司法》(2024年7月1日)

第四条第二款 公司股东对公司依法享有资产收益、参与重大决策和选择管理者等权利。

第二百一十条第四款 公司弥补亏损和提取公积金后所余税后利润,有限责任公司按照股东实缴的出资比例分配利润,全体股东约定不按照出资比例分配利润的除外;股份有限公司按照股东所持有的股份比例分配利润,公司章程另有规定的除外。

52. 在股东未通知优先权人或未征得优先权人同意的情况下,其转让股权的行为是否有效?

【案例还原】

2016年3月16日,乌江公司的原股东陈某、许某文、李某平、田某松作为甲方,与作为乙方的向某约定,将甲方持有的乌江公司股权作价共计2468万元全部转让给向某,双方约定了付款和股权过户相关事宜。向某支付了部分款项后,同年7月8日,乌江公司股东变更为向某(占股权80%)、陈某、许某文、李某平、田某松。后因向某未能及时付款,双方又于同年9月20日补充约定延期利息等事项。同年11月13日,向某未征求其他股东意见,与汉世公司的法定代表人李某祥签订股权转让协议,将其持有的乌江公司全部(80%)股权作价2675万元转让给汉世公司,汉世公司陆续向向某支付转让款。2017年4月7日,李某平、田某松向向某索要拖欠的股权转让款时,得知汉世公司欠向某款项,后李某平、田某松、向某与汉世公司的法定代表人李某祥签订协议,约定:向某拖欠的950万元股权转让款分400万元和550万元两次按期付清,付清后原4名股东将余下的20%股份过户到向某名下。李某祥作为向某的担保人在协议上签字。截至2017年9月19日,向某承诺收到汉世公司股款2475万元。

汉世公司另向陈某、许某文、李某平、田某松转款550万元。2017年11月，向某将其在乌江公司全部(80%)股权转让给汉世公司，并于11月8日办结股权变更登记。

陈某、许某文、李某平提起诉讼，请求法院确认向某和汉世公司关于乌江公司股权转让协议无效，确认陈某、许某文、李某平对向某持有的乌江公司80%的股权在同等价格下享有优先购买权。

案号：贵州省铜仁市中级人民法院(2018)黔06民初45号

【律师分析】

本案的争议焦点为：股东未通知享有优先购买权的其他股东，直接转让股权的行为是否有效。

其他股东对公司股权主张享有优先购买权，并不导致相应的股权转让协议无效。

《公司法》第84条第2款的规定不属于效力性强制性规定，而是选择适用和推定适用的任意性规范。在股东违反法律规定与第三人签订转让合同的情况下，虽然其他股东仍然对股份享有优先购买权，但是并不意味着侵犯了优先购买权的股权转让合同无效。原因在于，法律区分了负担行为和处分行为，对股权转让的限制针对的是股权变动的效力，而非股权转让合同的有效性。认可股权转让合同的效力，也不必然对其他股东的优先购买权造成实质性侵害，如果其他股东及时主张行使优先购买权，已经达成的股权转让合同将难以履行。

本案中，陈某、许某文、李某平主张的优先购买权仅具有债权效力，而不具有可以对抗第三人的物权效力，仅产生内部效力。综上，在未通知优先权人或未征得优先权人同意的情况下，股东与第三人缔结的股权转让合同仍然有效。

最终,法院判决驳回陈某、许某文、李某平主张行使优先认购权的请求。

【实务指南】

在优先购买权不构成股东对外签订的股权转让合同的生效阻却事由的情况下,若股权转移还未完成(未完成工商变更登记),主张优先购买权的股东可以请求按照同等条件购买股权;若股权转移已经完成(已完成工商变更登记),优先购买权无法实现,享有优先购买权的股东可以提起损害赔偿之诉。

若股权转让协议签订后,其他股东以恶意串通为由提起合同无效之诉,合同被确认无效后,股权受让人有权追究转让股东的缔约过失责任,并主张不当得利返还;若股权转让协议签订后,其他股东主张优先购买权,导致股权转让协议无法正常履行的,股权受让人有权追究转让股东的违约责任。此外,实践中还可能发生转让股东欺诈受让人的情况,此时受让人有权提起合同撤销之诉。

为了避免股权对外转让时的各种风险,笔者建议如下。

一是转让股东应当及时履行通知义务。通知的内容应当包括股权转让的条件、优先购买权行使期限等,同时留存可以用于证明送达时间的证据。

二是签订转让协议前,受让人应当审查目标公司章程。根据章程确认转让股东是否履行了法律和章程规定的通知义务。

三是其他股东应在法律或者章程规定的期间内,行使优先购买权。若优先购买权受到侵犯,则根据具体情况灵活地选取请求权基础,维护自身合法权益。

【关联法条】

《中华人民共和国公司法》(2024 年 7 月 1 日)

第八十四条 有限责任公司的股东之间可以相互转让其全部或者部分股权。

股东向股东以外的人转让股权的,应当将股权转让的数量、价格、支付方式和期限等事项书面通知其他股东,其他股东在同等条件下有优先购买权。股东自接到书面通知之日起三十日内未答复的,视为放弃优先购买权。两个以上股东行使优先购买权的,协商确定各自的购买比例;协商不成的,按照转让时各自的出资比例行使优先购买权。

公司章程对股权转让另有规定的,从其规定。

《最高人民法院关于适用〈中华人民共和国公司法〉若干问题的规定(四)》(2021 年 1 月 1 日)

第二十一条 有限责任公司的股东向股东以外的人转让股权,未就其股权转让事项征求其他股东意见,或者以欺诈、恶意串通等手段,损害其他股东优先购买权,其他股东主张按照同等条件购买该转让股权的,人民法院应当予以支持,但其他股东自知道或者应当知道行使优先购买权的同等条件之日起三十日内没有主张,或者自股权变更登记之日起超过一年的除外。

前款规定的其他股东仅提出确认股权转让合同及股权变动效力等请求,未同时主张按照同等条件购买转让股权的,人民法院不予支持,但其他股东非因自身原因导致无法行使优先购买权,请求损害赔偿的除外。

股东以外的股权受让人,因股东行使优先购买权而不能实现合同目的的,可以依法请求转让股东承担相应民事责任。

Part 5 公司决议效力纠纷

53. 股东在哪些情况下可以要求有限公司收购其股权?

【案例还原】

2016 年 3 月 25 日,刃意公司设立,注册资本为 200 万元。其中,朱某丽持有 18% 的股权,刃游公司持有 82% 的股权。

2016 年 4 月 28 日,新余投资与刃游公司、朱某丽、陈某及刃意公司签订增资协议,约定:新余投资向刃意公司增资 200 万元,增资后,新余投资持有刃意公司 2% 的股权。此外,协议还约定,在发生"实际控制人和标的公司主要高管人员变化或停止积极参与标的公司的经营管理""标的公司违背公司治理、信息知情条款"等情况时,投资方有权要求标的公司或实际控制人回购该投资方所持标的公司全部或部分股权。协议签订后,新余投资依约向刃意公司汇款 200 万元。其后,刃意公司为新余投资完成了工商变更登记。

2018 年后,新余投资向刃意公司增资后多次要求陈某反馈刃意公司的业务发展情况、业绩情况及财务情况等,但未得到回复。2021 年 12 月,新余投资向刃游公司、朱某丽、陈某发出赎回权行使通知书及律师函,要求3方按照增资协议约定的赎回价格,回购新余投资所持刃意公司的全部股权,但3方未作任何回复,亦未履行回购义务。

无奈之下,新余投资向法院提起诉讼,要求刃游公司、朱某丽、陈某依约回购新余投资持有的刃意公司的全部股权。

案号:上海市徐汇区人民法院(2022)沪0104民初6801号

【律师分析】

本案的争议焦点为:股权协议中约定的回购条款是否有效。

一、股东通过协议可以约定股权回购条款

本案中,增资协议系各方的真实意思表示,内容未违反法律、行政法规的强制性规定,属合法有效,各方均应按协议约定履行各自的义务。

协议签订后,新余投资依约向刃意公司汇款,履行了合同约定的出资义务,并取得了刃意公司2%的股权。根据增资协议的约定,出现约定情形时,投资方有权向标的公司及实际控制人发出书面通知(赎回权行使通知),要求标的公司或实际控制人按照协议第11.2条约定的价格回购该投资方所持标的公司全部或部分股权。

最终,法院判决确认该增资协议中的回购条款有效,且赎回权情形已发生,刃游公司、朱某丽、陈某应依约回购新余投资持有的刃意公司的全部股权。

二、股东在法定条件下亦可要求公司回购股权

股权回购是股东退出的机制之一。在我国公司法中,采用以"资本多数决"为原则的股东会表决机制,在这种表决机制下,容易造成大股东或控股股东滥用权利,侵害中小股东的利益。为了保护中小股东的合法权益,公司法及配套司法解释设置了股权回购制度,这不仅为中小股东提供了法定的退出机制，也使公司可以继续维持稳定经营。

根据《公司法》第89条的规定，如果股东对股东会决议的事项反对的，可以要求公司回购其股权，以上可以反对事项包括："（一）公司连续五年不向股东分配利润，而公司该五年连续盈利，并且符合本法规定的分配利润条件；（二）公司合并、分立、转让主要财产；（三）公司章程规定的营业期限届满或者章程规定的其他解散事由出现，股东会通过决议修改章程使公司存续。"此外，2024年7月1日施行的《公司法》第89条第3款还新增了异议股东回购请求权的情形："公司的控股股东滥用股东权利，严重损害公司或者其他股东利益的，其他股东有权请求公司按照合理的价格收购其股权。"此款规定明确了在大股东滥用权利的情形下中小股东的回购请求权，为中小股东提供了有效的救济渠道。

在司法实践中，法院对"主要财产"的认定尚未形成统一认定标准，有的法院认为应主要考量公司所转让的财产价值占总资产的比例；有的法院则认为需要考量转让财产后，是否会导致公司的经营发生根本性变化。

综上所述，笔者认为，在不损害公司其他股东和债权人利益的情况下，有限责任公司可以在章程中或投资协议内约定回购股东股份的相关事宜；亦可以在出现法定事由后要求公司回购股权。公司应在按约定进行股权回购后，及时对该股权进行处理，如履行减资程序以确保资本维持原则。

【实务指南】

如上所述，在我国公司法及配套司法解释中，对有限责任公司与股份有限公司适用股权回购的情形进行了明确的规定。在实务中，这一制度在保护中小股东利益、解决公司决策僵局方面有积极的作用。需要指明的是，该制度与资本维持的基本原则存在对立，极易沦为公司和股东恶意逃避债务的工具。

基于此，笔者建议如下。

一是股东在出资入股时，可以根据自身与公司的情况，约定特定情形下的股权回购条款。同时，应完善回购程序，明确回购价格的计算方式，如参照评估价格、审计报告等。

二是公司与股东针对回购股权达成合意，应坚持公司资本维持原则、资本不变原则，避免以回购之名抽逃资本，避免损害其他股东和外部债权人的合法权益。

【关联法条】

《中华人民共和国公司法》(2024 年 7 月 1 日)

第八十九条 有下列情形之一的，对股东会该项决议投反对票的股东可以请求公司按照合理的价格收购其股权：

(一)公司连续五年不向股东分配利润，而公司该五年连续盈利，并且符合本法规定的分配利润条件；

(二)公司合并、分立、转让主要财产；

(三)公司章程规定的营业期限届满或者章程规定的其他解散事由出现，股东会通过决议修改章程使公司存续。

自股东会决议作出之日起六十日内，股东与公司不能达成股权收购协议的，股东可以自股东会决议作出之日起九十日内向人民法院提起诉讼。

公司的控股股东滥用股东权利，严重损害公司或者其他股东利益的，其他股东有权请求公司按照合理的价格收购其股权。

公司因本条第一款、第三款规定的情形收购的本公司股权，应当在六个月内依法转让或者注销。

54. 2/3 以上股东作出注销公司的决议，但未依照法定流程通知小股东，该决议是否有效？

【案例还原】

2012 年 5 月 30 日，越策公司成立，注册资本为 100 万元，谢某尧与付某方分别持股 95% 和 5%。公司章程约定：股东会应于会议召开 15 日前通知全体股东，股东会会议由股东按出资比例行使表决权，会议作出修改章程，公司合并、分立、解散或变更公司形式的决议，必须经代表全体股东 2/3 以上表决权的股东通过。股东会的会议召集程序、表决方式违反法律、行政法规或公司章程的，股东可自决议作出之日起 60 日内，请求法院撤销等。

2016 年 2 月 23 日，谢某尧向付某方发出通知，内容为召集股东会，地点为本市肇嘉滨路×××号×××室，时间为 2016 年 3 月 3 日，审议事项为注销公司。后该通知因无法投递被邮政部门退回。

2016 年 3 月 3 日，越策公司在上述地点召开股东会，形成注销公司的股东会决议，后原告持股东会决议向原工商行政管理部门申请注销公司未果，遂向法院起诉确认注销公司的股东会决议有效。

案号：上海市虹口区人民法院（2016）沪 0109 民初 15602 号

【律师分析】

本案的争议焦点为:2/3 以上表决权的股东未提前 15 日通知小股东,而后作出的注销公司决议是否有效。

本案中,股东会决议系公司内部意思自治的产物,决议的形成应当符合公司章程的约定,不得违反《公司法》的规定。本案中股东会决议于 2016 年 3 月 3 日形成,原告作为召集方并未按公司章程约定的提前 15 日通知其他股东,程序上存在瑕疵,但股东会决议内容并不违反法律规定,表决权的行使也符合公司章程约定。现原告因无法持该股东会决议注销公司而诉至法院,因而具有诉讼利益。在本案 60 天公告期内被告付某方并未提出异议,故应认定系争股东会决议有效。被告付某方未到庭应诉和答辩,应视为放弃诉讼权利。

最终,法院判决确认公司通过的股东会决议有效。

【实务指南】

由于在公司登记实践中,存在工商登记部门对公司注销的要求是全体股东同意的情况,导致即便享有 2/3 表决权的股东通过注销公司的决议,仍无法完成公司注销的流程。鉴于此,公司想通过决议顺利注销的,笔者提供以下建议。

一是公司在通过注销决议时,应该按照公司章程或公司法的规定召开股东会决议,履行股东通知义务,并按照表决比例形成股东会决议,如对公司变更、注销等重大事项的决议应该至少获得 2/3 以上表决权股东的同意。

二是公司在通过有效的股东会决议后,无法完成公司注销流程或收到其他股东异议的,可以向法院起诉确认股东会决议的效力,最终通过法院的生效判决完成注销工商登记。

【关联法条】

《中华人民共和国公司法》(2024 年 7 月 1 日)

第六十四条 召开股东会会议,应当于会议召开十五日前通知全体股东;但是,公司章程另有规定或者全体股东另有约定的除外。

股东会应当对所议事项的决定作成会议记录,出席会议的股东应当在会议记录上签名或者盖章。

第六十六条 股东会的议事方式和表决程序,除本法有规定的外,由公司章程规定。

股东会作出决议,应当经代表过半数表决权的股东通过。

股东会作出修改公司章程、增加或者减少注册资本的决议,以及公司合并、分立、解散或者变更公司形式的决议,应当经代表三分之二以上表决权的股东通过。

55. 公司对外提供担保的效力如何认定?

【案例还原】

杨某明系宇石公司股东,持有宇石公司 3.5% 的股权。2018 年 2 月 12 日,杨某明与俞某玮签订了股权转让协议,约定杨某明将其持有的宇石公司 3.5% 的股权转让给俞某玮,股权转让价款为 595 万元。协议签订后,俞某玮按约支付了股权转让款 595 万元。

2019 年 10 月 10 日,杨某明、俞某玮和宇石公司三方签订了解除协议,协议约定因难以按照股权转让协议之约定立即将俞某玮登记为工商备案股东，故各方一致同意解除协议，因协议签订后宇石公司的资产及商业估值有明显提升，故杨某明同意向俞某玮支付合同解除金1200万元。同时约定，宇石公司为协议项下杨某明所有的责任承担不可撤销的连带保证责任。

嗣后，杨某明仅支付了600万元合同解除金，仍有部分合同解除金未支付。因此，俞某玮将杨某明、宇石公司诉至法院，要求杨某明支付剩余合同解除金及违约金，并要求宇石公司对该债务承担连带偿还责任。

案号：上海市第二中级人民法院（2020）沪02民辖终433号

【律师分析】

本案的争议焦点为：涉及宇石公司连带保证责任条款是否有效，宇石公司应否承担保证责任。

一、涉及宇石公司连带保证责任条款无效，宇石公司不应承担保证责任

根据《公司法》的规定，公司为公司股东或者实际控制人提供担保的，应当经股东会决议。在本案中，虽然解除协议中约定了宇石公司同意为杨某明承担不可撤销的连带保证责任，并且进行盖章确认，但是该担保事项并未经股东会决议通过或得到股东会决议追认，故涉及宇石公司连带保证责任条款无效。《公司法》已将公司为股东担保必须经过公司决策机构决议予以明确，即具有公开宣示效力。

本案中，原告俞某玮作为担保权人理应知晓并遵守该规定。原告俞某玮并未对宇石公司对外担保是否经过股东会决议进行审查，故原告有明显过错，并非善意相对人，不能适用表见代理的法律后果。因此，涉及宇石公司连带保证责任条款无效，宇石公司不应承担保证责任。

最终,法院认为涉案越权担保条款对宇石公司不产生法律约束力,宇石公司不承担责任。

二、公司对外提供担保的效力问题

担保,是指法律为确保特定的债权人实现债权,以债务人或第三人的信用或者特定财产督促债务人履行债务的制度。该制度因有利于促进市场主体进行商品交易和资金融通,故被广泛运用于各类民商事活动中。公司作为商事主体之一,对外担保亦是公司常见的一种商业行为。认定公司对外签订的担保合同有效需要满足以下条件。

首先,公司对外担保已通过决议。

如果是关联担保必须经股东会决议,且关联股东或受实际控制人支配的股东应当回避表决,经其他参会股东过半数以上表决权通过的,为适格决议。如果是非关联担保,应当依据公司章程规定确定决议机关;章程未作规定的,董事会或者股东会均有权进行决议。除公司章程另有更高比例的约定外,参会股东或董事过半数以上表决权通过的,为适格决议。

其次,相对人已尽到合理审查义务。

如果相对人已进行合理审查,此时相对人为善意相对人,公司的担保行为有效,公司应承担担保责任。如果相对人未进行合理审查,该担保行为无效,公司可能将承担缔约过失责任(见图5-1)。

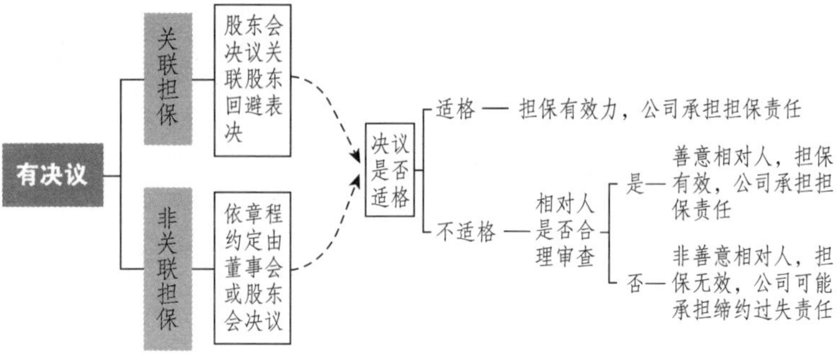

图5－1　公司对外提供担保情形分析

最后，公司对外担保满足无须决议的例外情形，包括：

1.金融机构开立保函或者担保公司提供担保；

2.公司为其全资子公司开展经营活动提供担保；

3.担保合同系由单独或者共同持有公司2/3以上对担保事项有表决权的股东签字同意。

若符合上述三种例外情形，即使担保行为未经公司决议程序，该担保行为亦有效，公司应承担担保责任。

【实务指南】

公司对外担保通常存在较大的风险，若对外担保未通过决议，则有可能会损害公司股东的利益；但若因此直接认定担保无效，就会对相对人的权利造成损害。

第一，基于公司股东立场，为防范法定代表人、高级管理人员或负责人越权对外违规担保导致公司承担责任的法律风险，笔者建议如下。

1.加强内部控制。建立及完善对外担保相关制度、流程、检查、监督等内控机制,加强授权管理,严格防控对关键人员或岗位的授权。同时,在公司章程中明确约定公司对外担保的决议机构、担保数额等以约束企业法定代表人、高级管理人员或负责人的对外担保行为。

2. 实现法律制约。如企业法定代表人、高级管理人员或负责人越权对外违规担保,可以依据《民法典》第 171 条等规定,让违规提供担保责任人承担相应的民事责任。

3. 采取补救措施。如企业法定代表人、高级管理人员或负责人越权以公司名义违规对外担保,公司要积极采取补救措施,主张企业法定代表人、高级管理人员或负责人未经有权机关授权对外担保行为无效,并协调被担保人撤销担保。同时,及时收集相关证据,证明被担保人未尽必要的形式审查义务。

4. 注重签约真实和留存证据。签订担保合同时,实行面签,对相关决议进行形式审查,确保担保人印章及法定代表人、高级管理人员或负责人签章真实,并注意留存相关证据,包括但不限于合同、会议纪要、决议文件、来往邮件等材料,防范诉讼风险。

第二,基于相对人的立场,笔者建议相对人在接受担保时应尽到合理审查义务,合理审查可以从以下几个方面入手。

首先,审查担保合同,注意是否属于无须决议例外情形。

其次,审查担保决议,明确协议签署人的身份信息或授权文件,确保为法定代表人或具有相关事项的代理权人。相对人可调取工商档案或要求担保方提供盖章的最新公司章程、董事名单、股东名单,以便了解担保方的内部决策机制。

最后,要求担保方公司出具机关决议正本,审查担保方是否已就担保事项通过有效决议和授权情况。

【关联法条】

《中华人民共和国民法典》(2021年1月1日)

第五百零四条 法人的法定代表人或者非法人组织的负责人超越权限订立的合同,除相对人知道或者应当知道其超越权限外,该代表行为有效,订立的合同对法人或者非法人组织发生效力。

《中华人民共和国公司法》(2024年7月1日)

第十五条 公司向其他企业投资或者为他人提供担保,按照公司章程的规定,由董事会或者股东会决议;公司章程对投资或者担保的总额及单项投资或者担保的数额有限额规定的,不得超过规定的限额。

公司为公司股东或者实际控制人提供担保的,应当经股东会决议。

前款规定的股东或者受前款规定的实际控制人支配的股东,不得参加前款规定事项的表决。该项表决由出席会议的其他股东所持表决权的过半数通过。

《最高人民法院关于适用〈中华人民共和国民法典〉有关担保制度的解释》(2021年1月1日)

第八条 有下列情形之一,公司以其未依照公司法关于公司对外担保的规定作出决议为由主张不承担担保责任的,人民法院不予支持:

(一)金融机构开立保函或者担保公司提供担保;

(二)公司为其全资子公司开展经营活动提供担保;

(三)担保合同系由单独或者共同持有公司三分之二以上对担保事项有表决权的股东签字同意。

上市公司对外提供担保，不适用前款第二项、第三项的规定。

56. 公司在亏损的情况下是否可以要求股东额外出资以弥补亏损？

【案例还原】

上海歆珏公司于2014年12月9日设立，注册资本为人民币50万元，股东为吴某婷与顾某莉。其中，顾某莉认缴出资25.50万元，持有51%股权；吴某婷认缴出资24.50万元，持有49%股权。两股东的出资时间均为2024年11月19日。法定代表人为顾某莉。

2016年1月14日，上海歆珏公司向吴某婷寄送通知，以公司运营满1年，按照公司规定需召开第一届全体股东会议为由，要求吴某婷本人或委托代理人出席股东会会议。2016年2月27日，上海歆珏公司召开股东会，顾某莉到会，吴某婷未到会。该次股东会形成了《上海歆珏公司2016年第一次股东会决议》，并以代表公司51%股权的顾某莉同意，代表公司49%股权的吴某婷弃权的投票表决结果，通过了两项议案。第一项议案为审议通过上海歆珏公司2015年度财务决算报告，第二项议案为审议通过公司利润分配及弥补亏损的方案，具体方案如下。

1. 在公司不能连续2年盈利的情况下，利润暂不作分配；若连续3年盈利，则在第三年度末提取法定公积金后，按照各股东持股比例分配剩余利润。

2. 各股东按照持股比例弥补亏损，顾某莉承担51%，即92 239.64元；吴某婷承担49%，即88 622.40元；鉴于亏损部分已经先由顾某莉足额垫付，请吴某婷在2016年4月28日之前，将上述资金足额汇入公司的基本账户。

吴某婷认为上海歆珏公司未对公司经营亏损原因进行详细说明,也未根据《公司法》规定将待审议事项于会议召开20日前通知吴某婷,并且违反法律擅自作出要求吴某婷额外出资填补亏损的决议,故要求上海歆珏公司在收函后7个工作日内向吴某婷提供2015年度的财务报告资料、账簿等有关公司经营、决策、管理的相关资料,对公司经营亏损原因进行详细说明以及撤销《上海歆珏公司2016年第一次股东会决议》,并就此起诉至法院。

案号:上海市青浦区人民法院(2016)沪0118民初4406号

【律师分析】

本案的争议焦点为:公司可否要求股东通过额外出资弥补经营亏损。

根据上海歆珏公司的股东会决议,弥补亏损方案并非以企业利润弥补亏损,而是要求公司股东借贷给公司以偿还公司债务,其实质是在股东与公司之间形成新的借贷关系,此法律行为属于双方民事法律行为,借贷关系须以借贷人和出借人双方的意思表示一致方可成立。

本案中,吴某婷并未同意通过借贷方式弥补公司亏损,该决议内容因损害了吴某婷的财产权利而应被撤销。

最终,法院判决撤销了股东会决议中关于股东额外出资弥补亏损的内容。

【实务指南】

结合实务,笔者将公司亏损的弥补方式及注意事项归纳如下。

一、公司发生亏损时，弥补亏损的方式及顺序

1. 税前利润弥补。根据规定，公司发生的亏损，有在5年内用税前利润弥补的优惠。

2. 税后利润弥补。如果5年内仍然没有弥补完发生的亏损，则需用税后利润弥补。

3. 如本年利润不足以弥补以前年度亏损，对于剩余的亏损额，按以下方式处理。

(1)法定公积金足以弥补以前年度亏损的，仅以法定公积金弥补亏损；

(2)法定公积金不足以弥补以前年度亏损的，遵循以下补亏顺序：任意公积金—资本公积金—减资。

在减资程序方面，为弥补亏损而进行的减资，属于形式减资，对债权人没有影响，因此适用简易减资程序，无须履行编制资产负债表及财产清单、通知或公告债权人（通知已知债权人、公告未知债权人）等程序。

二、公司未弥补亏损的，不得分配股利

《公司法》第210条第1、2、3、4款规定："公司分配当年税后利润时，应当提取利润的百分之十列入公司法定公积金。公司法定公积金累计额为公司注册资本的百分之五十以上的，可以不再提取。公司的法定公积金不足以弥补以前年度亏损的，在依照前款规定提取法定公积金之前，应当先用当年利润弥补亏损。公司从税后利润中提取法定公积金后，经股东会决议，还可以从税后利润中提取任意公积金。公司弥补亏损和提取公积金后所余税后利润，有限责任公司按照股东实缴的出资比例分配利润，全体股东约定不按照出资比例分配利润的除外；股份有限公司按照股东所持有的股份比例分配利

润，公司章程另有规定的除外。”

《公司法》第 211 条规定：“公司违反本法规定向股东分配利润的，股东应当将违反规定分配的利润退还公司；给公司造成损失的，股东及负有责任的董事、监事、高级管理人员应当承担赔偿责任。”

三、未经弥补亏损、提取公积金的法定程序，股东会作出的“变动分红”决议无效

公司在未补亏损以及未提取公积金的情形下，所获利润不得用于分配。未经法定的分红程序作出的股东会决议，无论是以向股东支付股息或红利的形式，还是以股息或红利形式之外的、以减少公司资产或加大公司负债的形式分发款项，均是为股东谋取利益、变相分配公司利益的行为，该行为贬损了公司的资产，使公司资产不正当地流失，损害了部分股东的利益，更有可能影响债权人的利益，当属无效。

【关联法条】

《中华人民共和国公司法》(2024 年 7 月 1 日)

第二十六条 公司股东会、董事会的会议召集程序、表决方式违反法律、行政法规或者公司章程，或者决议内容违反公司章程的，股东自决议作出之日起六十日内，可以请求人民法院撤销。但是，股东会、董事会的会议召集程序或者表决方式仅有轻微瑕疵，对决议未产生实质影响的除外。

未被通知参加股东会会议的股东自知道或者应当知道股东会决议作出之日起六十日内，可以请求人民法院撤销；自决议作出之日起一年内没有行使撤销权的，撤销权消灭。

第二百一十条 公司分配当年税后利润时，应当提取利润的百分之十列入公司法定公积金。公司法定公积金累计额为公司注册资本的百分之五十以上的,可以不再提取。

公司的法定公积金不足以弥补以前年度亏损的,在依照前款规定提取法定公积金之前,应当先用当年利润弥补亏损。

公司从税后利润中提取法定公积金后,经股东会决议,还可以从税后利润中提取任意公积金。

公司弥补亏损和提取公积金后所余税后利润,有限责任公司按照股东实缴的出资比例分配利润,全体股东约定不按照出资比例分配利润的除外;股份有限公司按照股东所持有的股份比例分配利润,公司章程另有规定的除外。

公司持有的本公司股份不得分配利润。

57. 为什么说公司章程很重要?如何避免公司章程的修改陷入表决僵局?

【案例还原】

2014 年,滚石网络公司制定公司章程,约定:滚石网络公司系独资公司,滚石移动公司为一人股东;董事会成员包括王某华、迪某莫和段某潭;本章程的修改必须经董事会全体董事一致通过,并报审批机构批准后生效。

2015 年,滚石网络公司的公司章程修改,补充内容包括:法定代表人为王某华,职务为董事长;公司设立董事会,董事会是公司的最高权力机构,决定公司的一切重大事宜。

2016 年,滚石移动公司的 3 名董事作出决议,内容包括:(1)决议解散本公司100%持有之子公司滚石网络公司之董事会;(2)决议解除段某潭、迪某莫和王某华于滚石网络公司之董事职务,同时解除王某华于滚石网络公司之董事长、总经理和法定代表人的职务;(3)决议以执行董事取代滚石网络公司之董事会,并决议修订滚石网络公司的公司章程。

2017年,滚石网络公司的董事段某潭、迪某莫二人召开董事会,通知了王某华,但王某华未出席。该董事会决议作出免除王某华、段某潭、迪某莫3人在滚石网络公司职务等决定,同意修改原公司章程及章程修正案的相应条款,并同意办理审批机关、登记机关的相应变更(备案)登记。

王某华因此向法院提起诉讼,请求判令滚石网络公司2017年作出的董事会决议违反公司章程,不成立。

案号:北京市西城区人民法院(2017)京0102民初24077号,北京市第二中级人民法院(2019)京02民终11511号

【律师分析】

本案的争议焦点为:公司如何制定和修改公司章程;如何避免修改公司章程陷入僵局。

一、公司章程制定和修改,有约定的优先从其约定

根据滚石网络公司的公司章程,公司章程的修改必须经董事会全体董事一致通过。同时规定滚石网络公司设立董事会,董事会是公司的最高权力机构。决定公司的一切重大事宜。董事会成员3名,董事及董事长由投资方委派。董事的任期为3年,经投资方继续委派可以连任。

2016年12月1日,作为滚石网络公司唯一股东的滚石移动公司

作出董事会决议，解除段某潭、迪某莫和王某华于滚石网络公司之董事职务，同时解除王某华于滚石网络公司之董事长、总经理和法定代表人的职务。

因此，2017年滚石网络公司作出董事会决议时，作出该董事会决议的段某潭、迪某莫二人当时已被解除董事职务。根据公司章程的规定，董事会决议的主体必须是董事，如果作出决议的人员不是公司的董事，那么董事会决议当然不成立。

最终，法院判决确认滚石网络公司作出的董事会决议不成立。

二、避免公司章程制定或修改程序陷入僵局

滚石网络公司公司章程规定，“本章程的修改必须经董事会全体董事一致通过”。在实践中，如果董事会全体董事无法达成决议，将导致公司章程无法修改，造成公司章程的修改陷入僵局。根据《公司法》的规定，一人有限责任公司章程由股东制定，但若章程之约定在履行过程中影响了一人股东的意思表示，亦是违背“资本多数决”的基本原则。例如，本案中，只要王某华不配合，股东作出的决议就无法得到执行，股东因此丧失了对投资设立公司的控制权。

因此，虽然法院判决确认滚石网络公司免除王某华董事职务的董事会决议不成立，但间接承认了滚石移动公司作为唯一股东解除王某华董事职务的决议。实质上破解了公司章程修改程序中存在的僵局。

【实务指南】

公司章程是规范公司的组织与行为、公司与股东、股东与股东之间权利义务的，具有法律约束力的文件。我国《上市公司章程指引》将公司章程定义为，“规范公司的组织与行为、公司与股东、股东与股东之间权利义务关系的具有法律约束力的文件，对公司、股东、董事、监事、高级管理人员具有法律约束力的文件”。这个定义体现了公司章程的双重性质。在公司章程的总则部分明确规定公司章程的性质，确定各主体可以依据公司章程追究相互之间的责任，对将纸面上的章程变更为履行中的章程具有极其重要的意义。因此，笔者建议股东和公司在实际制定章程时考虑以下几点。

一是在公司章程的总则中明确公司章程的性质。明确将公司章程规定为规范公司的组织与行为、公司与股东、股东与股东之间权利义务的，具有法律约束力的文件。公司章程对公司及其股东、董事、监事、总裁和其他高级管理人员均有约束力，为以后公司各相关主体依据公司章程追究他人责任提供制度依据。

二是在公司章程中载明相关主体权利。例如，明确规定：“公司、股东、董监高①等主体均可以依据公司章程提出与公司事宜有关的权利主张。股东可以依据公司章程起诉公司；公司可以依据公司章程起诉股东、董事、监事、总裁和其他高级管理人员；股东可以依据公司章程起诉其他股东；股东可以依据公司章程起诉公司的董事、监事、总裁和其他高级管理人员。”这样公司的各相关主体即可将章程列为其主张权利、行使诉权的依据。

【关联法条】

《中华人民共和国公司法》(2024 年 7 月 1 日)

第五条 设立公司应当依法制定公司章程。公司章程对公司、股东、董事、监事、高级管理人员具有约束力。

---

① 公司的董事、监事、高级管理人员(以下简称“董监高”)。

第九条 公司的经营范围由公司章程规定。公司可以修改公司章程,变更经营范围。

公司的经营范围中属于法律、行政法规规定须经批准的项目,应当依法经过批准。

第十条第一款 公司的法定代表人按照公司章程的规定,由代表公司执行公司事务的董事或者经理担任。

第四十五条 设立有限责任公司,应当由股东共同制定公司章程。

第四十六条 有限责任公司章程应当载明下列事项:

(一)公司名称和住所;

(二)公司经营范围;

(三)公司注册资本;

(四)股东的姓名或者名称;

(五)股东的出资额、出资方式和出资日期;

(六)公司的机构及其产生办法、职权、议事规则;

(七)公司法定代表人的产生、变更办法;

(八)股东会认为需要规定的其他事项。

股东应当在公司章程上签名或者盖章。

58. 当工商登记的公司章程与实际签署的公司章程不一致时,以哪一份为准?

【案例还原】

2004年6月5日,朱某美等10名自然人与东宇公司协商共同出资设立红木棉公司。其中,东宇公司持股60.57%,朱某美等10人共持股39.43%。

同日,全体股东召开红木棉公司首次股东会,通过了《红木棉公司章程》(以下简称"6.5章程"),规定东宇公司以土地使用权出资605.7万元,仅享有所有权和分配权,放弃表决权;"6.5章程"另规定,公司登记事项以公司登记机关核定的为准。

2004年6月8日,朱某美等10人与东宇公司又签署一份《红木棉公司章程》(以下简称"6.8章程")。"6.8章程"规定各股东按照出资比例行使表决权。

2012年8月,红木棉公司召开股东会免去朱某林的董事职务,并增补1名董事会成员。东宇公司、刘某金、许某芳投赞成票,分别占股60.57%、3%、1%;李某鸿、刘某德投弃权票,共占股5.43%,其他股东投反对票。随后,红木棉公司根据上述股东会决议到工商部门办理了变更登记。

投反对票的朱某美等6名股东对该次决议的表决方式有异议,以根据内部的公司章程,东宇公司不享有表决权、决议不符合章程规定、未达到由代表全部有表决权股份的1/2以上股东通过为由,诉至法院要求撤销该次决议。

案号:广西壮族自治区南宁市中级人民法院(2014)南市民二终字第339号

【律师分析】

本案的争议焦点为:多份公司章程内容不一致的,应以哪一份为准。

正常情况下,全体股东表决通过的公司章程应与工商部门备案登记的公司章程保持一致,但在实践中,由于工商部门内部有一套自己的公司章程范本,因此公司创始股东自己起草的公司章程,往往会被以“与范本不一致”为由拒绝备案,要求股东按照其提供的公司章程范本进行修改。股东为了尽快完成公司注册登记,大多会选择按照工商登记部门的要求修改先前全体股东大会决议通过的公司章程。

本案中,红木棉公司的全体股东大会决议于6月5日通过公司章程,3天后又签订了新的章程便有可能遇到上述情形。朱某美等股东均在“6.5章程”和“6.8章程”两个版本的公司章程上签名盖章,而“6.8章程”的签订时间在后,且“6.5章程”亦规定“公司登记事项以公司登记机关核定的为准”,故“6.8章程”为红木棉公司各股东最终合意的结果,是当事人的真实意思表示,应属有效。根据“6.8章程”,东宇公司出资605.7万元,占注册资本的60.57%,享有根据出资份额行使表决权的股东权利。

最终,法院判决驳回投反对票的朱某美等6名股东的诉讼请求,二审法院判决驳回上诉,维持原判。

公司章程对内、对外都具有法律效力,因此针对“工商登记的公司章程与实际签署的公司章程不一致时,应以哪一份为准”这个问题应区分情况进行讨论。

第一,对外:与公司股东以外的第三人发生纠纷时,因在工商部门备案登记的公司章程具有对外公示效力,故应以工商登记的公司章程为准。

第二,对内:在公司内部关系中,以哪一份公司章程为准主要考虑约定优先适用条款、股东真实意思以及签署时间先后三个因素。

有限责任公司股东先后制定两个意思冲突的公司章程,而公司内部公司章程签订在前，工商备案的公司章程签订在后的，同时股东未就备案公司章程仅为工商备案、对内不代表股东真实意思表示共同达成合意，故应以备案公司章程为准。

此外，经法定程序修改的公司章程，如未约定生效时间或约定不明，则公司章程自股东达成修改章程的合意后即发生法律效力，工商登记并非公司章程的生效要件。未约定以哪一份公司章程为准时，通常以最后签订的公司章程为准。

【实务指南】

公司章程，一般是根据公司的实际运营情况经过创始股东多轮反复协商形成，是公司最高层级文件，关乎公司的股权结构，关系到公司的治理结构。综观《公司法》，公司章程对公司的经营和管理进行自律性约定的事项达30项。

在一个公司的管理过程中，公司章程的重要作用毋庸置疑。为了避免因公司实际签署的公司章程与工商备案的公司章程不一致而发生诉讼纷争，笔者建议如下。

一是尽量确保工商登记版本的公司章程与实际约定的公司章程一致。

二是若出于效率的考量，全体创始股东可以先按照工商部门提供的范本重新签署。但应同时签署补充协议，在补充协议中明确模板章程仅为备案使用，对内不代表股东的真实意思表示，各股东对内仍以原始章程的约定为准。

三是在进行拟定或修改公司章程的股东大会上，应注意做好会议纪要，保留股东之间决议的证据，可以要求参会股东确认会议纪要内容并签字。若后期发生争议，会议纪要可以作为判断哪一版本的公司章程具有法律优先效力的重要依据。

【关联法条】

《中华人民共和国公司法》(2024 年 7 月 1 日)

第六十六条 股东会的议事方式和表决程序,除本法有规定的外,由公司章程规定。

股东会作出决议,应当经代表过半数表决权的股东通过。

股东会作出修改公司章程、增加或者减少注册资本的决议,以及公司合并、分立、解散或者变更公司形式的决议,应当经代表三分之二以上表决权的股东通过。

59. 公司章程的约定与股东协议的约定不一致的,应当如何处理?

【案例还原】

北京优宝互动科技有限公司(以下简称优宝公司)成立于 2016 年 3 月,注册资本为 1000 万元,股东为王某华与安某二人。公司成立后的章程载明,安某认缴出资 600 万元,王某华认缴出资 400 万元,出资期限均为 2016 年 12 月 1 日,出资方式均为货币。

在公司成立之前,安某与王某华签订了合作协议,主要内容为双方联合成立优宝公司,安某以货币方式出资 1000 万元,作为投资人占 60% 的股份。王某华以创始人身份及技术方式出资,占 40% 的股份。同时,双方约定本协议若与公司章程相违背,皆以本协议约定为准。

公司成立后,安某先后向公司转账600万余元,完成出资义务。但王某华未按照章程规定缴纳出资。优宝公司认为股东应当按照章程的规定履行出资义务,但王某华在认缴期限届满后,仍未缴纳出资,故其应当承担补足出资的法律责任。虽然安某和王某华签订的合作协议的内容与公司章程规定并不一致,但合作协议约定的内容与法律相悖,应当以公司章程为准。优宝公司诉至法院请求王某华履行出资义务。

案号:北京市朝阳区人民法院(2019)京0105民初73492号,北京市第三中级人民法院(2020)京03民终119号

【律师分析】

本案的争议焦点为:公司章程约定的股东出资义务为货币出资,股东签订的合作协议约定股东的出资方式为技术出资,究竟应该以哪一份为准。

一、如约定不一致导致公司内部纠纷,约定有效的从其约定

本案中,安某和王某华作为优宝公司的股东,在成立优宝公司前签订了合作协议,约定优宝公司的出资方式和出资金额,并且约定公司章程的内容与协议内容不一致的,以协议为准。虽然协议的签订时间早于公司章程的形成时间,但因安某和王某华在签订合作协议时并未有公司章程,而且优宝公司自始仅有一份工商登记机关备案的公司章程,故合作协议中记载的公司章程,显然是指优宝公司在成立时向工商登记机关备案的公司章程。因此,就优宝公司股东内部而言,应当以合作协议约定的内容确定双方的出资方式和出资时间。根据合作协议的约定,优宝公司的注册资金1000万元均由安某实际缴纳,王某华仅负责管理和运营,无须向优宝公司缴纳货币出资。本

案中,股东签署的合作协议中明确约定:如本协议与公司章程不一致的,以本协议为准,在有明确的效力约定的情况下,应该优先适用约定。

最终,法院判决股东出资方式以合作协议为准,王某华无须向优宝公司缴纳出资400万元。

实践中还有另外的情况,即多份协议或章程约定存在矛盾,按照法律原则,一般会认定双方时效性最新的约定。

二、如约定不一致导致外部纠纷,应将保护善意的第三人作为适用标准

鉴于本案是一起公司"内部"的纠纷,因此在公司章程的约定与股东协议的约定存在不一致的情况下,法院结合事实判决应当以合作协议为准。但是笔者查阅了许多司法案例并结合实践,发现还有许多涉及公司章程的约定与股东协议的约定存在不一致情况的"外部"纠纷,在这种情况下,工商登记的公司章程对第三方而言公开可查,因此外部第三方对其有信赖依据。如果登记的公司章程与公司内部的合作协议约定不一致,内部文件并不能对抗第三方,还是应以对外公示的公司章程为准。

因此,当股东之间签署的协议与公司章程约定不一致时,具体以股东协议为准还是以公司章程约定为准,需要明确争议事由是涉及股东内部产生的纠纷还是与第三方之间产生的纠纷,之后根据"内外有别"的原则确认两者的适用,不能单方面地强调股东协议的效力优先或公司章程的效力优先。

【实务指南】

为了避免公司与股东、股东与股东、股东与其他相对人之间的纠纷,尽可能地维持公司的内部稳定,笔者建议,在设立公司之前与成立公司的过程中,如果是涉及股东间内部产生的纠纷、涉及第三方纠纷的,股东与公司可以参考以下约定。

一、涉及股东间内部产生的纠纷

1. 股东协议中有约定优先适用股东协议条款的,以股东协议为准。

2. 股东协议与公司章程列明的适用顺序不一致,或均未约定适用顺序的,以后签署生效日期者为准。

3. 股东协议未约定优先适用股东协议条款,但是股东协议约定了比公司章程更具体详细、更具可操作性的约定的,以股东协议为准。

4. 股东协议部分条款之约定违反《公司法》中强制性条款的,以公司章程约定为准。

二、涉及第三方纠纷的

1. 公司章程经工商登记部门办理登记后,对债权人产生公示效力,产生了债权人需要保护的信赖利益,应以公司章程约定为准。

2. 若公司章程约定优先适用股东间协议的,以股东间协议的约定为准。

为了避免因股东协议与公司章程约定内容不一致而给股东、公司、债权人带来不必要的隐患及法律纠纷,无论是股东协议还是公司章程,在对条款约定的严谨性和流程上都要尽量完善。

1. 股东协议应列明"如目标公司章程与股东协议不一致或未列明之处,以股东协议的约定为准"条款。

2. 如股东协议的部分条款涉及对公司章程的实际修改,应在签署生效后尽快完成公司章程修正案,并在修正案中列明"如本章程与股东协议不一致或未列明之处,以本章程为准"条款,并到工商管理部门办理公司章程变更登记。

【关联法条】

《中华人民共和国公司法》(2024 年 7 月 1 日)

第五条 设立公司应当依法制定公司章程。公司章程对公司、股东、董事、监事、高级管理人员具有约束力。

第二十六条 公司股东会、董事会的会议召集程序、表决方式违反法律、行政法规或者公司章程,或者决议内容违反公司章程的,股东自决议作出之日起六十日内,可以请求人民法院撤销。但是,股东会、董事会的会议召集程序或者表决方式仅有轻微瑕疵,对决议未产生实质影响的除外。

未被通知参加股东会会议的股东自知道或者应当知道股东会决议作出之日起六十日内,可以请求人民法院撤销;自决议作出之日起一年内没有行使撤销权的,撤销权消灭。

《山东省高级人民法院关于审理公司纠纷案件若干问题的意见(试行)》(2007 年 1 月 15 日)

第四条 发起人之间在设立公司过程中产生的纠纷按照发起人协议或投资协议处理,未订立发起人协议或投资协议的,按照公司章程处理。发起人协议或投资协议被确认无效的,按照有关法律规定处理。

公司成立后,发起人协议或投资协议与公司章程规定不一致的,以公司章程规定为准。但发起人之间有特殊约定的除外。

60. 夫妻公司是否会被视为一人公司？是否对公司的债务承担连带责任？

【案例还原】

赛博迪公司与星火公司签订了借款协议，约定：赛博迪公司向星火公司出借30万元用于公司的日常经营，星火公司应于2018年12月28日前还清借款及相应的利息，该协议落款处有赛博迪公司与星火公司的签章。

借款协议签订后，赛博迪公司的法定代表人孙某贤通过其个人账户向星火公司的股东之一林某伟账户转账30万元。还款期限届满后，经多次催告星火公司仍未还款，因此赛博迪公司将星火公司、魏某波与林某伟诉至法院，要求其偿还借款本息。经查明，魏某波与林某伟系夫妻关系，均系星火公司股东，占股比例分别为76%和24%。

案号：青岛市崂山区人民法院(2021)鲁0212民初6399号

【律师分析】

本案的争议焦点为：夫妻公司是否可以被视为一人公司，以及夫妻二人是否需要对公司的债务承担连带责任。

夫妻公司若出资源于一个财产所有权，股东之间因具有利益的一致性，则存在被视为实质的一人公司的可能，在无法证明公司财产与个人财产不混同的情况下，夫妻二人需要对公司的债务承担连带责任。

在本案中，赛博迪公司与星火公司签订的借款协议系双方的真实意思表示，不违反法律、行政法规等强制性规定，与赛博迪公司提供的转款记录相互印证,足以证明双方之间存在借贷关系。星火公司应向赛博迪公司偿还本金30万元。在确认借贷关系存在的前提下,进一步讨论以下问题。

一、夫妻公司是否可以被视为一人公司

魏某波和林某伟系夫妻关系,两人拥有星火公司的全部股权。在魏某波和林某伟未能举证证明其持有的星火公司的股权系个人财产的情况下,应认定星火公司实质为一人公司。

二、夫妻二人是否需要对公司的债务承担连带责任

星火公司的股权实际上源于同一财产权,即夫妻二人的共同财产,而魏某波和林某伟作为股权主体在利益上具有高度一致性,难以在内部形成有效的监督、制衡关系。魏某波和林某伟均参与公司的管理活动,30万元借款直接转入林某伟的个人账户,故可认定构成公司财产与个人财产混同,进而魏某波、林某伟应为星火公司对赛博迪公司所负债务承担连带清偿责任。

最终,法院判决星火公司向赛博迪公司偿还借款本金人民币30万元及利息,魏某波、林某伟对前述债务承担连带清偿责任。

【实务指南】

一人公司因具有设立程序简便、股东对公司的控制性强、避免公司陷入僵局等优势,颇受创业人士的青睐。同时需要明确的是,一人公司股东财产与公司财产极易发生混同,因而经常产生纠纷。夫妻以共同财产出资成立有限责任公司的行为进一步增大了财产混同、夫妻二人被追究连带责任的风险。

为了有效规避被认为一人公司对公司债务承担连带责任的风险,笔者建议如下。

一是在设立公司时，尽量避免仅由夫妻共同财产出资。建议出资结构以夫妻共同财产为主体，添加一个小股东（最好是非直系亲属），或提前签署夫妻财产分割协议，证明公司并非夫妻二人共同共有，以此降低被认为为一人公司的风险。

二是对公账和私账严格区分，夫妻账户与公司账户收支分离、不混同。不通过夫妻账户收取公司的往来款项，夫妻不侵占公司的资金、财产，以此消除夫妻财产与公司财产发生混同的隐患。

三是建立完善的财务会计管理制度，编制规范的财务报表，保留交易相关的记账凭证和原始凭证及财务账册等。每年进行审计，做好审计报告备查。在出现纠纷时，夫妻股东可以将相关内容作为证据证明公司财产的独立性，避免被列为公司债务的共同执行人。

【关联法条】

《中华人民共和国民法典》(2021 年 1 月 1 日)

第一千零六十二条 夫妻在婚姻关系存续期间所得的下列财产，为夫妻的共同财产，归夫妻共同所有：

（一）工资、奖金、劳务报酬；

（二）生产、经营、投资的收益；

（三）知识产权的收益；

（四）继承或者受赠的财产，但是本法第一千零六十三条第三项规定的除外；

（五）其他应当归共同所有的财产。

夫妻对共同财产，有平等的处理权。

第一千零六十五条第一款 男女双方可以约定婚姻关系存续期间所得的财产以及婚前财产归各自所有、共同所有或部分各自所有、部分共同所有。约定应当采用书面形式。没有约定或约定不明确的,适用本法第一千零六十二条、第一千零六十三条的规定。

《中华人民共和国公司法》(2024年7月1日)

第二十三条 公司股东滥用公司法人独立地位和股东有限责任,逃避债务,严重损害公司债权人利益的,应当对公司债务承担连带责任。

股东利用其控制的两个以上公司实施前款规定行为的,各公司应当对任一公司的债务承担连带责任。

只有一个股东的公司,股东不能证明公司财产独立于股东自己的财产的,应当对公司债务承担连带责任。

61. 什么情况下可以要求股东承担连带责任,突破有限公司的有限责任?

【案例还原】

星辉公司与原力公司签订《〈小小勇士H5〉游戏委托开发合作协议》及其补充协议,约定:由原力公司负责《小小勇士H5》游戏项目的研发,并协助完成该游戏的运营推广,星辉公司对此支付委托费用和预付款,分别为50万元和70万元。协议签订后,星辉公司依约足额支付了委托费用和预付款。

游戏完成开发上线运营后,因未能按预期实现盈利,双方协商一致将游戏下线。而此前星辉公司向原力公司支付的预付款70万元因无法达到分成条件,故星辉公司向原力公司主张全额返还预付款,并于2021年4月8日向其发送了催款函,但原力公司未作答复。

2021年8月24日,原力公司申请注销,且申请书载明无债权债务、债权债务已清算完毕。因原力公司主体注销,故星辉公司将注销前的股东妙聚公司、星战企业、鼎聚企业及陈某琴诉至法院,要求四被告返还预付款70万元并承担违约金10万元。

案号:广州知识产权法院(2021)粤73知民初649号

【律师分析】

本案的争议焦点为:妙聚公司、星战企业、鼎聚企业及陈某琴四被告主体是否适格,是否应承担相应责任。

一、原力公司未清算即办理注销登记,注销前的股东应对公司债务承担连带责任

本案中,原力公司在本案诉讼期间注销,注销前星辉公司已经通过函件告知原力公司要求返还预付款70万元,而四被告作为原力公司注销前的股东,应当知晓原力公司与星辉公司存在债务尚未解决,四被告未提供证据证明已履行法定清算程序便将原力公司注销,故四被告应作为本案被告参加诉讼并对原力公司的债务承担清偿责任。

二、可以要求股东承担连带责任,突破有限责任公司的有限责任的情形

股东有限责任,是指公司股东以出资额为限对外承担责任,其与法人独立人格制度同为支撑商事主体理论发展的两大重要支柱。该制度一方面极大地降低了公司投资人的投资风险,促进了社会经济的快速发展;另一方面导致公司债权人和利益相关人的利益处于不确定的状态。

为了平衡二者,我国法律规定了一些特殊情况,刺破了有限责任公司面纱,使股东对外承担责任的范围超过出资额的限度,对公司债务承担补充责任,甚至是连带责任。笔者归纳出实践中常见的突破有限责任公司的有限责任的情形,具体如下。

1. 一人公司财产混同

一人公司,是指只有一个自然人股东或者一个法人股东的公司。由于一人公司仅有一名股东、公司意志与股东意志高度重合,一人公司相较于普通公司更容易受到股东操控进而损害债权人利益。

因此,我国法律对此进行了特殊规定,根据《公司法》第 23 条的规定,只有一个股东的公司,股东不能证明公司财产独立于股东自己的财产的,应当对公司债务承担连带责任。简言之,一人公司在举证责任分配上不同于普通有限责任公司,实行举证责任倒置的规则。

需要注意的是,在司法实践中存在对实质一人公司的认定,即虽然形式上属于公司法规定的两个或者两个以上股东的有限责任公司,但由于股东之间人格关系的趋同以及利益的高度一致,其实质上等同于一人公司。

例如,(2019)最高法民再 372 号判决就认定,夫妻二人出资成立的公司,注册资本源于夫妻共同财产,公司的全部股权属于双方共同共有。即公司的全部股权实质源于同一财产权,并为一个所有权共同享有和支配,股权主体具有利益的一致性和实质的单一性。故而,该公司与一人公司在主体构成和规范适用上具有高度相似性,系实质意义上的一人公司。基于此,应将公司财产独立于股东自身财产的举证责任分配给作为股东的夫妻二人。

2. 股东滥用公司法人独立地位和股东有限责任

《公司法》第 23 条第 1 款明确规定,公司股东滥用公司法人独立地位和股东有限责任,逃避债务,严重损害公司债权人利益的,应当对公司债务承担连带责任。在实践中,该规定的“滥用行为”,通常包括人格混同、过度支配与控制、资本显著不足三种情形。

(1)人格混同

判断公司与股东是否存在“人格混同”,基本的判断标准是公司是否具有独立意思和独立财产,主要的表现是公司的财产与股东的财产是否混同且无法区分。根据过往判例,法院在审理案件时亦主要关注、审查财产是否构成混同,而不要求同时具备其他方面的混同,其他方面的混同往往只是财产混同的补强。

《最高人民法院关于印发〈全国法院民商事审判工作会议纪要〉的通知》第10条中,对于认定是否构成人格混同时,应综合考虑的因素做了较为明确的列举:

①股东无偿使用公司资金或者财产,不作财务记载的;

②股东用公司的资金偿还股东的债务,或者将公司的资金供关联公司无偿使用,不作财务记载的;

③公司账簿与股东账簿不分,致使公司财产与股东财产无法区分的;

④股东自身收益与公司盈利不加区分,致使双方利益不清的;

⑤公司的财产记载于股东名下,由股东占有、使用的。

(2)过度支配与控制

根据《最高人民法院关于印发〈全国法院民商事审判工作会议纪要〉的通知》第11条的规定,公司股东对公司过度支配与控制,是指股东操纵公司的决策过程,使公司完全丧失独立性,沦为控制股东的工具或躯壳,严重损害公司债权人利益的行为。在此情形下,应当否认公司人格,由滥用控制权的股东对公司的债务承担连带责任。

实践中构成过度支配与控制常见的情形包括:

①母子公司之间或者子公司之间进行利益输送的；

②母子公司之间或者子公司之间进行交易，收益归一方，损失却由另一方承担的；

③先从原公司抽走资金，然后再成立经营目的相同或者类似的公司，逃避原公司债务的；

④先解散公司，再以原公司场所、设备、人员及相同或者相似的经营目的另设公司，逃避原公司债务的等。

(3)资本显著不足

根据《最高人民法院关于印发〈全国法院民商事审判工作会议纪要〉的通知》第12条的规定，资本显著不足，是指公司设立后在经营过程中，股东实际投入公司的资本数额与公司经营所隐含的风险相比明显不匹配。股东利用较少资本从事力所不及的经营，表明其没有从事公司经营的诚意，实质是恶意利用公司独立人格和股东有限责任把投资风险转嫁给债权人。

但由于资本显著不足的判断标准具有模糊性，特别是要与公司采取“以小博大”的正常经营方式相区分，因此法院在具体适用时相对谨慎、保守，往往需与其他因素结合起来综合判断。

3. 公司未依法清算办理注销登记

公司清算，是指当解散事由出现后，公司依法定程序了结事务，清理债权、债务，分配剩余财产，终止公司的活动。清算是公司注销的前置程序，公司注销前应经过法律的清算程序，在全面清理债权债务关系后方可向工商部门办理注销登记，公司未经清算不得办理注销登记。

若公司未经清算程序，直接办理工商注销登记，根据《最高人民法院关于适用〈中华人民共和国公司法〉若干问题的规定(二)》第20

条的规定，公司的债权人可以根据法律规定要求有限责任公司的股东、股份有限公司的董事和控股股东，以及公司的实际控制人对公司的债务承担清偿责任。

【实务指南】

综上所述，实践中常见的突破公司有限责任的情形主要包括一人公司、股东滥用公司法人独立地位和股东有限责任、公司未依法清算办理注销登记三种。在此情形下，债权人可以于诉讼、执行变更追加、执行异议之诉等程序中，突破公司有限责任向股东继续追偿。基于此，笔者建议如下。

因一人公司股东相较于普通有限公司的股东而言，承担着更为严苛的举证责任。为了避免被认为财产混同，建议一人公司的股东财产与公司财产在财务账簿中明确区分并单独列支，如股东与公司之间确需存在业务或款项往来，必须在公司账册中进行明确记载。此外，一人公司应按年度进行财务报告审计，规范制作、保留公司财务账簿及原始凭证，确保相关内容能够与审计报告相互印证。

公司在注销前，应依法进行清算程序。清算组应当将公司解散清算事宜书面通知全体已知债权人，并根据公司规模和营业地域范围在全国或者公司注册登记地省级有影响的报纸上进行公告，避免因未清算或清算不规范而承担连带责任。

【关联法条】

《中华人民共和国公司法》(2024 年 7 月 1 日)

第二十三条　公司股东滥用公司法人独立地位和股东有限责任，逃避债务，严重损害公司债权人利益的，应当对公司债务承担连带责任。

股东利用其控制的两个以上公司实施前款规定行为的，各公司应当对任一公司的债务承担连带责任。

只有一个股东的公司，股东不能证明公司财产独立于股东自己的财产的，应当对公司债务承担连带责任。

第二百三十八条 清算组成员履行清算职责，负有忠实义务和勤勉义务。

清算组成员怠于履行清算职责，给公司造成损失的，应当承担赔偿责任；因故意或者重大过失给债权人造成损失的，应当承担赔偿责任。

《最高人民法院关于适用〈中华人民共和国公司法〉若干问题的规定（二）》(2021年1月1日)

第十八条 有限责任公司的股东、股份有限公司的董事和控股股东未在法定期限内成立清算组开始清算，导致公司财产贬值、流失、毁损或者灭失，债权人主张其在造成损失范围内对公司债务承担赔偿责任的，人民法院应依法予以支持。

有限责任公司的股东、股份有限公司的董事和控股股东因怠于履行义务，导致公司主要财产、账册、重要文件等灭失，无法进行清算，债权人主张其对公司债务承担连带清偿责任的，人民法院应依法予以支持。

上述情形系实际控制人原因造成，债权人主张实际控制人对公司债务承担相应民事责任的，人民法院应依法予以支持。

第二十条 公司解散应当在依法清算完毕后，申请办理注销登记。公司未经清算即办理注销登记，导致公司无法进行清算，债权人主张有限责任公司的股东、股份有限公司的董事和控股股东，以及公司的实际控制人对公司债务承担清偿责任的,人民法院应依法予以支持。

公司未经依法清算即办理注销登记,股东或者第三人在公司登记机关办理注销登记时承诺对公司债务承担责任,债权人主张其对公司债务承担相应民事责任的,人民法院应依法予以支持。

62. 什么情况下可以要求关联公司承担连带责任,突破有限公司的有限责任?

【案例还原】

2016年12月8日,天和公司与晶悦公司签订的《产品独家代理合作协议》约定:由晶悦公司提供网络游戏软件、技术和运维支持,天和公司负责营销推广;游戏运营收入按一定比例分成。

2018年1月,晶悦公司与联众公司洽谈间接收购天和公司与晶悦公司的游戏项目,为促成收购事宜,双方协商后,天和公司将收取用户游戏费用的权限暂时交给晶悦公司行使。晶悦公司及其控制人通知代理商将收取的游戏费用交给普雷赛斯公司和讯游公司。

但普雷赛斯公司和讯游公司在收取费用后,未向天和公司支付其应得费用。经催告无果,天和公司向法院提起诉讼,要求晶悦公司、普雷赛斯公司和讯游公司向其支付应付分成款与违约金。

经查明,晶悦公司最初由苏某勇出资设立,并担任法定代表人,2018年股东变更为讯游公司。晶悦公司和普雷赛斯公司均是讯游公司的全资子公司,3家公司为关联公司,均由周某、苏某勇等人实际控制。

案号:祁阳县人民法院(2018)湘1121民初768号

【律师分析】

本案的争议焦点为:关联公司在什么情况下需要就债务互负连带责任。

一、三被告系关联公司,且构成人格混同,应互负连带责任

在本案中,天和公司与晶悦公司之间的协议,是双方的真实意思表示,合法有效,双方应当全面履行。普雷赛斯公司、讯游公司与晶悦公司是关联公司,晶悦公司自2018年1月1日起便没有向天和公司转款的记录。

事实上,晶悦公司与天和公司合作的游戏项目,实际收费是普雷赛斯公司和讯游公司,实际网络维持是讯游公司,3家公司在人员、业务和财务上混同,构成公司人格混同,故3家公司应互负连带责任,晶悦公司在与天和公司合作协议中应负的义务应由3家公司共同履行。

最终,法院认为3家公司构成人格混同,故应互负连带责任,向天和公司支付应得分成款。

二、关联公司如何认定构成人格混同

公司是企业法人,有独立的法人财产,享有法人财产权。公司以其全部财产对公司的债务承担责任。然而,随着经济的飞速发展,股东不断投资并设立多个公司主体,以实现利益的最大化。在这种情况下,这些公司极易被认定为关联公司。关联公司虽然在减少交易成本、提高交易效率等方面有诸多优势,但是也经常滋生关联公司沦为控制股东逃避债务工具的情形。对此,债权人什么时候可以突破有限责任的规定,要求关联公司承担连带责任呢?

根据我国《公司法》的规定,公司股东滥用公司法人人格独立地位和股东有限责任,逃避债务,严重损害公司债权人利益的,应当对公司债务承担连带责任。即公司“法人人格否认制度”,又称“刺破公司面纱”。对关联公司构成人格混同,债权人可以要求关联公司承担连带责任。那么如何认定是否构成人格混同便是其中的关键,笔者整理归纳如下。

1. 财务混同

判断公司与股东是否存在“人格混同”,基本的判断标准是公司是否具有独立意思和独立财产,主要的表现是公司的财产与股东的财产是否混同且无法区分。根据过往判例,法院在审理案件时亦主要关注、审查财产是否构成混同,而不要求同时具备其他方面的混同,其他方面的混同往往只是财产混同的补强。

2. 人员混同

关联公司之间在组织机构和人员上存在严重的交叉、重叠。如公司之间董事相互兼任,公司高级管理人员交叉任职,甚至员工也相同。例如,B、C、D 3 家公司的经理、财务负责人、出纳会计、工商手续经办人均相同,其他管理人员亦存在交叉任职的情形,甚至存在 B 公司的人事任免由 D 公司决定的情形。

3. 业务混同

关联公司的经营范围基本相同,在经营过程中不分彼此,针对业务的管理规范、手册等存在共用情形。并且常有同一业务的合同签订时,有时以 B 公司的名义,有时又以 C 公司、D 公司的名义。

综上所述,有限责任公司应各自独立承担责任。需要明确的是,公司的独立财产正是公司独立承担责任的物质保证,公司的独立人格也突出地表现在财产的独立上。当关联公司出现公司之间人员、业务、财务等方面交叉或混同导致各自财产无法区分时,即意味着独立人格的丧失,从而丧失了独立承担责任的基础。

【实务指南】

结合上述分析,虽然我国现行法律对关联公司人格混同问题没有具体的规定,但在司法实务中,已经将“刺破公司面纱”规则适用到关联公司人格混同案件。当关联公司被认定为人格混同时,将会导致有限责任制度的突破,关联公司需要承担连带责任。那么,如何避免连带责任的承担呢?对此,笔者建议如下。

一、确保关联公司财产独立

关联公司建立严格的财务和会计制度,确保各公司资金、资产和财务报表的真实性和独立性,确保其具有独立的财务账目和管理结构,并定期对自己的财务状况进行审计,以确保所有交易均合法有效。此外,还应注重区分彼此经营所用对公银行账户。

二、确保关联公司业务、人员独立

明确关联公司的业务范围不重叠和不交叉,尽可能避免关联公司彼此间实际经营地址与注册地址交叉,保持经营场所的独立性。此外,关联公司应独立负责员工的招聘和用工,所预留的联系人与联系方式做好区分,并且应依照劳动合同签署的主体为聘用员工缴纳社保,避免出现在聘用期间交替为员工缴纳社保的情形。

三、建立完善的关联交易管理制度

关联公司在进行交易时,应保证交易的合理性与必要性,留存完整的会计凭证和规范记账,以证明关联公司之间的债务关系和资金用途。确保关联公司的自主经营和管理,杜绝母公司干预或操控子公司。

【关联法条】

《中华人民共和国公司法》(2024 年 7 月 1 日)

第二十三条 公司股东滥用公司法人独立地位和股东有限责任,逃避债务,严重损害公司债权人利益的,应当对公司债务承担连带责任。

股东利用其控制的两个以上公司实施前款规定行为的,各公司应当对任一公司的债务承担连带责任。

只有一个股东的公司,股东不能证明公司财产独立于股东自己的财产的,应当对公司债务承担连带责任。

《最高人民法院关于印发〈全国法院民商事审判工作会议纪要〉的通知》(2019 年 11 月 8 日)

第十条第一款 认定公司人格与股东人格是否存在混同,最根本的判断标准是公司是否具有独立意思和独立财产,最主要的表现是公司的财产与股东的财产是否混同且无法区分。在认定是否构成人格混同时,应当综合考虑以下因素:

(1)股东无偿使用公司资金或者财产,不作财务记载的;

(2)股东用公司的资金偿还股东的债务,或者将公司的资金供关联公司无偿使用,不作财务记载的;

(3)公司账簿与股东账簿不分,致使公司财产与股东财产无法区分的;

(4)股东自身收益与公司盈利不加区分,致使双方利益不清的;

(5)公司的财产记载于股东名下,由股东占有、使用的;

(6)人格混同的其他情形。

63. 法定代表人能否想不干就不干?

【案例还原】

鼎利公司和火眼公司为航特公司的股东。2016 年 9 月 24 日,航特公司根据公司章程作出股东会决议,任命张某为航特公司董事长、担任法定代表人。

2019 年 12 月 18 日,张某向航特公司及鼎利公司提交辞职报告,并完成航特公司公章、营业执照、发票等资料的交接,但航特公司未将法定代表人变更。因此,张某请求法院判决航特公司配合办理工商变更登记,将张某的名字从"法定代表人"一栏中涤除。

案号:上海市浦东新区人民法院(2020)沪 0115 民初 21577 号,上海市第一中级人民法院(2021)沪 01 民终 7923 号

【律师分析】

本案的争议焦点为:法定代表人张某要求航特公司配合办理法定代表人的变更登记是否有依据。

一、变更法定代表人需要符合公司章程或《公司法》的规定

根据《公司法》第 10 条及航特公司章程的规定,张某不再担任航特公司法定代表人的前提是其不再担任该公司董事长。张某在任期届满后,如未经公司股东会决议,仍应依法继续履行董事长职务并担任法定代表人。虽然张某已向航特公司、鼎利公司和火眼公司等提交辞去航特公司董事长和法定代表人的报告,但公司登记不仅涉及民事法律关系,还涉及行政法律关系,故张某的这一单方意思表示无法当然地产生其有权主张涤除相关登记事项的法律效果。

同时,法院也释明,如果航特公司的股东鼎利公司、火眼公司在张某的任职期限已经届满的情况下,对张某关于更换董事长、法定代表人的提请恶意回避或者消极对待,使张某不得不依法继续履行职务并给张某实际造成损失的,张某可以另案向鼎利公司、火眼公司主张赔偿。

二、司法程序对法定代表人的任免应该保持谨慎态度

根据《公司法》的规定,公司法定代表人的任免、股东的变更均为内部自治事项,原则上应通过公司自治程序完成,实践中,法院对于介入公司内部治理事务持审慎态度。通常只有在私力救济已经穷尽,确有必要时,司法才予以适当干预。

本案中,航特公司的章程中明确规定了董事长任期届满后需要继续履行职责的情形,以及董事长为公司法定代表人。对于卸任法定代表人,仅有张某作出的单方意思表示,航特公司并未作出关于更换董事长、法定代表人的股东会决议。因此,法院并未支持张某关于涤除相关登记事项的诉讼请求。

实践中,法院对于法定代表人涤除登记之诉,主要表现为两种处理态度:一是在没有公司有效决议的情况下,司法对公司自治事项不予介入;二是公司怠于履行相关程序,当事人穷尽救济途径后,司法可以有条件地介入公司内部自治事项。司法介入的考虑要素主要包括以下三点。

1. 法定代表人与其所代表的法人之间存在实质关联性。实质关联性的判断可以参考两个标准,一是法定代表人是否参与公司的经营管理;二是法定代表人是否与公司之间存在特定的利益关系。

2. 法定代表人已经明确向公司及股东作出要求变更法定代表人的意思表示。法定代表人可以在起诉前向公司发函表明其退出公司的意思、与公司积极协商退出公司的事宜、解除与公司之间的委托关系或劳动关系，要求公司为其办理法定代表人变更登记。

3. 法定代表人已穷尽公司治理的内部救济途径。如果法定代表人为公司股东，已经向公司明确提出辞去法定代表人职务，并且提议召集股东会拟就变更法定代表人事项作出股东会决议，而公司拒绝或者未在合理期间内作出相关决议，将导致法定代表人持续承受作为公司法定代表人的法律风险，此时司法介入具有必要性。

【实务指南】

针对实践中法定代表人的退出困境，笔者从前期预防和后期处理两个方面，提出以下建议。

一是完善公司内部治理制度，在公司章程中载明公司法定代表人的产生、变更程序，并明确规定董事改选期限，避免出现任期届满后公司怠于选任，原董事无法卸任的情况。

二是尽量不要担任挂名法定代表人，减少当事人无法启动公司内部救济的风险。如果一定要担任挂名法定代表人，但确不参与公司经营管理，建议与指派其担任法定代表人的实际控制人签订书面协议明确相关权利和义务。

2024 年 7 月 1 日施行的《公司法》也在一定程度上针对挂名法定代表人的现象作出了限制。一方面，担任法定代表人的人选范围从“董事长、执行董事或经理”变为“代表公司执行公司事务的董事或经理”。虽然 2024 年 7 月 1 日施行的《公司法》并未明确“代表公司执行公司事务的董事”的定义，但是从实质上看，这一概念应该涵盖在公司经营管理层任职、实际参与公司经营的董事。这一规定能够在一定程度上避免实际控制人安排不在公司担任实际职务的人作为挂名法定代表人，以规避自己的风险。另一方面，公司可以通过公司章程进一步区分或细化“代表公司执行公司事务的董事”，让法定代表人的选任具有更多的灵活性。

三是法定代表人决定辞职的，可以以书面形式向公司提出变更法定代表人的要求，同时解除与公司之间的劳动关系、卸任职务，消灭与公司之间的实质关联性。

2024 年 7 月 1 日施行的《公司法》第 10 条规定，担任法定代表人的董事或者经理辞任的，视为同时辞去法定代表人。法定代表人辞任的，公司应当在法定代表人辞任之日起 30 日内确定新的法定代表人；第 35 条第 3 款规定，公司变更法定代表人的，变更登记申请书由变更后的法定代表人签署。因此，2023 年修订的《公司法》实施后，法定代表人的辞任仅需正式通知公司即可，由公司负责确定新的法定代表人；变更登记时也无须原法定代表人进行配合。

四是若已穷尽私力救济，当事人也已不再是公司股东或与公司不存在劳动关系，则可以提起法定代表人涤除之诉。

【关联法条】

《中华人民共和国公司法》(2024 年 7 月 1 日)

第十条 公司的法定代表人按照公司章程的规定，由代表公司执行公司事务的董事或者经理担任。

担任法定代表人的董事或者经理辞任的，视为同时辞去法定代表人。

法定代表人辞任的，公司应当在法定代表人辞任之日起三十日内确定新的法定代表人。

第三十五条 公司申请变更登记，应当向公司登记机关提交公司法定代表人签署的变更登记申请书、依法作出的变更决议或者决定等文件。

公司变更登记事项涉及修改公司章程的，应当提交修改后的公司章程。

公司变更法定代表人的，变更登记申请书由变更后的法定代表人签署。

《中华人民共和国市场主体登记管理条例》(2022 年 3 月 1 日)

第二十四条第一款 市场主体变更登记事项，应当自作出变更决议、决定或者法定变更事项发生之日起 30 日内向登记机关申请变更登记。

64. 公司连续 5 年不分红，股东应当如何进行救济?

【案例还原】

美优公司的注册资本为 6480 万元，微丸公司是美优公司的股东，持股比例为 22%。

经营期间，美优公司关于利润分配的相关董事会会议情况如下。

2009 年 2 月 16 日，美优公司形成董事会决议，同意并通过 2008 年利润分配方案，但暂缓股东分红，微丸公司法定代表人甲在董事会决议上签字。

2010 年 2 月 4 日，美优公司形成股东会决议，对美优公司的 600 万元利润进行分红，微丸公司法定代表人甲在董事会决议上签字。

2011 年 1 月 17 日，美优公司形成董事会决议，暂缓 2010 年的分红，微丸公司法定代表人甲在董事会决议上签字。

2014年9月4日,美优公司形成董事会决议,决定2013年暂不分红,微丸公司法定代表人甲未在董事会决议上签字。

2015年4月16日,美优公司召开董事会,明确董事会延期到2015年6月底召开,会议将讨论2008年全年、2009年部分、2010~2014年的利润分配方案,微丸公司法定代表人甲在董事会会议记录上签字。

2016年6月28日,美优公司召开股东会,讨论2008年、2009年的利润分配及2015年度利润分配方案,但未形成股东会决议。

微丸公司认为美优公司自2008年开始历年都有一些利润,但美优公司并未形成关于分红的股东会决议。微丸公司向法院提起请求公司收购股权的诉讼,其诉讼请求为判令美优公司回购微丸公司持有的22%的股权,股权价值为45 114 196.63元。

案号:上海市奉贤区人民法院(2020)沪0120民初5901号,上海市第一中级人民法院(2020)沪01民终12631号

【律师分析】

本案的争议焦点为:公司连续5年不向股东分红,股东是否有权要求公司回购股权。

根据我国《公司法》的相关规定,如果股东欲以2024年7月1日施行的《公司法》第89条第1款第1项"公司连续五年不向股东分配利润,而公司该五年连续盈利,并且符合本法规定的分配利润条件"为由,请求公司以合理价格回购其股权,应当同时满足以下四个条件:一是请求公司收购股权的股东是对股东会的利润分配方案投反对票的股东;二是公司连续5年不向股东分配利润;三是公司连续5年盈利;四是公司符合《公司法》规定的向股东分配利润的条件。

本案中,美优公司自2008年开始历年都有利润,但仅于2009年向股东分配利润(2010年2月4日董事会决议),最后一次讨论2008年、2009年及2015年度利润分配的股东会于2016年6月28日召开,但未形成决议,即便微丸公司法定代表人甲在董事会决议上签字可以代表微丸公司同意暂缓分红,但由于2011~2016年,美优公司持续盈利属事实,未对微丸公司分红亦属事实,美优公司没有向微丸公司充分披露并说明暂不分配历年(2010~2015年)利润的正当理由或者不符合法律规定的分配利润条件,因此微丸公司可以根据原《公司法》第74条第1款第1项(2024年7月1日施行的《公司法》第89条第1款第1项)行使请求美优公司回购其股权的权利。

最终,法院判决美优公司向微丸公司支付回购款45 114 196.63元收购微丸公司持有的美优公司22%的股权。

【实务指南】

根据《公司法》的规定,在公司长年不分红的情况下,一般可选择以下救济方式。

一、公司存在可分配盈余,且已作出股权分红决议,但拒绝分红

股东可以以公司为被告,依据载有股东分红方案的股东会决议或股东大会决议向人民法院提起盈余分配请求权之诉。

二、公司存在可分配盈余,但无股权分红决议

1. 连续5年不分红的,要求公司回购股权,退出公司。如果公司符合《公司法》规定的分配利润条件,连续5年盈利而不分红,对公司股东会该项决议投反对票的股东,可以请求公司按照合理的价格收购其股权,进而退出公司。

2. 将股权转让给他人,退出公司。该种救济途径需要寻找愿意接手的下家,特别是在公司效益不是很好的情况下,找到合适的受让方且以比较理想的价格转让也有一定难度。

3. 行使股东知情权。申请查阅公司账簿,股东会、董事会、监事会会议记录,确认公司最高可分配利润的金额,调查公司高级管理人员、控股股东是否存在滥用私权损害公司的情形,若有则追究相关人员的法律责任。

4. 请求法院强制解散公司。公司经营管理发生严重困难继续存续会使股东利益受到重大损失,并且在穷尽救济方法后仍不能解决的,持有公司全部股东表决权的10%以上的股东,可以请求人民法院解散公司。解散后,股东可以主张对公司剩余财产进行分配。

综上,笔者建议:

一是中小投资者在投资公司之前务必了解公司章程对股东会、利润分配、股东退出机制等的相关规定,以降低投资风险。

二是公司应当规范处理利润分配程序,若公司暂时无法分配利润,可以与股东提前沟通,向股东告知暂不分配利润的正当理由,避免公司和股东之间因缺少沟通而发生摩擦。

【关联法条】

《中华人民共和国公司法》(2024年7月1日)

第八十九条第一、二款 有下列情形之一的,对股东会该项决议投反对票的股东可以请求公司按照合理的价格收购其股权:

(一)公司连续五年不向股东分配利润,而公司该五年连续盈利,并且符合本法规定的分配利润条件;

(二)公司合并、分立、转让主要财产;

(三)公司章程规定的营业期限届满或者章程规定的其他解散事

由出现,股东会通过决议修改章程使公司存续。

自股东会决议作出之日起六十日内,股东与公司不能达成股权收购协议的,股东可以自股东会决议作出之日起九十日内向人民法院提起诉讼。

Part 6 公司投资/增资/减资纠纷

65."对赌条款中的业绩补偿"约定是否有效?

【案例还原】

中青宝公司为获得美峰公司股权,与李某、郭某、钟某签订股权转让框架协议、股权转让协议、关于收购股权协议之补充协议等。协议约定"对赌条款"的具体内容为:如2015～2017年利润之和未达到3500万元、2017年度实际完成净利润未达到2500万元,则李某以所获得的中青宝公司股票对上述差额部分向中青宝公司进行补偿;如所获得股票无法弥补上述差额,或由于任何原因导致后续收购标的资产未完成,李某应当以现金进行补足。同时约定:"资产补偿方案的生效条件包括获得中青宝公司和美峰公司股东会决议,以及获得证监会的核准。"

协议签订后,美峰公司未按期完成业绩承诺,但中青宝公司既未就资产补偿方案作出股东会决议,也未获得证监会核准,更未对李某、郭某、钟某的洽谈函件予以回复。因此李某、郭某、钟某认为资产补偿方案未生效,“业绩补偿条款”亦无效,向法院起诉中青宝公司要求解除“对赌条款”。

案号:广东省深圳市中级人民法院(2018)粤03民初3367号

【律师分析】

本案的争议焦点为:业绩补偿条款是否无效,是否应予解除。

首先,本案中,虽然协议约定了资产补偿的生效条件,但是并未明确约定业绩补偿条款的生效条件,因此资产补偿的生效条件不应作为“对赌条款”的生效要件。

其次,根据“对赌条款”,各方约定了2015～2017年超额完成承诺净利润的奖励,即若在上述约定年度期限内完成超出利润约定的总和的100%,由目标公司作为额外奖励一次性以现金方式支付给李某。因此,该业绩补偿条款并非单向的义务约定,而是双向的权利约定,是李某和中青宝公司在中青宝公司收购目标公司中对目标公司经营状况的一种保证,双方对目标公司利润营收的约定,是双方的权利,并不是单方义务。

因此,协议并未约定业绩补偿条款的解除条件,并且业绩补偿条款是双方权利义务的双向约定,因此“对赌协议”有效,不应解除。

法院最终驳回了原告关于解除业绩补偿条款的请求。

【实务指南】

鉴于业绩补偿条款的具体约定可能影响“对赌条款”的效力,如何避免“对赌协议”产生无效或被解除的风险,笔者建议如下。

就创始股东而言,“对赌条款”往往是收购股权的附随条件,是一种约束，创始股东应该谨慎考虑是否接受业绩“对赌协议”或业绩补偿条款。同时，对于附条件的生效或解除的“对赌条款”，应该明确约定生效或解除条件，确保在条件成就时可以解除业绩补偿的义务。

【关联法条】

《中华人民共和国民法典》(2021年1月1日)

第五百零二条第一、二款 依法成立的合同，自成立时生效，但是法律另有规定或者当事人另有约定的除外。

依照法律、行政法规的规定，合同应当办理批准等手续的，依照其规定。未办理批准等手续影响合同生效的，不影响合同中履行报批等义务条款以及相关条款的效力。应当办理申请批准等手续的当事人未履行义务的，对方可以请求其承担违反该义务的责任。

66. 增资协议中约定的“股权回购”条款是否有效？

【案例还原】

2015年5月，同泰公司与广州狼旗网络科技股份有限公司(以下简称狼旗网络)签订了增资扩股协议，该协议约定同泰公司出资120万元，认购股本0.66%的股份。同时，双方又签订了增资扩股协议之补充协议，该协议约定了具体的股权回购条款。

2017年5月25日，同泰公司又与狼旗网络签订了增发股份认购协议、增资认购承诺，协议约定同泰公司出资100万元，以每股12元的价格认购股本8.3333万股，狼旗网络承诺每年回报不低于8%，如满一年回报低于8%，狼旗网络需以本金加8%的年化率保底回购同泰公司持有的股份。协议签订后,同泰公司于2017年6月9日向狼旗网络账户转款100万元,用作增资,但狼旗网络收到款项至今,经同泰公司多次催要仍未支付任何回报。

经查,狼旗网络实际控制人被告黄某于2010年设立狼旗网络后,又于2014年设立了被告广东狼旗文化发展有限公司(以下简称狼旗文化),两家公司的法定代表人均为黄某,公司的经营范围、经营场所、工作人员混同,而同泰公司投资的狼旗网络基本无正常经营行为,且于2019年4月30日被全国中小企业股份转让系统实施风险提示,狼旗股份变为ST狼旗。在此种情况下,同泰公司依据原《公司法》第20条的规定,要求狼旗文化对狼旗网络的债务承担连带责任。

另外,黄某是狼旗网络的大股东及法定代表人,在该公司经营期间,黄某严重违反《公司法》的规定,存在公司利益与股东利益不加区分,致使双方财务账目严重不清且出现公司与股东之间的业务持续混同的情形。故同泰公司诉至法院请求判令被告黄某根据2015年5月增资扩股协议之补充协议约定回购同泰公司持有的狼旗网络0.66%的股权;判令被告狼旗网络回购同泰公司持有的狼旗网络0.4306%的股权;判令被告狼旗文化对上述两项诉请承担连带责任。

案号:广州市黄埔区人民法院(2019)粤0112民初11508号,广东省广州市中级人民法院(2021)粤01民终1413号

【律师分析】

本案的争议焦点为:同泰公司是否有权要求黄某、狼旗网络、狼旗文化回购其股权。

一、同泰公司是否有权要求黄某回购股权

各方当事人签订的增资协议、补充协议明确约定了狼旗网络需

要达到的业绩目标:2015年主营业务收入8000万元,2016年主营业务收入10 000万元,在狼旗网络未实现每个业绩考核期的收入、未达到其业绩承诺指标的70%(不含70%)的情况下,同泰公司有权选择由黄某回购其股权。

本案中,黄某提出各方2015年12月签订了《〈增资扩股协议书〉补充协议》并约定解除业绩承诺及股份回购条款。但狼旗网络及黄某未能提供其所述的该份补充协议的原件或复印件。

根据狼旗网络申请挂牌时委托律师事务所出具的法律意见书,确实存在解除各方于2014年5月及2015年5月签订的3份补充协议中涉及业绩对赌及股权回购条款的《〈增资扩股协议书〉补充协议》,且该法律意见书已作为狼旗网络挂牌的相关文件进行公开,结合之后同泰公司在其出具的承诺函中表示同泰公司不存在与狼旗网络和其控股股东、实际控制人就狼旗网络的股票发行认购签署"对赌协议"或其他安排的情形,可以认定黄某所主张的同泰公司与黄某之间已于2015年12月协议解除业绩"对赌"及股权回购条款的事实存在高度盖然性。

因此,法院认为增资协议中关于"对赌回购"的条款已经解除,黄某无须承担回购股权的义务。

二、同泰公司是否有权要求狼旗网络回购股权

根据各方于2017年5月25日签订的增资认购承诺约定,在狼旗网络未实现约定的业绩目标的情况下,其需回购同泰公司相应的股份。

本案中,如果狼旗网络需要承担回购责任,其本质是公司减资,应按照合法的公司减资程序操作,如经司法判决直接由狼旗网络承担回购责任,则公司的资本金将会不合理地减少,对外承担责任的能力将会有所下降,有违资本维持原则,有股东抽逃出资嫌疑,进一步有损狼旗网络潜在债权人的权利。

因此,在狼旗网络未依法完成减资程序的情况下,狼旗网络无须承担回购股权的义务。

三、同泰公司是否有权要求狼旗文化对狼旗网络及黄某的回购义务承担连带责任

首先,本案中狼旗文化并非增资协议的当事人,不需要根据"对赌条款"的约定承担回购义务。

其次,狼旗文化与狼旗网络是相互独立的商事主体,狼旗文化亦非狼旗网络的股东,即使两公司的法定代表人同为黄某,也无证据证明同泰公司所主张的滥用公司法人独立地位和股东有限责任损害债权人利益的事实。

因此,狼旗文化无须承担股权回购的义务。

最终,法院判决驳回原告同泰公司的全部诉讼请求,二审法院维持原判。

【实务指南】

融资难长期以来一直是公司经营的主要问题之一。一方面,为了自身发展,公司及股东需要寻找有实力的投资者;另一方面,投资公司要谨慎面对融资需求,努力避免投资风险。在这种情况下,"对赌协议"应运而生。

按照《最高人民法院关于印发〈全国法院民商事审判工作会议纪要〉的通知》的相关意见,"对赌协议"是投资方和融资方在达成股权性融资协议时,为解决交易双方对目标公司未来发展的不确定性、信息不对称以及代理成本而设计的包含股权回购、金钱补偿等对未来目标公司的估值进行调整的协议。本案中的增资协议本质上即投资方与目标公司的股东和目标公司“对赌”形式的“对赌协议”。

按照《最高人民法院关于印发〈全国法院民商事审判工作会议纪要〉的通知》的相关意见，对于投资方与目标公司的股东或者实际控制人订立的“对赌协议”，应当认定有效并支持实际履行。对于投资方与目标公司订立的“对赌协议”，投资方主张实际履行的，人民法院应当审查是否符合公司法关于股东不得抽逃出资及股份回购的强制性规定，判决是否支持其诉讼请求；投资方请求目标公司回购股权的，人民法院应当依据2018年《公司法》第35条（2024年《公司法》第53条）关于股东不得抽逃出资或者第142条（2024年《公司法》第162条）关于股份回购的强制性规定进行审查，如目标公司未完成减资程序，人民法院应当驳回其诉讼请求。

以上可以看出，司法实践中通常支持与股东的“对赌协议”的效力，并“有条件的支持”与公司之间的“对赌协议”的效力，法院主要从交易背景、资产性质等情况综合考量“对赌协议”是否会损害公司利益及公司其他债权人的利益，是否损害资本维持原则，是否符合股份回购的强制性规定，是否完成了规定的减资程序等。

为了避免未来发生类似败诉，投资人在签订“对赌协议”时可以参考以下几点建议，充分统筹规避法律风险，真正实现“对赌协议”“双赢”的商业目的。

一是投资人可以和目标公司的大股东或者实际控制人签订“对赌协议”，要求其承担股权回购责任。

二是在投资人与股东对赌时，由股东以其持有的目标公司股权或者其他资产提供质押或抵押担保。

三是如果需要目标公司承担连带保证责任，在投资方履行出资义务之前，签约股东应限期提议召开股东会，并对目标公司担保形成决议。此外，要求目标公司应在股东会决议之外另行向投资方提供担保函。

【关联法条】

《中华人民共和国公司法》(2024年7月1日)

第五十三条 公司成立后，股东不得抽逃出资。

违反前款规定的，股东应当返还抽逃的出资；给公司造成损失的，负有责任的董事、监事、高级管理人员应当与该股东承担连带赔偿责任。

67. 投资方在投资协议中约定“一票否决权”的内容，是否有效？

【案例还原】

老友计公司于2011年3月注册成立，成立之时注册资本100万元，胡某认缴40万元(持股40%)，李某认缴60万元(持股60%)。

2011年6月，奇虎360公司决定向老友计公司增资350万元，并与胡某、李某签订投资协议，增资后公司股东为胡某(持股37.2%)、奇虎360公司(持股38%)、李某(持股24.8%)。投资协议约定，奇虎360公司对以下事项享有“一票否决权”：“公司股份结构或公司形式发生变更，包括但不限于：公司的融资计划、重组、上市计划、对外投资、期权计划、公司及其子公司的收购、合并、变更注册资本或股本，以及任何股份的出售、转让、质押或股东以任何方式处置其持有的公司股权的部分或全部。”

随后,老友计公司进行工商变更登记,而老友计公司2011年6月13日的公司章程第16条规定,董事会对所议事项作出的决定由1/2以上的董事表决通过方为有效,并应作出会议记录,出席会议的董事应当在会议记录上签名;但以下事项的表决还需取得股东奇虎360公司委派的董事的书面同意方能通过:(根据协议添加至此处);该章程第24条规定,股东向股东以外的人转让股权,应当经其他股东过半数同意。股东应就其股权转让事项书面通知其他股东征求同意,其他股东自接到书面通知之日起满30日未答复的,视为同意转让。其他股东半数以上不同意转让的,不同意的股东应当购买该转让的股权;不购买的,视为同意转让。

2013年8月,胡某拟将所持股权转让给蒋某文,并按照公司章程的规定,其将拟转让股权的份额及转让价格书面告知股东奇虎360公司及李某,保障了股东的优先购买权,但两名股东在异议期内未要求行使优先购买权。同年9月,蒋某文与胡某签订了股权转让协议,约定胡某将其持有的老友计公司的股权转让给蒋某文。

协议签订后,蒋某文按约支付了股权转让款,但老友计公司未能及时办理股权变更登记手续。故蒋某文起诉要求判令老友计公司为其办理股权变更登记。

案号:上海市杨浦区人民法院(2013)杨民二(商)初字第996号,上海市第二中级人民法院(2014)沪二中民四(商)终字第330号

【律师分析】

本案的争议焦点为:投资方在投资协议中约定的"一票否决权"的内容是否有效。

一、“一票否决权”内容符合公司意思自治原则，应属有效

本案中，三方共同签订的投资协议书中约定：奇虎360公司对老友计公司从事包括“任何股份的出售、转让、质押或股东以任何方式处置其持有的公司股权的部分或全部”等行为均享有“一票否决权”。但公司章程第16条规定：“董事会对所议事项作出的决定由二分之一以上的董事表决通过方为有效，并应作出会议记录，出席会议的董事应当在会议记录上签名；但以下事项的表决还需取得股东奇虎360公司委派的董事的书面同意方能通过：（根据协议添加至此处）。”

根据《公司法》的规定，“公司章程对股权转让另有规定的，从其规定”，即有限责任公司的章程可以约定对股份转让的限制。这是公司自治及人合性的重要体现，也是诚实信用原则和当事人意思自治原则的体现。本案中，奇虎360公司对股权转让的“一票否决权”是各方出于各自利益需求协商的结果，符合当时股东的真实意思表示，其效力应得到认可。

二、“一票否决权”的行使不得违反法律规定，且不应对抗善意第三人

胡某在转让股权之前于2013年8月12日分别向股东奇虎360公司及李某发出关于行使优先购买权的通知，虽然该通知未询问奇虎360公司是否行使“一票否决权”，但奇虎360公司在知道胡某拟转让股权以及转让对象的情况下未予回复，亦未对此提出异议，怠于行使自己的权利。

同时，作为股权受让人的蒋某文在交易中尽到了合理谨慎的注意义务，其与胡某系在行使优先购买权通知发出一个半月后签订的系争股权转让协议，以10万元的价格受让胡某出资6万元持有的老友计公司37.2%的股权，价款尚属合理，蒋某文已履行付款义务。

虽然投资协议中约定了“一票否决权”，但公司章程中对“一票否决权”的约定并不清晰，这也导致作为第三人的蒋某文无法知悉“一票否决权”的内容，从维护商事交易安全的角度考虑，应遵循商事外观主义原则，对善意第三人的信赖利益应予保护。

最终，法院判决股权转让有效，由于奇虎360公司未在优先购买通知期限内行使“一票否决权”，视为其放弃行使关于股权转让的“一票否决权”。

【实务指南】

鉴于公司在股权转让的过程中往往涉及多名股东的利益，容易引起股东之间的纠纷和冲突，最终损害公司的利益，在股权转让的实务中，如何才能降低风险？笔者建议如下。

一、对投资方签订“一票否决权”的建议

1. 签署书面的股权转让协议，重视单独订立的股权转让协议，股东会决议并非万能宝典。

2. 如非必要，不要让他人代替自己签署股权转让协议，如果需要他人代替签署，建议出具完整的授权委托书。

3. 股权转让协议签订后，如有区别于公司法规定的特殊约定的，应当及时修改公司章程，并进行工商部门登记。

4. 交易双方在订立股权转让协议时，应当对协议的重要条款约定明确，避免产生分歧。

二、对第三方购买股权时进行背景调查的建议

1. 在购买股权时，应对标的股权进行充分的调查，确定标的股权并非夫妻共同财产，出资完整且不存在股权出质情形，确保标的股权权属清晰完整，不存在其他股东的优先权、否决权等特殊权利。

2. 在进行股权转让时应当履行合法程序，严格遵照法律及公司章程进行通知，保障公司股东的知情权与优先购买权。

【关联法条】

《中华人民共和国公司法》(2024 年 7 月 1 日)

第八十四条 有限责任公司的股东之间可以相互转让其全部或者部分股权。

股东向股东以外的人转让股权的，应当将股权转让的数量、价格、支付方式和期限等事项书面通知其他股东，其他股东在同等条件下有优先购买权。股东自接到书面通知之日起三十日内未答复的，视为放弃优先购买权。两个以上股东行使优先购买权的，协商确定各自的购买比例；协商不成的，按照转让时各自的出资比例行使优先购买权。

公司章程对股权转让另有规定的，从其规定。

68. 公司股东在未实缴注册资本的情况下，是否可以通过减资逃避债务？

【案例还原】

2017 年，四向线公司因技术委托开发合同纠纷将酷蜂公司诉至法院。经法院调解并出具民事调解书，确定由酷蜂公司向四向线公司支付和解金额 8 万元。

2017 年 6 月，酷蜂公司刊登减资公告，将公司的注册资本由 1000 万元减至 10 万元；2017 年 8 月，酷蜂公司作出股东会决议，将公司注册资本由1000万元减至10万元，并办理了变更登记。

后因酷蜂公司未履行调解书确定的义务，四向线公司作为申请执行人向广州市中级人民法院申请执行，在执行过程中，采取了多种执行措施，都未发现酷蜂公司有可供执行的财产，广州市中级人民法院裁定终结本次执行，四向线公司遂提起本案诉讼，要求酷蜂公司的原股东肖某华、刘某珍、林某龙、胡某裕就债务承担连带责任。

案号：广州市天河区人民法院(2019)粤0106民初16826号，广东省广州市中级人民法院(2020)粤01民终24894号

【律师分析】

本案的争议焦点为：公司的股东能否通过减少注册资本而免除出资义务，从而逃避债务。

一、公司减资行为发生在法院就债务出具调解书之后，原股东具有逃避债务的主观故意

酷蜂公司的减资协议和股权转让行为发生在四向线公司提起诉讼之后，4名被告主观上存在逃避债务履行的恶意，损害了债权人四向线公司的利益，需要在未出资本息范围内承担补充赔偿责任。

二、公司减资行为发生时，公司未履行通知债权人的法定义务

根据《公司法》的规定，公司减少注册资本的，应当自股东会作出减少注册资本决议之日起10日内通知债权人，并在30日内在报纸上或者国家企业信用信息公示系统公告。

本案中，酷蜂公司作出减资决议而未依法通知债权人四向线公司，客观上免除了股东认缴但尚未履行的出资义务，违反了公司资本不变和资本维持的原则。

综上所述，4名被告构成减资行为，且未履行或者未全面履行出

资义务，其出资期限应加速到期，上述行为已经损害了原告债权人四向线公司的利益。最终，法院判决4名原股东在其原认缴注册资本的范围内承担补充赔偿责任。

【实务指南】

债务人公司的股东在未缴注册资本的情况下通过减资逃避债务，作为债权人的公司应当如何降低风险，笔者建议如下。

一是提前了解债务人公司的实际缴纳注册资本情况，通过国家企业信用信息公示系统、企业年报、资产负债表等材料提前了解债务人的注册资本实缴情况，提前规避风险。

二是如了解到债务人的注册资本存在未缴纳或者未完全缴纳的情况，应当及时通过起诉等途径使出资期限加速到期。

三是关注债务人的资本变动情况，如发现债务人私下进行减资，应当及时通过诉讼途径解决，避免债务人逃避债务。

【关联法条】

《中华人民共和国公司法》(2024年7月1日)

第二百二十四条 公司减少注册资本，应当编制资产负债表及财产清单。

公司应当自股东会作出减少注册资本决议之日起十日内通知债权人，并于三十日内在报纸上或者国家企业信用信息公示系统公告。债权人自接到通知之日起三十日内，未接到通知的自公告之日起四十五日内，有权要求公司清偿债务或者提供相应的担保。

公司减少注册资本，应当按照股东出资或者持有股份的比例相应减少出资额或者股份，法律另有规定、有限责任公司全体股东另有约定或者股份有限公司章程另有规定的除外。

《最高人民法院关于适用〈中华人民共和国公司法〉若干问题的规定(三)》(2021年1月1日)

第十三条第一、二款 股东未履行或者未全面履行出资义务,公司或者其他股东请求其向公司依法全面履行出资义务的,人民法院应予支持。

公司债权人请求未履行或者未全面履行出资义务的股东在未出资本息范围内对公司债务不能清偿的部分承担补充赔偿责任的,人民法院应予支持;未履行或者未全面履行出资义务的股东已经承担上述责任,其他债权人提出相同请求的,人民法院不予支持。

69. 投资方可否以未进行工商变更为由,要求退回投资款?

【案例还原】

2015年11月2日,九江诚坤网络公司注册成立,注册资本为300万元,法定代表人为宋某利。公司成立后,冷某凡于2015年12月22日向公司缴纳3万元,占1%的出资比例,九江诚坤网络公司向冷某凡出具收据,收款事由栏载明"九江诚坤网络科技有限公司投资入股款"并加盖公司印章,该款已存入公司账户。

2016年1月6日,冷某凡与宋某利等35人共同签署公司章程,该章程中以列表方式确定了各股东的姓名、出资方式、出资额等,但至今未经登记机关办理股东姓名及股权状况变更登记。

2016年6月28日,九江诚坤网络公司向各出资人制作股权证书,目前仅冷某凡等极少数人拒绝领取该股权证书。冷某凡认为,公司在经营过程中,公司发起人有抽逃资金、虚假验资和对其他股东隐瞒真实情况,以及未在备案的公司章程上登记冷某凡为股东的行为,为此,冷某凡起诉至法院,要求撤销投资协议并退还投资款。

案号:江西省九江市中级人民法院(2016)赣04民终1648号

【律师分析】

本案的争议焦点为:因未办理工商变更登记,投资人是否有权撤销投资。

未办理工商变更,并不必然导致投资人丧失股东资格。

根据《公司法》的规定,认定股东资格的标准和依据有公司章程、实际出资、出资证明书、股东名册、股东登记和实际享有股东权利等。

本案中,冷某凡与宋某利等35人在公司成立后共同签订了公司章程,并在公司章程中明确各人在公司的入股款金额及所占股份比例,且冷某凡实际出资3万元,占出资比例的1%,同时,公司也制作了股权证书。九江诚坤网络公司对冷某凡股东资格也予以认可,足以证明冷某凡已取得该公司的股东资格。

因此,股东登记虽属对股东资格和股东权利确认的方式之一,更重要的,是对外公示的一种形式;但不是确定股东资格的唯一标准,公司未及时向登记部门进行变更登记事项,并不必然否认冷某凡股东资格与股东权利。最终,法院判决驳回投资人要求撤销投资退还投资款项的主张。

【实务指南】

股东资格的认定,一看形式要件,二看实质要件。当两者皆具备时,股东资格的确定是无异议的。

一般认为,公司外部的股东资格争议,为了保护善意第三人的合法权益和维护交易安全、市场秩序,股东资格的认定更侧重形式要件,即应当将外观的、具有公示效力的工商登记、公司章程、股东名册等作为认定依据。

公司内部的股东资格争议,股东资格的认定更侧重实质要件,即应当审查争议股东对公司是否实际出资、是否实际参与公司的经营管理,以及是否参与公司的分红,如答案是肯定的,则应当确认其股东资格。已实际出资并参与公司经营管理和分红的出资人是公司的实际股东,不能仅以未办理股东变更登记为由要求返还出资款,否则可能涉嫌抽逃出资。

【关联法条】

《中华人民共和国公司法》(2024 年 7 月 1 日)

第五十五条 有限责任公司成立后,应当向股东签发出资证明书,记载下列事项:

(一)公司名称;

(二)公司成立日期;

(三)公司注册资本;

(四)股东的姓名或者名称、认缴和实缴的出资额、出资方式和出资日期;

(五)出资证明书的编号和核发日期。

出资证明书由法定代表人签名,并由公司盖章。

第五十六条 有限责任公司应当置备股东名册,记载下列事项:

(一)股东的姓名或者名称及住所;

(二)股东认缴和实缴的出资额、出资方式和出资日期;

（三）出资证明书编号；

（四）取得和丧失股东资格的日期。

记载于股东名册的股东，可以依股东名册主张行使股东权利。

《最高人民法院关于适用〈中华人民共和国公司法〉若干问题的规定（三）》（2021年1月1日）

第二十三条 当事人依法履行出资义务或者依法继受取得股权后，公司未根据公司法第三十一条、第三十二条的规定签发出资证明书、记载于股东名册并办理公司登记机关登记，当事人请求公司履行上述义务的，人民法院应予支持。

70. 投资人可否以股东损害公司权益为由，要求退回投资款？

【案例还原】

沈某芳拟通过受让股权方式参与真想科技公司，因此与陆某蔚签订股权转让协议，约定陆某蔚将其持有的3%的真想科技公司股权以人民币105万元的价格转让给沈某芳，并约定了先决条件，陆某蔚应保证在2019年12月31日前，将其持有的浩游公司40%的股权变更登记至真想科技公司名下。陆某蔚要确保沈某芳出资全部用于与投资项目相关的事务，合理、恰当地使用资金。否则，股权转让协议第6.5条约定陆某蔚有投资款本息返还义务。

2018年10月，陆某蔚告知沈某芳真想科技公司经营发生异常，沈某芳认为陆某蔚已默示不愿继续履行出资义务，陆某蔚滥用真想科技公司实际控制人地位，通过自身挪用占用公司资金、不合理承担浩游公司的人力成本、向其他大股东出借资金以及虚构关联交易等方式侵占真想科技公司资产，致使沈某芳收购真想科技公司的目的无法实现，遂起诉至法院要求解除股权转让协议并退还股权转让款。

案号：嘉兴市南湖区人民法院(2019)浙0402民初2538号，浙江省嘉兴市中级人民法院(2019)浙04民终2361号

【律师分析】

本案的争议焦点为：转让方的违约行为是否可以导致股权转让协议的解除；投资方如何在转让方违约的情况下退出投资。

首先，在股权转让交易中，受让方的目的是获得股权，被告作为出让方的主要义务是将股权登记至受让方名下，受让方的主要义务是支付股权转让款，本案中，被告陆某蔚已经将股权变更登记至原告沈某芳名下，其主要合同义务已履行完毕。因此，股权转让协议目的已经实现，不能因此解除协议。

其次，陆某蔚作为股东和高级管理人员损害公司利益是否足以解除股权转让协议，取决于是否有明确的约定。本案中，虽然双方在股权转让协议中约定的先决条件为：被告保证在2019年12月31日前，将其享有的浩游公司40%的股权变更登记至真想科技公司名下，而被告明确表示在2019年12月31日前可以达成该先决条件。因此无法证明先决条件不成就。原告也无法据此解除合同。

最终，法院驳回原告的诉讼请求。

【实务指南】

鉴于投资人解除股权转让协议的情形包括股权转让目的无法实现或者符合协议约定的解除条件，并不能以股东损害公司利益为由解除股权转让协议，因此，对于投资人如何保障股权转让的解除权，

笔者建议如下。

一是股权转让的主要目的即获得股权,故应在协议中明确约定完成工商变更登记的时间。

二是如有特殊的投资目的,应在协议中明确约定特殊投资目的及法律后果,如收购指定第三方公司、研发指定产品、完成指定期限的服务等。如无法完成投资的特殊目的,投资人有权解除股权转让协议并要求退还投资款。

三是投资完成后,如公司股东存在损害公司利益的行为,应该通过股东诉讼维护合法权益。

【关联法条】

《中华人民共和国公司法》(2024 年 7 月 1 日)

第二十一条 公司股东应当遵守法律、行政法规和公司章程,依法行使股东权利,不得滥用股东权利损害公司或者其他股东的利益。

公司股东滥用股东权利给公司或者其他股东造成损失的,应当承担赔偿责任。

71. 公司隐瞒财务状况或者重要信息,投资人能否要求返还投资款?

【案例还原】

2015 年 1 月 14 日,龙渊公司与陆某妹、孟某、姚某良签订增资扩股协议。陆某妹、孟某、姚某良同意龙渊公司通过增资扩股的方式成为四楼公司的新股东。龙渊公司以现金 150 万元对四楼公司进行增资，取得四楼公司10%的股权。

协议签订后，龙渊公司已实际履行增资义务，陆某妹、孟某、姚某良及四楼公司协助龙渊公司办理工商登记变更手续，龙渊公司成为四楼公司的股东。

但龙渊公司认为陆某妹、孟某、姚某良违反增资扩股协议的约定，未按时披露会计报告、财务报表等资料，在接到龙渊公司要求行使股东知情权的申请后仍不提供相关资料供查阅，陆某妹、孟某、姚某良的行为已构成违约，因此龙渊公司要求解除增资扩股协议、退还增资款150万元及支付违约金。

案号：广东省深圳市宝安区人民法院（2017）粤0306民初21542号，广东省深圳市中级人民法院（2019）粤03民终7044号

【律师分析】

本案系公司增资纠纷，本案的争议焦点为：龙渊公司是否有权以股东知情权受到损害为由，要求解除增资扩股协议并退还投资款。

本案中，龙渊公司认为增资扩股协议中已对陆某妹、孟某、姚某良向龙渊公司发送财务会计报告或财务报表的时间按财务年度、季度和月进行了约定，并且分别约定了不同的发送内容，但陆某妹、孟某、姚某良并未依约准时发送相关资料。陆某妹、孟某、姚某良及四楼公司则认为，其已向龙渊公司发送财务报表及相关资料，并提供电子邮件打印件等证据予以证实。

法院认为，陆某妹、孟某、姚某良在履行增资扩股协议的过程中虽然行为存在瑕疵，但该瑕疵履行行为并未构成根本违约，不足以导致龙渊公司的合同目的无法实现。龙渊公司提供的现有证据不足以证明陆某妹、孟某、姚某良存在根本违约。

最终,法院判决驳回了龙渊公司要求解除增资扩股协议及返还增资款、支付违约金的诉讼请求。

【实务指南】

股权投资一般是指投资者通过投资取得目标企业股份,成为目标企业股东,持有目标企业股权的投资方式。相较于债权投资,投资者更关心投资目标企业的成长性、增值性,其投资周期更长且收益率一般会高于债权投资,但股权投资的风险一般也会高于债权投资。股权投资面临的主要风险有投资决策风险、退出风险、企业经营风险、法律风险等,投资者应积极进行风险管理,以规避以上诸多风险,达到投资收益最大化。笔者有以下建议。

一是投前风险防范,投资者在投资目标企业前应充分调查所投资企业现状、所处行业前景,所投企业股东构成情况及股东诚信品格等问题,确保对所投目标企业有充分、全面的认识以规避风险。

二是投资过程中的风险防范,投资者在投资过程中应积极行动,落实有关投资条款,严格落实相关投资承诺,例如,投资人应享有的优先权、知情权等,同时要约定相应的违约责任,包括解除增资并退还投资款等。做到有问题早发现,以避免投资后发生不必要的风险。

三是投资后的风险管理,投资者投资后应密切关注投资企业的经营情况,定期查看相关经营指标及财务报表,确保对投资企业的运营情况有全面、深入的监测,最大限度地控制风险和实现收益最大化。

四是投资企业面临经营风险时应及时止损,按照投资协议约定实现退出,以避免损失扩大。企业一旦面临经营困难,投资者之间的矛盾也会集中爆发,因此投资协议约定得越细致,投资过程中的操作越规范,往往越能高效地解决矛盾。

综上，股权投资虽然投资收益相对较高，但其投资过程可谓处处有风险，因此投资者在进行股权投资前务必做好风险防范，并进行相应法律条款的设计，一旦遇到纠纷，就可以运用法律维护自身权益。

【关联法条】

《中华人民共和国民法典》(2021 年 1 月 1 日)

第一百四十八条 一方以欺诈手段，使对方在违背真实意思的情况下实施的民事法律行为，受欺诈方有权请求人民法院或者仲裁机构予以撤销。

72. 公司在减资或者清算过程中，未通知债权人会产生什么法律后果？

【案例还原】

射雕公司系《一剑灭天》游戏的著作权人。2015 年 1 月，射雕公司将该游戏授权生菜公司运营。在后续运营过程中，射雕公司多次向生菜公司催促交纳相应的分成，但因未签订书面合同，双方一直未能对应支付的分成金额达成一致。

2016 年 5 月底，射雕公司关闭该游戏的充值通道，生菜公司自此无法再进行运营。2016 年 7 月，射雕公司原法定代表人向生菜公司股东发送收入证明的格式邮件，要求生菜公司盖章确认，内容为：生菜公司确认应付射雕公司联营手游《一剑灭天》的分成比例由流水的 20% 下调至 5%，即金额 130 万元。但生菜公司对此邮件未予回复。

2016 年 7 月 10 日，生菜公司的股东施某康、严某、罗某超修改公司章程，将注册资金由1000万元变更为100万元，并在《民营经济报》进行公告，通知债权人在45日内申报债权。2016年9月13日，生菜公司对上述事项办理了工商变更登记，施某康、严某、罗某超分别减资270万元、360万元、270万元。

射雕公司遂起诉至法院，要求生菜公司支付分成5 294 118.2元及利息，并要求生菜公司股东施某康、严某、罗某超承担连带赔偿责任。

案号：萍乡市安源区人民法院(2019)赣0302民初131号

【律师分析】

本案的争议焦点为：股东减资并未按法定程序进行，其减资行为是否有效；股东是否需要承担赔偿责任。

根据《公司法》的规定，股东因未按照法定程序进行减资，应在减资范围内对公司的债务承担补充责任。

本案中，施某康、严某、罗某超作为生菜公司的股东，明知与射雕公司尚有债务未予清偿，且在知道射雕公司具体联系方式的情形下并没有履行通知义务，径行公告后变更登记，已然损害了射雕公司的合法权益，应承担相应的责任。

最终，法院根据案件事实，判决生菜公司向射雕公司支付分成款，施某康、严某、罗某超应当在减资范围内对生菜公司不能清偿的部分承担补充赔偿责任。

【实务指南】

注册资本作为公司资产的重要组成部分，既是公司从事生产经营活动的经济基础，又是公司对外承担民事责任的担保。注册资本的不当减少将直接影响公司的对外偿债能力，危及债权人的利益。公司在减资或者清算的过程中，应当全面履行法定程序，注意保证减资行为合法合规。

公司需要减少注册资本时，必须经股东会作出决议，编制资产负债表及财产清单。在作出减少注册资本决议之日起10日内通知债权人，且于30日内在报纸上或者国家企业信用信息公示系统公告。债权人享有要求公司清偿债务或者提供相应的担保的救济权利。

如果公司未通知债权人即进行减资，构成瑕疵减资。公司未履行上述通知义务的，将导致债权人丧失要求公司清偿债务或者提供担保的权利。公司减资后不能偿付减资前的债务时，公司股东应就该债务对债权人承担补充赔偿责任。

因此，公司在股东认缴的出资期限届满前，作出减资决议而未依法通知债权人，实际上系损害了债权人利益。针对债权人如何进行权利救济，笔者建议如下。

一、瑕疵减资未发生

若瑕疵减资尚未发生，公司无资产可供清偿债务，则债权人可以申请对公司进行破产清算或主张要求股东出资加速到期。

二、瑕疵减资已完成

若瑕疵减资已经完成，则债权人可以直接起诉该公司股东及负有责任的董事、监事、高级管理人员，要求上述责任人员在减资范围内对公司不能清偿的债务承担补充赔偿责任。

【关联法条】

《中华人民共和国公司法》(2024年7月1日)

第二百二十四条 公司减少注册资本，应当编制资产负债表及财产清单。

公司应当自股东会作出减少注册资本决议之日起十日内通知债权人,并于三十日内在报纸上或者国家企业信用信息公示系统公告。债权人自接到通知之日起三十日内,未接到通知的自公告之日起四十五日内,有权要求公司清偿债务或者提供相应的担保。

公司减少注册资本,应当按照股东出资或者持有股份的比例相应减少出资额或者股份,法律另有规定、有限责任公司全体股东另有约定或者股份有限公司章程另有规定的除外。

第二百二十六条 违反本法规定减少注册资本的,股东应当退还其收到的资金,减免股东出资的应当恢复原状;给公司造成损失的,股东及负有责任的董事、监事、高级管理人员应当承担赔偿责任。

73. 股东能否将分红款直接转为投资款?

【案例还原】

胡某系鹏程公司股东。2007 年 4 月 4 日,鹏程公司股东会作出股东对公司进行增资的决议,其中,胡某应以货币方式向公司增资 200 万元。

2009 年 9 月,鹏程公司股东会再次作出股东以现金对公司进行增资的决议,其中,胡某应以货币方式向公司增资 875 万元。两次股东会决议后,胡某按照股东会增资决议的要求,分两次将其认缴的出资款汇入公司的验资账户,会计报告显示,胡某完成对公司出资总计 1075 万元的出资义务。

但是,根据公司另一股东孙某良起诉胡某返还借款一案,鹏程公司了解到,胡某并未向公司真实履行出资义务,而是以增资为目的,先将公司的资金以贸易、拆借等虚假名目转出,并经贸易方或关联公司账户、再经孙某良个人账户,后转入胡某的个人账户,最终从胡某的个人账户转入公司的验资账户。

胡某在该案庭审中也承认其向公司验资账户汇入的1075万元既不是向孙某良的借款,也不是孙某良的自有资金,而是鹏程公司的资产,其对鹏程公司的增资行为并不真实。

鹏程公司认为,形式上,胡某虽然完成了对公司增资的一系列程序,包括以股东的名义将增资款1075万元存入公司的验资账户,取得验资报告并完成工商登记,实际上公司的资产并没有真实增加,胡某的行为明显构成虚假出资和抽逃出资。依据相关规定,胡某作为鹏程公司股东,应当按期足额缴纳公司章程中规定的认缴出资额,但胡某并未履行出资义务,遂将胡某起诉至法院。

胡某主张增资所用的合计1075万元,系鹏程公司应当向胡某支付的未分配利润,亦表示鹏程公司未作出分红决议。胡某和鹏程公司均确认,上述款项系从鹏程公司通过复杂的财务安排作为胡某的增资款项转入鹏程公司增资账户的。

案号:北京市高级人民法院(2018)京民再16号

【律师分析】

本案的争议焦点为:股东将公司应分配利润转为增资款是否有效。

根据《公司法》的规定,公司分红须履行严格的法定程序。本案中,鹏程公司未作出相关股东会决议,也无证据证明其已经履行公司分红的相应法定程序。

本案中,胡某主张的分红并未经过公司分红的相应程序,并非胡某必然获得的公司利润。胡某将源于鹏程公司的款项用于履行对鹏程公司的出资义务,并未使鹏程公司的资本因胡某的增资而得到实质增加,胡某将其直接作为增资款并无合法依据。

最终,法院认为胡某的主张不成立,胡某仍应履行相应的增资义务。

【实务指南】

股东不得将未经分红程序的公司利润直接作为个人增资款,即股东在此情况下仍应履行增资款的缴付义务。增资款是公司在增资扩股时,股东认缴新增资本后需要向公司缴纳的出资款。增资款与出资款一样,都是由股东向公司缴纳,用来充实公司的注册资本的,只是两者缴纳的时间点不同。

如果股东未在期限内缴纳增资款,亦属于未出资或未足额出资,须承担以下法律责任:

一是公司有权要求股东履行出资义务,缴纳增资款或补足增资款。经催告后在合理期限内仍不缴纳的,公司可以通过股东会决议的方式依法限制股东的分红权等股东权利。

二是如果增资时全体股东签订了增资协议,且协议中对股东逾期缴付增资款的行为约定了违约责任,则其他股东还可以依据增资协议的约定追究逾期缴付增资款股东的违约责任。

三是公司债权人有权要求未缴纳增资款的股东在未出资范围内对公司不能清偿的债务承担补充赔偿责任。在诉讼执行阶段,公司债权人亦有权追加未缴纳增资款的股东为被执行人。

【关联法条】

《中华人民共和国公司法》(2024 年 7 月 1 日)

第二百一十条第四款 公司弥补亏损和提取公积金后所余税后利润,有限责任公司按照股东实缴的出资比例分配利润,全体股东约定不按照出资比例分配利润的除外;股份有限公司按照股东所持有的股份比例分配利润,公司章程另有规定的除外。

74. 增资时,原股东行使优先认购权所产生的纠纷是否适用《民事诉讼法》的诉讼时效?

【案例还原】

蒋某、红日公司均为科创公司股东,其出资比例分别为 14.22%、5.81%。2003 年 12 月 16 日,科创公司召开股东会,通过《关于吸纳陈某高为新股东》的决议。蒋某及红日公司投反对票,并要求行使股东对新增注册资本的优先认缴权。

2003 年 12 月 18 日,科创公司、陈某高签订入股协议书。2003 年 12 月 22 日,红日公司向科创公司递交报告,主张蒋某和红日公司对新增资本享有优先认缴出资的权利。2003 年 12 月 25 日,科创公司完成注册资本及出资比例的工商变更,蒋某、红日公司的出资比例分别降至 6.20% 及 2.53%。次日,红日公司向工商局递交了《请就新增资本、增加新股东作不予变更登记的报告》。2005 年 3 月 30 日,陈某高将其持有的科创公司 615.38 万股股份转让给自己担任法定代表人的 E 公司,并办理了工商变更登记。

2005 年 12 月,蒋某和红日公司提起诉讼,请求确认科创公司

2003年12月16日股东会通过的《关于吸纳陈某高为新股东》的决议无效,确认蒋某和红日公司对新增资本优先认购。

案号:最高人民法院(2010)民提字第48号

【律师分析】

本案的争议焦点为:原股东在行使优先认购权时的合理期限应该如何确定。

公司成立后新增资本的,既可以由原股东投入,也可以由其他投资者投入,因此新增资本可能引起原有持股比例变化,影响原有股东股权比例和经济利益。考虑有限责任公司的人合性,立法者仿照股份公司股东的优先认股权,为有限责任公司股东设置了新增资本的优先认缴权。

根据《公司法》的规定,有限责任公司增加注册资本时,股东在同等条件下有权优先按照实缴的出资比例认缴出资。但是,全体股东约定不按照出资比例优先认缴出资的除外。有限责任公司增资时的股东优先认缴权是维持股东比例利益的有效机制,但《公司法》中对增资优先认缴权的规定较为简略,实践中围绕该权利发生了较多争议。

本案中,蒋某和红日公司认为,公司法对股东行使优先认缴权的诉讼时效没有规定,应当适用原《民法通则》的2年诉讼时效(本案发生于《民法典》颁布之前,诉讼时效仍适用原《民法通则》的相关规定)。但最高人民法院在再审中认为,股东优先认缴权的行使关系着交易安全和经济秩序的稳定,公司法虽未规定行使期限,但其仍应受到合理期间的限制。最高人民法院参照《公司法》关于异议股东的股权回购请求权行使期间为90日的规定,认定本案中股东蒋某和红日公司的优先认缴权已过合理期间。股东优先认缴公司新增资本的权利是一种形成权，同时结合商事行为的规则和特点，该权利的行使理应受到较为严格的期限限制，而不应适用原《民法通则》规定的2年诉讼时效。

最终，法院判决驳回蒋某和红日公司关于撤销新增股东决议的诉讼请求。

【实务指南】

现行法律没有明确规定股东优先认缴权的行使期限，但是在司法实践中，法院出于维护交易安全和法律关系稳定的考虑，通常会将股东优先认缴权的行使是否在合理期间内作为权利行使有效性的判断因素之一。为了避免股东的优先认缴权落空或受到侵害，笔者提出以下建议。

一是公司可以在章程或者股东会决议中明确约定股东行使优先认缴权的期限。

二是股东应在合理期间内尽快行使对新增资本的优先认缴权。

三是新增资本的优先认缴权受到侵害的，股东应积极主张权利，若因股东怠于行使权利，导致争议股权的权属已经转移、各方法律关系已处于稳定状态或者争议股权的价值已经发生较大变化，其优先认缴权可能落空。

四是股东应采用恰当的方式行使优先认缴权，若作出了要求行使优先认缴权的意思表示后无果，则应及时采取诉讼等方式积极主张权利。

【关联法条】

《中华人民共和国公司法》(2024年7月1日)

第八十九条 有下列情形之一的,对股东会该项决议投反对票的股东可以请求公司按照合理的价格收购其股权:

(一)公司连续五年不向股东分配利润,而公司该五年连续盈利,并且符合本法规定的分配利润条件;

(二)公司合并、分立、转让主要财产;

(三)公司章程规定的营业期限届满或者章程规定的其他解散事由出现,股东会通过决议修改章程使公司存续。

自股东会决议作出之日起六十日内,股东与公司不能达成股权收购协议的,股东可以自股东会决议作出之日起九十日内向人民法院提起诉讼。

公司的控股股东滥用股东权利,严重损害公司或者其他股东利益的,其他股东有权请求公司按照合理的价格收购其股权。

公司因本条第一款、第三款规定的情形收购的本公司股权,应当在六个月内依法转让或者注销。

第二百二十七条第一款 有限责任公司增加注册资本时,股东在同等条件下有权优先按照实缴的出资比例认缴出资。但是,全体股东约定不按照出资比例优先认缴出资的除外。

75. 公司作为有限合伙企业的普通合伙人，是否需要对合伙企业的债务承担连带责任？

【案例还原】

骏圣投资中心系2018年成立的有限合伙企业，南地公司系骏圣投资中心的普通合伙人。

2019年，骏圣投资中心向刘某借款1 457 106元，双方签署了借款协议，且骏圣投资中心向刘某出具了收款收据，确认已收到刘某汇入的1 457 106元。约定的借款期限届满后，刘某催告骏圣投资中心尽快偿还借款，但骏圣投资中心迟迟未履行还款义务。在多次催告未果的情况下，刘某向法院提起诉讼，要求骏圣投资中心偿还借款本金1 457 106元，且要求南地公司对前述借款承担无限连带偿还责任。

案号：昆明市五华区人民法院（2016）云0102民初3587号，云南省昆明市中级人民法院（2018）云01民终68号

【律师分析】

本案的争议焦点为：南地公司作为骏圣投资中心的普通合伙人，是否需要对骏圣投资中心的债务承担连带责任。

根据我国《合伙企业法》的规定，普通合伙企业的普通合伙人与有限合伙企业的普通合伙人均要对合伙企业承担无限连带责任。《合伙企业法》第2、3条明确规定了合伙企业的定义、成为普通合伙人的限制条件，从这两条规定来看，除特定的主体外（国有独资公司、国有企业、上市公司以及公益性的事业单位、社会团体），未明确其他

公司(包括有限责任公司与股份有限公司)不能成为普通合伙人。因此一般的公司主体可以担任合伙企业的普通合伙人。

本案中,南地公司系骏圣投资中心(有限合伙)的普通合伙人,应就骏圣投资中心欠款承担连带赔偿责任。

最终,法院判决认为,南地公司就骏圣投资中心的欠款承担连带还款责任。

【实务指南】

自2022年伊始,互联网公司开始密集地对科技型赛道进行投资,成为一些硬核科技合伙企业的合伙人。诸如2022年1月,阿里与美团一同入股了广州华芯盛景创业投资中心(有限合伙),成为该投资中心的有限合伙人。

正如前述,公司可以作为股东投资有限合伙企业。进一步讲,公司在投资有限合伙企业后,既可以担任有限合伙人,也可以担任普通合伙人。

对于公司担任普通合伙人,不少公司股东可能对基于该身份下从而对合伙企业债务承担无限连带责任存在一定的误解。事实上,《合伙企业法》第38条已明确,合伙企业对其债务,应先以其全部财产进行清偿。换言之,有限合伙企业中普通合伙人对合伙企业的债务并非天然地直接形成连带清偿关系,而是在合伙企业不能履行责任时,由普通合伙人以其全部责任财产继续清偿,即承担补充责任。

需要强调的是,即便承担补充责任,公司依旧须以公司全部财产对合伙企业债务进行清偿。综上所述,笔者建议如下。

一是公司在需要对有限合伙企业进行投资时,应在合伙协议中明确合伙人身份,且最好担任有限合伙人,仅以出资额为限承担有限责任，这样不会因公司经营亏损导致其他财产受到损害。

二是公司在完成合伙协议签署、投资到位后，应及时进行企业工商登记。有限合伙人的责任限制依赖于工商登记，合伙协议仅对内存在效力，未经登记公示，无法对抗善意第三人，避免产生纠纷后，善意第三人向公司主张，要求公司对合伙债务承担无限连带责任。

【关联法条】

《中华人民共和国合伙企业法》(2007 年 6 月 1 日)

第二条 本法所称合伙企业，是指自然人、法人和其他组织依照本法在中国境内设立的普通合伙企业和有限合伙企业。

普通合伙企业由普通合伙人组成，合伙人对合伙企业债务承担无限连带责任。本法对普通合伙人承担责任的形式有特别规定的，从其规定。

有限合伙企业由普通合伙人和有限合伙人组成，普通合伙人对合伙企业债务承担无限连带责任，有限合伙人以其认缴的出资额为限对合伙企业债务承担责任。

第三条 国有独资公司、国有企业、上市公司以及公益性的事业单位、社会团体不得成为普通合伙人。

第三十八条 合伙企业对其债务，应先以其全部财产进行清偿。

Part 7 公司利益损害责任纠纷

76. 公司证照被侵占，公司应当如何维护自身权益？

【案例还原】

见合(上海)网络科技有限公司成立于2017年，注册资本800万元，杜某认缴出资392万元，邓某认缴出资400万元，上海见合信息科技有限公司认缴出资8万元。其中，杜某担任公司执行董事及法定代表人，邓某担任公司监事，另一股东上海见合信息科技有限公司由杜某实际控制。在公司的实际治理过程中，见合(上海)网络科技有限公司实际是由杜某和邓某各控制50%，互相制约及监督。

2021年，见合(上海)网络科技有限公司对被告邓某提起诉讼，要求邓某返还公司证照包括公章1枚、法人章(杜某个人名章)1枚、营业执照正副本、工商银行财智卡1张及相应网银U盾、开户许可证1张、公司登记机关发放的法人一证通U盾和全部财务账册。见合(上海)网络科技有限公司认为，邓某利用其占有上述材料的便利，实施了一系列不当行为，严重阻碍了公司业务的正常开展。

被告邓某在答辩中认为，其持有上述证照、资料等，是设立时股东一致的决议，并且在2020年5月的股东会议纪要中明确，在达成部分业务条件后，邓某方可向杜某移交公司的银行U盾法人认证端和“杜某”法人章。其他财务资料应当继续由其保管，其基于股东身份行使财务资料管理，并无不当。见合（上海）网络科技有限公司以自身名义使用了虚假公章并提起诉讼，不能代表其真实意愿。

案号：上海市松江区人民法院（2021）沪0117民初3235号

【律师分析】

本案的争议焦点为：公司证照由谁掌管、占有、使用，公司股东是否有权占有公司证照。

根据《公司法》的规定，公司是企业法人，有独立的法人财产，享有法人财产权。公司以其全部财产对公司的债务承担责任。因此，公司的公章、证照、账册等都是公司的合法财产，公司等证照的所有权受法律保护，任何单位和个人不得侵犯，其他人占有或控制公司证照等应当有公司的授权，当公司的证照由他人无权控制、占有时，公司有权要求返还。公司作为法律上的“虚拟人”，证照、印鉴、财务账册、财务资料等必定是由公司具体的管理人员掌管、占有和使用的。

本案中，见合（上海）网络科技有限公司的章程中对公司证照、印鉴等管理无特别规定，但公司的执行董事暨法定代表人作为执行股东会决议的机构，是公司经营管理的具体执行者即杜某，是公司证照、印鉴等的法定和当然的管理人。

被告邓某占有公司相关证照材料，均是基于委托关系而占有、保管原告资料，公司亦有权随时要求终止委托关系，取回邓某占有、保管的资料。邓某作为原告的股东、监事，无论基于何种理由占有公司证照、印鉴等，只要公司要求返还，邓某即应返还。

另外，公民、法人和其他组织可以作为民事诉讼的当事人，公司的法定代表人杜某本人出庭支持公司的诉讼，依法可以代表公司的诉讼意思，不存在由于公司无公章便无法提起诉讼的情形。

最终，法院判令被告邓某于本判决生效之日起10日内向原告见合（上海）网络科技有限公司返还其占有的全部公司证照材料。

【实务指南】

公司证照作为公司主体身份证明文件，是公司独立人格的象征，在公司控制权争夺战中具有标志性意义。特别是在公司治理结构不完善的公司，谁得到公司的证照可能就意味着其在公司控制权争夺战的阶段性“胜利”，所以公司证照的重要性不言而喻。这种造成因内部控制权之争引发的证照返还纠纷的根本原因，系公司的证照管理制度的不完善。基于此，笔者建议如下。

一、建立公司证照管理制度，加强公司的证照管理

建议公司通过公司章程、股东会决议以及董事会决议的方式，明确公司证照的保管权人；或通过制定公司内部管理制度的方式规定公司证照的保管者，以此发挥公司章程、内部管理制度或股东会、董事会的约束力，杜绝公司内部纠纷。在具备翔实、完备制度的情况下，公司还应贯彻落实证照管理制度，严格执行证照借用审批流程，建立公司证照的台账记录，做好借用、归还等记录工作。

二、优化公司内部治理机制

公司证照返还纠纷缘于公司内部治理的矛盾以及控制权的争夺。公司所有权与经营权之间的矛盾难以从根源上消除，但是可以

通过规范公司架构，理顺股东、管理者与员工之间的关系。此外，当公司内部产生矛盾时，各方应秉持诚实信用原则进行协商，若协商不成，可以采取合法手段维护权益。

如果公司并未在公司章程或股东会等决议中制定相关规定，在实务中，公司证照通常由公司的法定代表人保管。需要注意的是，原法定代表人在职务被解除后不再享有保管公司证照的权力，此时公司证照由新任法定代表人保管。公司应当在解除原法定代表人时，尽快收回由其保管的公司证照。

三、及时维权，避免公司利益受损

证照是法人主体意思表示的重要工具，因此一旦公司公章被他人不当使用，公司极有可能需要承担对应的法律责任。当无权保管人非法占有公司证照时，建议公司或相关权利人通过调解或诉讼的方式要求无权保管人返还公司证照，以降低公司证照保管方式不当或使用程序不规范造成的经营风险。

具体来讲，一方面，公司可以通过工商路径，向行政部门申请挂失营业执照、公章等物品；另一方面，公司可以直接通过诉讼路径拿回公章证照，重新获得控制权。

四、诉讼实务

公章由第三方持有时，法定代表人可以在诉讼材料上签名，以公司名义起诉。由法定代表人行使公司意志的代表权，法定代表人在诉讼材料上签名，以公司名义作出的诉讼行为，应当视为公司的诉讼行为，该行为属于法定代表人的职务行为。

公司清算期间或破产清算、重整期间，清算组或者管理人可以以公司名义起诉。

【关联法条】

《中华人民共和国公司法》(2024 年 7 月 1 日)

第三条 公司是企业法人,有独立的法人财产,享有法人财产权。公司以其全部财产对公司的债务承担责任。

公司的合法权益受法律保护,不受侵犯。

第五条 设立公司应当依法制定公司章程。公司章程对公司、股东、董事、监事、高级管理人员具有约束力。

《中华人民共和国民事诉讼法》(2024 年 1 月 1 日)

第五十一条 公民、法人和其他组织可以作为民事诉讼的当事人。

法人由其法定代表人进行诉讼。其他组织由其主要负责人进行诉讼。

77. 未履行出资义务的公司发起人,转让股权后,是否需要对外承担连带责任?

【案例还原】

科迅网络公司于 2014 年 3 月 31 日经金华市婺城区市场监督管理局批准注册成立,企业类型为有限责任公司(自然人投资或控股),注册资本为 100 万元。金某章认缴出资 42 万元,占 42%;朱某辉认缴出资 38 万元,占 38%;周某军认缴出资 15 万元,占 15%;范某英认缴出资 5 万元,占 5%,以上股东承诺在 2014 年 4 月 20 日前以货币方式缴足出资。

2021 年,经第三人叶某申请,科迅网络公司进入破产程序,金华君安会计师事务所(普通合伙)为科迅网络公司的破产管理人。管理人接受指定后,经查发现四被告未足额缴纳出资,金某章未履行出资义务22万元、朱某辉未履行出资义务28万元、周某军未履行出资义务15万元、范某英未履行出资义务5万元。

但周某军主张,在2015年9月1日,其已经将科迅网络公司15%的股份转让给金某章,其不再是科迅网络公司的股东,不应对债务承担连带责任。

管理人已通过邮寄方式向四被告发函,通知其履行出资义务,至今未收到任何款项,故起诉至法院,要求四被告缴足出资。

案号:金华市婺城区人民法院(2022)浙0702民初4961号

【律师分析】

本案的争议焦点为:发起人对外转让股权但未做工商变更登记的,是否需要对公司债务承担连带责任。

股东的出资义务是维持公司正常运作和发展的重要基础,它保证公司能够获得必要的资金支持。同时,出资义务也要求股东对公司的利益负有责任,促进公司的稳定和发展,维持公司的资本是公司对外承担债务责任的基本保证。

科讯网络公司已进入破产程序,根据《企业破产法》的规定,人民法院受理破产申请后,债务人的出资人尚未完全履行出资义务的,管理人应当要求出资人缴纳所认缴的出资。

在本案中,虽然周某军主张所持有的股权已于2015年转让给金某章,不应对债务承担连带责任。但该股权转让并未办理工商变更登记,双方关于股份转让的约定仅在二者之间具有法律效力,周某军对外仍应履行股东责任,应该全面履行出资义务。

范某英经法院确认是由金某章提供虚假材料进行冒名登记，故不对本案承担相关责任。

其他两名股东金某章、朱某辉无证据证明其已完成全部出资义务，应该全面履行出资义务。

最终，法院判决，金某章、周某军、朱某辉作为公司发起人股东，应当按出资比例对外承担债务。范某英无须承担相应责任。

【实务指南】

向公司缴纳注册资本是股东的法定义务，股东应当根据公司章程或股东协议约定，在规定的时间内以约定的注资形式向公司进行注资。

第一，作为公司发起人，如果进行了实缴，无论何种出资形式，均应当进行转入公司名下、进行验资等操作，以保证出资到位。

第二，如股东以货币形式出资，则股东应当在履行完出资义务之后，及时进行验资，并提供相应的出资凭证，如银行转账凭证、出资单据或其他相关文件，以证明其已经向公司出资。

第三，如股东以其他非货币形式进行出资，应当及时对所提供的非货币资产进行评估，通过专业估价机构、第三方评估师或内部评估团队进行评估以确定其价值，在出资相关文件中明确非货币资产的种类、数量、评估价值和其他相关细节，并由相关各方签署确认，完成出资和相关手续后，公司应将非货币资产转入公司名下，并更新股权登记簿、财产交割表、公司资产负债表等相关文件。

第四，作为公司发起人，如在未实缴的情况下转让了股权，即便在协议中约定由受让人承担实缴义务，仍可能需要承担实缴义务，这可能导致发起人因此遭受的损失只能向现有股东追偿，建议发起人在转让股权时尽可能完成出资义务。

【关联法条】

《中华人民共和国公司法》(2024年7月1日)

第三条　公司是企业法人,有独立的法人财产,享有法人财产权。公司以其全部财产对公司的债务承担责任。

公司的合法权益受法律保护,不受侵犯。

《最高人民法院关于适用〈中华人民共和国公司法〉若干问题的规定(三)》(2021年1月1日)

第一条　为设立公司而签署公司章程、向公司认购出资或者股份并履行公司设立职责的人,应当认定为公司的发起人,包括有限责任公司设立时的股东。

第十三条第一、二、三款　股东未履行或者未全面履行出资义务,公司或者其他股东请求其向公司依法全面履行出资义务的,人民法院应予支持。

公司债权人请求未履行或者未全面履行出资义务的股东在未出资本息范围内对公司债务不能清偿的部分承担补充赔偿责任的,人民法院应予支持;未履行或者未全面履行出资义务的股东已经承担上述责任,其他债权人提出相同请求的,人民法院不予支持。

股东在公司设立时未履行或者未全面履行出资义务,依照本条第一款或者第二款提起诉讼的原告,请求公司的发起人与被告股东承担连带责任的,人民法院应予支持;公司的发起人承担责任后,可以向被告股东追偿。

78. 增资股东未能及时缴纳出资，公司的“董监高”是否需要承担责任？

【案例还原】

维构(上海)文化传媒有限公司(以下简称维构公司)成立于2010年8月17日，系有限责任公司，2016年维构公司增资至5000万元，上海枫彬股权投资有限公司(以下简称枫彬公司)认缴出资4000万元并于2017年实缴了380万元；2017年维构公司的法定代表人和执行董事变更为徐某华(被告二)。

枫彬公司的法定代表人为黄某，唯一股东为枫荣公司；枫荣公司的股东之一为丰圣公司，持股99%；丰圣公司的法定代表人为徐某华。

原告华扬联众数字技术股份有限公司上海分公司(以下简称华扬公司)与第三人维构公司于(2018)沪0107民初22094号判决书中确认维构公司应当向原告支付广告费100万元及违约金。经华扬公司申请强制执行，第三人维构公司无财产可供执行。

原告遂向法院起诉枫彬公司和徐某华，要求被告枫彬公司在未出资范围内承担赔偿责任，同时要求徐某华作为维构公司的执行董事因未能尽到董事的勤勉义务对枫彬公司承担连带清偿责任。

案号：上海市普陀区人民法院(2021)沪0107民初3891号

【律师分析】

本案的争议焦点为：公司破产后，作为高级管理人员的执行董事是否应对股东未出资的范围承担连带责任？

一、关于枫彬公司是否应当在出资范围内对维构公司的债务承担补充赔偿责任

枫彬公司作为第三人维构公司的股东，出资是其基本义务。在本案中，公司的营业年限仅为10年，而枫彬公司在维构公司的公司章程中明确其出资日期为营业执照签发日起20年，目前出资期限尚未届满。若股东按照章程约定的出资时间实缴出资，会导致股东在公司营业期限届满后10年出资，不符合清算制度的相关规定。故枫彬公司存在未足额缴纳增资的情形，其应在其未出资本息范围内对维构公司的债务承担补充赔偿责任。

二、关于徐某华作为执行董事是否应当就枫彬公司所负给付义务承担连带赔偿责任

被告徐某华既是维构公司的执行董事，又是枫彬公司穿透后的实际控制股东——丰圣公司的执行董事，其对枫彬公司的资产情况、运营状况均应了解，具备监督股东枫彬公司履行出资义务的便利条件。但徐某华在枫彬公司出资义务届满之后未曾向股东履行催缴出资的义务，构成了对董事勤勉义务的违反。徐某华作为执行董事，其消极不作为放任了华扬公司债务无法得到偿还的持续，股东枫彬公司欠缴出资的行为与执行董事徐某华的消极不作为共同造成损害的发生、持续，执行董事徐某华未履行向股东催缴出资的义务与原告所受损失之间存在法律上的因果关系，因此徐某华应对股东枫彬公司出资未到位造成的损失承担连带清偿责任。

最终法院判决枫彬公司在未出资本息范围内对维构公司的债务承担补充赔偿责任，徐某华对枫彬公司所负给付义务承担连带赔偿责任。

【实务指南】

“董监高”作为公司的管理核心，在公司的经营过程中发挥着举足轻重的作用。在赋予其权利的同时，也必然要求其承担更高的义务。“董监高”在经营过程中必须严格履行忠实和勤勉义务，维护公司利益。“董监高”未履行忠实和勤勉义务，侵害公司债权人利益的，需要对公司的债务承担责任。

一、“董监高”对公司股东出资具有监督义务，如“董监高”未积极监督履行出资义务，侵害债权人利益，应当对债权人承担相应责任

1. 股东增资时未全面履行出资义务，“董监高”应当督促增资股东及时缴纳出资，否则可能承担相应责任。

2. 股东抽逃出资时，“董监高”未尽忠实和勤勉义务，协助其抽逃的，应当承担连带责任。

二、“董监高”因过错或者违反法律规定，给公司造成损失的，应当承担赔偿责任

1. 股权转让后尚未办理变更登记，原股东处分股权造成受让股东损失的，未及时办理股东变更登记、有过错的董事和高级管理人员应当承担相应的责任。

2. “董监高”利用关联关系损害公司利益，给公司造成损失的，应当承担赔偿责任。

3. 在执行公司职务时，“董监高”违反法律、行政法规或者公司章程的规定，应当承担赔偿责任。

4. 上市公司信息披露资料存在虚假记载、误导性陈述或者重大遗漏，致使投资者遭受损失的，除非能够证明自己没有过错，否则上市公司的“董监高”应当承担连带赔偿责任。

三、在公司破产、清算过程中,“董监高”未尽到忠实、勤勉义务的,应承担责任的情形

1. 股份有限公司进入清算程序时,董事怠于履行义务导致公司主要财产、重要文件等灭失无法清算的,应对公司债务承担连带赔偿责任。

2. 公司董事以及实际控制人未在法定期限内成立清算组,或者公司解散后恶意处置公司财产、以虚假清算报告骗取公司注销登记的,公司董事及实际控制人应当向债权人承担责任。

3. 作为“董监高”的清算组成员执行非法清算方案、履行清算事务时侵害债权人利益的,应当承担赔偿责任。

4. 破产企业的“董监高”非法处置企业财产侵害债权人利益的,应当承担赔偿责任。

【关联法条】

《中华人民共和国公司法》(2024 年 7 月 1 日)

第一百八十条 董事、监事、高级管理人员对公司负有忠实义务,应当采取措施避免自身利益与公司利益冲突,不得利用职权牟取不正当利益。

董事、监事、高级管理人员对公司负有勤勉义务,执行职务应当为公司的最大利益尽到管理者通常应有的合理注意。

公司的控股股东、实际控制人不担任公司董事但实际执行公司事务的,适用前两款规定。

第一百九十条 董事、高级管理人员违反法律、行政法规或者公司章程的规定,损害股东利益的,股东可以向人民法院提起诉讼。

《最高人民法院关于适用〈中华人民共和国公司法〉若干问题的规定(三)》(2021年1月1日)

第十二条 公司成立后,公司、股东或者公司债权人以相关股东的行为符合下列情形之一且损害公司权益为由,请求认定该股东抽逃出资的,人民法院应予支持:

(一)制作虚假财务会计报表虚增利润进行分配;

(二)通过虚构债权债务关系将其出资转出;

(三)利用关联交易将出资转出;

(四)其他未经法定程序将出资抽回的行为。

第十三条 股东未履行或者未全面履行出资义务,公司或者其他股东请求其向公司依法全面履行出资义务的,人民法院应予支持。

公司债权人请求未履行或者未全面履行出资义务的股东在未出资本息范围内对公司债务不能清偿的部分承担补充赔偿责任的,人民法院应予支持;未履行或者未全面履行出资义务的股东已经承担上述责任,其他债权人提出相同请求的,人民法院不予支持。

股东在公司设立时未履行或者未全面履行出资义务,依照本条第一款或者第二款提起诉讼的原告,请求公司的发起人与被告股东承担连带责任的,人民法院应予支持;公司的发起人承担责任后,可以向被告股东追偿。

股东在公司增资时未履行或者未全面履行出资义务,依照本条第一款或者第二款提起诉讼的原告,请求未尽公司法第一百四十七条第一款规定的义务而使出资未缴足的董事、高级管理人员承担相应责任的,人民法院应予支持;董事、高级管理人员承担责任后,可以向被告股东追偿。

79. 关联交易一定违法吗?

【案例还原】

上海宇龙软件工程有限公司(以下简称宇龙公司)设立于2000年8月25日,注册资本为300万元,股东为陈某宇、朱某及案外人刘某1、姚某,4人各占25%的股份。宇龙公司设立董事会,朱某任董事长、法定代表人,陈某宇和姚某任董事,刘某1担任公司监事。

上海数林软件有限公司(以下简称数林公司)设立于2011年5月13日,注册资本为100万元,朱某持股90%,兼任法定代表人、执行董事和总经理,案外人刘某2持股10%。

鉴于宇龙公司营业执照到期无法办理延期,2015年8月,宇龙公司股东朱某、姚某和刘某1签署备忘录。同意:(1)数林公司作为宇龙公司拥有的软件产品的唯一总代理,按不低于宇龙公司软件产品市场控制价格的50%~70%于销售后向宇龙公司进行结算;(2)宇龙公司也可以对外代销数林公司的产品;(3)数林公司接受宇龙公司的员工,并由宇龙公司将该批员工的经济赔偿金预先支付给数林公司;(4)将数林公司接受的该批员工中的销售人员的销售提成金预支给数林公司。同年9月,宇龙公司与数林公司就上述备忘录内容签订合作协议。

2015年12月,宇龙公司与数林公司签订补充协议,约定宇龙公司每个月向数林公司支付5万元软件维护服务费。

原审原告陈某宇认为因原审被告朱某、数林公司利用关联交易,以不合理低价代理宇龙公司的软件产品,导致宇龙公司的利益受损,于2017年起诉要求朱某与数林公司连带赔偿宇龙公司损失1090万元及资金占用利息。

案号:原审一审:上海市杨浦区人民法院(2018)沪0110民初21373号,原审二审:上海市第二中级人民法院(2019)沪02民终10408号(发回重审),重审一审:上海市杨浦区人民法院(2020)沪0110民初3740号,重审二审:上海市第二中级人民法院(2021)沪02民终7131号

【律师分析】

本案中,陈某宇提起股东代表诉讼,诉请的核心请求权基础是公司关联交易损害赔偿。根据我国《公司法》的规定,关联关系,是指公司控股股东、实际控制人、"董监高"与其直接或者间接控制的企业之间的关系,以及可能导致公司利益转移的其他关系。本案中,朱某系宇龙公司股东、法定代表人和董事长,同时为数林公司的控股股东、法定代表人、执行董事和总经理,故宇龙公司和数林公司之间基于合作协议产生的业务合作构成关联交易。

本案的争议焦点为:朱某和数林公司是否因案涉关联交易侵害了宇龙公司的利益。判断关联交易是否侵害了宇龙公司的利益,除了应对宇龙公司是否因案涉关联交易获有收益进行评判,还应结合关联交易的价格是否为公允价格进行综合考量。

关于结算比例。根据一般的销售代理关系,市场销售收入应当归宇龙公司所有,数林公司获取佣金,根据案涉合作协议,双方约定的结算方式为以市场控制价为基数进行结算。在本案中,朱某自认,宇龙公司与其他销售代理商之间是以合同签订价为基数结算费用,而宇龙公司与数林公司之间以低于实际售价的市场控制价为结算基数,然后打折计算,这显然与正常的商业逻辑相悖,损害了宇龙公司

的利益。

关于软件维护服务费。被告认为其在宇龙公司无法正常经营后，承担了向最终用户进行软件维护的费用，因此结算比例从70%调减至50%是合理的。法院认为，被告在审理中并未提供相应证据证明数林公司的代理成本显著增加，故而改成折扣率不合理。并且依据补充协议的约定，宇龙公司按月向数林公司支付5万元，作为数林公司为宇龙公司软件产品提供维护服务的费用。因此，数林公司就售后服务同时采取了降低比例及收取服务费的做法，显然侵害了宇龙公司的利益。

关于员工补偿金。合作协议约定，数林公司在接收宇龙公司的离职员工后，宇龙公司"应将员工在宇龙公司工作期间应获得的经济补偿预先足额支付给数林公司"，而宇龙公司原员工与数林公司建立了新的劳动关系后，并不必然发生经济补偿的问题，在此不确定的情况下，数林公司按照员工对应宇龙公司的工作年限向宇龙公司预先收取经济补偿金并没有法律依据和事实依据，数林公司据此占用宇龙公司的资金，侵害了宇龙公司的利益。

综上，一审法院认为案涉关联交易在客观上侵害了宇龙公司的利益。朱某作为宇龙公司的董事长，在主导案涉关联交易时未能尽到对宇龙公司的忠实和勤勉义务，负有过错，应对宇龙公司的损失承担赔偿责任。作为与朱某具有关联关系的数林公司是共同侵权人，应当对宇龙公司的损失承担连带赔偿责任。综上所述，二审法院予以确认。

【实务指南】

在实务中，一提到关联交易大家就会想到大股东或控股股东利用对公司的控制地位进行关联交易坑害中小股东利益。然而,关联交易是一个中性概念,是指发生在关联企业或者自然人之间的有关转移资源或设定权利、义务等事项安排的行为。在司法实务中,控股股东、实际控制人、"董监高"等是否需要对关联交易承担赔偿责任,需要审慎地查明该关联交易是否存在"利用关联交易损害公司"的情形。

一、合法的关联交易应当同时满足信息透明、对价公允、程序合法三大监管要求

首先,合法的关联交易应当做到交易信息充分披露。关联交易方应当将交易主体、交易内容、交易条件等内容真实、准确、及时、完整地披露给公司、股东等利益相关者。

其次,对价公允是关联交易合法的实质要件,其内涵为,交易价格公平合理,在同等条件下不畸高于其他供应商,不存在侵害公司利益的情形。在关联方销售的产品为非标准产品或个性化定制的产品,缺乏比价基础的情形下,可以从成本分析入手,判断定价是否公允。

最后,交易程序合法,是指交易需要符合公司股东会或董事会制定的采购制度与流程,而不应受公司内部关联方的影响。2024 年 7 月 1 日施行的《公司法》第 182 条第 1 款规定,"董监高",直接或者间接与本公司订立合同或者进行交易,应当就与订立合同或者进行交易有关的事项向董事会或者股东会报告,并按照公司章程的规定经董事会或者股东会决议通过。

同时,根据《最高人民法院关于适用〈中华人民共和国公司法〉若干问题的规定(五)》第 1 条的规定,如果关联交易仅满足程序性条件,即关联交易只履行了信息披露、经股东会或者股东大会同意等法律、行政法规或者公司章程规定的程序，但未满足实体性条件，即合同约定、合同履行不符合正常的商业交易规则，或者交易价格不合理，则该交易仍然不被允许。

二、在实务中应避免关联交易损害公司利益

1. 加强公司合规管理，定期开展审计，提高监事会的履职能力

良好的内部治理制度能够有效规避不当关联交易，公司应当加强内部合规管理，健全内部治理制度，定期开展审计，提高监事会履行监督职责的能力，对有关经营、投资、合同等的重大事项实行决议审批制，避免给董事、高级管理人员谋取私利提供空间。

2. 在公司章程中或在内部制度中详尽规定忠实义务及责任

公司应善于通过章程的制度设计，对董事、高级管理人员在经营中的职责、权限予以规范化、明细化。对于可能产生董事、高级管理人员利益输送的交易行为通过章程或内部制度予以事先的风险防范。

3. 重视董事、高级管理人员的任命和管理，适度扩大高级管理人员范围

在其他涉此类型纠纷案件中，被告抗辩较多的理由是其并非公司的董事、高级管理人员，因此公司应重视对相关董事、高级管理人员的任命和管理，注意职位明确化，可以对高级管理人员的范围适度扩大，并通过书面文件固定高级管理人员身份。

但是，2024 年 7 月 1 日施行的《公司法》在对“关联关系”定义的基础上，对关联方进行了一定程度的示例化列举，显著扩大了关联交易程序的适用主体，以便更全面地规范关联交易。具体而言，2024 年 7 月 1 日施行的《公司法》所指的关联人包括：“董监高”的近亲属；“董监高”或者其近亲属直接或者间接控制的企业；以与“董监高”有其他关联关系的关联人为兜底。

4. 充分组织证据，及时行权

受损公司应充分组织证据，特别是对损害行为、损害结果、因果关系，避免承担举证不能的后果。公司在行权时应注意及时行权，关联交易损害公司利益的诉讼为侵权责任纠纷，从知道或者应当知道公司利益受损之日起3年内行使诉讼权利；如公司主张撤销关联交易，则应注意1年的除斥期间。

关联交易可以降低成本、提高企业的效益，是公司实践中无法回避的市场现象，其本身无所谓善恶，只是容易被大股东或控股股东利用从事不正当交易。公司股东、实际控制人、“董监高”，或者他们直接或间接控制的企业利用关联关系损害公司利益的交易行为即为违法的关联交易。通过采取一定措施，完全可以把关联交易变成不损害中小股东利益，甚至成为有利于公司经营发展的交易方式。

【关联法条】

《中华人民共和国公司法》(2024年7月1日)

第二十二条 公司的控股股东、实际控制人、董事、监事、高级管理人员不得利用关联关系损害公司利益。

违反前款规定，给公司造成损失的，应当承担赔偿责任。

第一百八十一条 董事、监事、高级管理人员不得有下列行为：

(一)侵占公司财产、挪用公司资金；

(二)将公司资金以其个人名义或者以其他个人名义开立账户存储；

(三)利用职权贿赂或者收受其他非法收入；

(四)接受他人与公司交易的佣金归为己有；

(五)擅自披露公司秘密；

（六）违反对公司忠实义务的其他行为。

第一百八十二条 董事、监事、高级管理人员，直接或者间接与本公司订立合同或者进行交易，应当就与订立合同或者进行交易有关的事项向董事会或者股东会报告，并按照公司章程的规定经董事会或者股东会决议通过。

董事、监事、高级管理人员的近亲属，董事、监事、高级管理人员或者其近亲属直接或者间接控制的企业，以及与董事、监事、高级管理人员有其他关联关系的关联人，与公司订立合同或者进行交易，适用前款规定。

第二百六十五条 本法下列用语的含义：……（四）关联关系，是指公司控股股东、实际控制人、董事、监事、高级管理人员与其直接或者间接控制的企业之间的关系，以及可能导致公司利益转移的其他关系。但是，国家控股的企业之间不仅因为同受国家控股而具有关联关系。

80. 如关联交易损害了公司的利益，谁有权提起诉讼？

【案例还原】

上海若来网络科技有限公司（以下简称若来公司）成立于2009年2月3日，注册资本为100万元，公司股东为杨某捷、王某晔、张某峰、朱某伟，4人各占公司25%的股份。被告杨某捷为若来公司的法定代表人，王某晔为该公司监事。被告上海诚冠网络科技有限公司（以下简称诚冠公司）成立于2012年12月5日，注册资本为100万元，公司股东为孙某、杨某捷两人，各占50%的股份，法定代表人孙某与被告杨某捷系夫妻关系，诚冠公司的经营范围与原告若来公司的经营范围相同。

2013 年，被告杨某捷代表原告将《若来网络战神传 online 网络游戏软件》《若来游戏引擎软件》的著作权无偿转让给诚冠公司并登记在诚冠公司名下。随后，杨某捷又代表原告将《神界风云 online 游戏软件》的著作权无偿转让给诚冠公司并登记在诚冠公司名下，同时向诚冠公司提供了软件的全部源代码及其他相关文档。对于上述著作权的转让，杨某捷事先未征求原告股东意见，事后亦未通报股东知晓，且原告亦未取得任何对价。

2013 年 3 月，王某晔以股东身份向法院提起杨某捷、诚冠公司损害公司利益责任纠纷诉讼，因王某晔未能提供其在起诉之前曾要求若来公司向杨某捷主张权利的证据，不符合相应的诉讼前置程序规定，故法院裁定驳回王某晔的诉请。

后股东朱某伟向公司监事王某晔提出书面要求，请求提起监事诉讼。监事王某晔给杨某捷发送书面函，要求其纠正侵害公司利益行为，否则将提起诉讼；根据公司章程，监事有权提起监事诉讼，故王某晔为了维护公司利益，作为公司的诉讼代表人，特提起诉讼，要求确认 3 份转让合同无效、涉案 3 个软件的著作权归还原告若来公司所有，并判令杨某捷及诚冠公司承担相应的赔偿责任。

在二审中，若来公司于 2014 年 10 月将法定代表人从杨某捷变更为张某峰，若来公司确认该诉讼的性质不再是公司监事代表诉讼，而是若来公司的直接诉讼。

案号：上海市长宁区人民法院（2013）长民二（商）初字第 1684 号，上海市长宁区人民法院（2014）长民二（商）初字第 1415 号，上海市第一中级人民法院（2014）沪一中民四（商）终字第 2265 号

【律师分析】

本案中,杨某捷作为若来公司的法定代表人占有公司的相关证照,致使另外3名股东在一审中拟以公司的名义提起诉讼成为不可能。故而另外3名股东为了保证若来公司的利益提起了两个诉讼,第一个诉讼是王某晔以股东身份提起将自身列为原告的诉讼,因不符合前置条件而被驳回起诉;第二个诉讼是王某晔以监事身份提起将公司列为原告的诉讼,最终获得了法院的支持。在这两个案件中,诉讼发起人都是王某晔,其分别以自身及公司为原告,取得了截然不同的诉讼结果,该案中反映的实务问题,实则值得公司股东及专门从事公司相关法律工作的律师朋友们研讨学习。

从本案中,我们可以探讨以下问题。

一、为什么王某晔以自身为原告提起的诉讼被驳回

根据《公司法》的规定,为维护公司利益而提起股东代表诉讼的股东,应当履行相应的诉讼前置程序义务,即应当以书面形式请求公司的董事会/执行董事、监事会/监事向人民法院提起诉讼,董事会/执行董事、监事会/监事收到书面请求后拒绝的,或者30日内不起诉的,或者情况紧急的,股东方才有权以自己的名义直接向人民法院提起诉讼。在本案中,虽然王某晔作为原告提供了其他股东向其发出的提起诉讼请求书,但该函件系若来公司另一股东朱某伟向作为公司监事的原告发出的,并明确要求原告以公司监事的身份提起对杨某捷的诉讼。原告王某晔在具有若来公司股东与监事的双重身份的情况下,仍选择以股东身份提起诉讼,法院经查明,认为王某晔既不存在董事会/执行董事、监事会/监事收到书面请求后拒绝的情形,也无法证明"情况紧急",故而认定不符合案件受理的条件,因而驳回起诉。在本诉中，经法院释明，原告王某晔仍然坚持以股东身份提起诉讼，实为诉讼策略的失误，虽然若来公司三股东并没有完全丧失救济机会，但是浪费了时间及精力。

二、王某晔以公司为原告提起的诉讼为何能成功

在本案中，王某晔再次提交其他股东向其发出的提起诉讼请求书，将公司列为原告，确认以监事的身份代表公司进行侵害损害公司利益责任纠纷的诉讼。

监事代表诉讼制度，是指当公司怠于通过诉讼追究给公司利益造成损害的经营者的责任时，具备法定资格的监事会或者不设监事会的有限责任公司的监事有权代表公司提起诉讼以维护公司利益，在此情况下，监事的起诉行为应当推定为公司的行为。

即便公司的营业执照及公章均在法定代表人的控制之下，监事无法取得公章，无法在起诉状上加盖公司公章，无法取得加盖公司公章的授权委托书，但只要由监事本人在起诉状上签字，请求法院立案受理，法院应当在审核监事的身份，确认其具备法律规定的提起监事代表诉讼的主体资格后，进行立案受理。

三、二审中，为什么原告对诉讼性质进行了变更

本案的实质问题是公司法定代表人实施损害公司利益的行为，如果公司能够配合加盖公章并提供盖章授权委托书，公司可以直接提起损害公司利益责任的诉讼，根本无须启动监事代表诉讼。如果公司合理合法地重新取得了公司的相关证照，变更了法定代表人，则新的法定代表人当然可以代表公司行使权利及义务，故而不再需要以监事为代表提起诉讼。

在商事交易中，公司控股股东、“董监高”等公司高级管理人员利用关联交易损害公司利益的情况时有发生，严重破坏公平公正的市场交易秩序。本案中,杨某捷系原告公司的股东、前法定代表人,又是关联公司的股东兼监事,其代表原告公司与关联公司签订合同,将公司资产以无偿的形式转让给关联公司,损害了原告公司的利益。因原告公司无法主动提起诉讼,公司监事可以代表公司对该股东提起代表诉讼,该股东应当依法对关联交易给公司造成的损失承担赔偿责任。本案通过支持监事代表诉讼,强化了控股股东、公司高级管理人员的责任,对关联交易进行规制,有力地保护了市场主体的合法权益,维护了公平诚信的市场交易秩序。

【实务指南】

在关联交易损害公司利益的情况下,应当区分不同的情形采取不同的救济途径。

一、诉讼发起人的选择

如果侵害公司利益的为法定代表人,股东应当以书面形式向董事会/执行董事,监事会/监事提出诉讼请求,由董事会/执行董事,监事会/监事代表公司提起诉讼,列公司为原告。

如果侵害公司利益的为执行董事,股东应当以书面形式向监事会/监事提出诉讼请求,由监事会/监事代表公司提起诉讼,列公司为原告。

如果侵害公司利益的为监事,股东应当以书面形式向董事会/执行董事提出诉讼请求,由董事会/执行董事代表公司提起诉讼,列公司为原告。

如公司的董事会/执行董事、监事会/监事怠于行使权利,股东提交书面请求后30日后或者情况紧急的情况下,可以以自身名义提起诉讼。

二、诉讼案由及被告的选择

向法院提起关联交易损害公司利益责任纠纷之诉，列侵害公司利益的具体实施人及关联交易的第三方为共同被告，要求撤销关联交易，并就原告公司的损失承担连带责任。

【关联法条】

《中华人民共和国公司法》(2024 年 7 月 1 日)

第二十一条 公司股东应当遵守法律、行政法规和公司章程，依法行使股东权利，不得滥用股东权利损害公司或者其他股东的利益。

公司股东滥用股东权利给公司或者其他股东造成损失的，应当承担赔偿责任。

第一百八十八条 董事、监事、高级管理人员执行职务违反法律、行政法规或者公司章程的规定，给公司造成损失的，应当承担赔偿责任。

第一百八十九条 董事、高级管理人员有前条规定的情形的，有限责任公司的股东、股份有限公司连续一百八十日以上单独或者合计持有公司百分之一以上股份的股东，可以书面请求监事会向人民法院提起诉讼；监事有前条规定的情形的，前述股东可以书面请求董事会向人民法院提起诉讼。

监事会或者董事会收到前款规定的股东书面请求后拒绝提起诉讼，或者自收到请求之日起三十日内未提起诉讼，或者情况紧急、不立即提起诉讼将会使公司利益受到难以弥补的损害的，前款规定的股东有权为公司利益以自己的名义直接向人民法院提起诉讼。

他人侵犯公司合法权益，给公司造成损失的，本条第一款规定的股东可以依照前两款的规定向人民法院提起诉讼。

公司全资子公司的董事、监事、高级管理人员有前条规定情形，或者他人侵犯公司全资子公司合法权益造成损失的，有限责任公司的股东、股份有限公司连续一百八十日以上单独或者合计持有公司百分之一以上股份的股东，可以依照前三款规定书面请求全资子公司的监事会、董事会向人民法院提起诉讼或者以自己的名义直接向人民法院提起诉讼。

81. 债权人是否可以将自己对公司的债权，转成对公司的股权？

【案例还原】

银川圣地国际游戏投资有限公司（以下简称圣地游戏公司）成立于 2014 年。2017 年，银川银信资产管理有限公司（以下简称银信资产公司）与圣地游戏公司签订 3 份借款合同，借款金额分别为 200 万元、800 万元、100 万元，年化利息分别为 4.35%、6%、6%，借期为 6 个月至 1 年。银信资产公司通过转账形式向圣地游戏公司支付完毕。

2017 年 11 月，圣地游戏公司与银信资产公司、银川新兴产业资本投资运营有限公司（以下简称新兴产业公司）、银川文化产业投资基金有限公司（以下简称文化产业公司）、金亚科技股份有限公司（以下简称金亚科技公司）签署增资协议并召开股东会形成临时股东会决议。其中约定：增资完成后，新股东银信资产公司将其对公司的债权 11 278 150 元转为对公司的投资；新股东新兴产业公司拟对公司的债权 73 055 833.33 元转换成对公司的出资。“债转股”完成后，公司的注册资本变更为 188 078 370.87 元，文化产业公司、金亚科技公司、银信资产公司、新兴产业公司分别持有圣地游戏公司60.6609%、19.1410%、2.7011%、17.4970%的股权。

2018年2月,圣地游戏公司在银川市行政审批服务局办理了工商变更手续,其企业年报信息中股东出资情况显示,银信资产公司认缴出资额为5 080 247.75元,实缴出资额为5 080 247.75元,占比为2.7011%。实缴出资时间为2017年11月30日。

2018年,上海耀娱网络科技有限公司(以下简称上海耀娱公司)提起诉讼并获得胜诉判决,判令圣地游戏公司返还预付款190万元,并支付违约金6万余元。判决生效后,上海耀娱公司于2019年申请强制执行,并向法院申请追加银信资产公司、新兴产业公司、文化产业公司——圣地游戏公司的3名股东为被执行人,要求3名股东在尚未缴纳出资的范围内对上海耀娱公司承担清偿责任。

银信资产公司不服,遂提起执行异议之诉。

案号:银川市金凤区人民法院(2020)宁0106民初114号,宁夏回族自治区银川市中级人民法院(2020)宁01民终2479号

【律师分析】

本案的争议焦点为:银信资产公司作为圣地游戏公司的股东,是否已经足额缴纳出资,以及银信资产公司是否对圣地游戏公司所欠上海耀娱公司的债务在未足额缴纳出资范围内承担补充赔偿责任。

根据《公司法》的规定,股东可以以货币出资,也可以用实物、知识产权、土地使用权、股权、债权等可以用货币估价并可以依法转让的非货币财产作价出资。以境内公司股权或者债权出资的,需权属清楚、权能完整,依法进行了评估及转让,符合公司章程的规定,且公

司应当增加注册资本。

本案中,银信资产公司的债权为货币债权,无须另行评估,其以债权作价出资的方式符合法律、法规规定的出资形式。2017 年 11 月,圣地游戏公司就“债转股”的相关事宜明确了持股比例,并形成了公司章程修正案且在公司登记机关办理了变更登记。自此,银信资产公司以“债权转股权”的方式履行了出资义务,成为圣地游戏公司的新股东。

最终,法院判决银信资产公司作为圣地游戏公司的股东已经履行了出资义务,依法不应当被追加为被执行人,无须在出资范围内对上海耀娱公司的债务承担补充赔偿责任。

【实务指南】

在企业的日常经营过程中,股东或债权人将其对企业的股东借款或应收账款转为股权的情况并不鲜见。除前述场景外,“债转股”也存在于企业投融资的过程中,投资方出于降低风险、内部审批便利以及尽快满足标的企业对资金的需求等方面的考虑,有时会先以贷款形式将资金支付给标的企业,之后根据约定再将贷款转为标的企业的股权。就“债转股”的合法性而言,笔者提出以下建议。

一是该债权应当具有合法性。用于出资的债权应当明确、真实、合法,包括债权人已经履行完毕所有义务,或经生效判决确认的债权,或人民法院批准的和解债权。如果股东虚构债权债务关系,可能构成虚假出资。

二是该债权应当属于可以以货币估价的可转让债权,履行评估手续;有条件的聘请专业机构对债权评估作价,避免后续出资人及其他股东承担连带缴纳责任风险。公司如果是国有企业,债转股应聘请第三方机构进行评估，避免发生国有资产流失。

三是就“债转股”行为应当签订详细的“债权转股权”协议，对双方权利义务及违约责任作出详细约定，对股权比例、债权金额进入注册资本及资本公积金的金额作出明确约定。

四是债权出资作为一种特殊的出资方式，应当符合公司法有关增资的批准流程，如应当召开股东会进行内部决议程序，并在会议记录和会议决议上签字，以免由于程序瑕疵导致债权出资对公司不生效。

五是债权出资事宜确定后，应当尽快修改公司章程并办理工商变更登记，以取得股东权利外观公示效力，同时应当在财务报表上予以体现。

六是“债转股”只能用于“债权转股权”，股东与公司之间的借款抵销不属于“债转股”的范畴。

【关联法条】

《中华人民共和国公司法》(2024 年 7 月 1 日)

第四十八条 股东可以用货币出资，也可以用实物、知识产权、土地使用权、股权、债权等可以用货币估价并可以依法转让的非货币财产作价出资；但是，法律、行政法规规定不得作为出资的财产除外。

对作为出资的非货币财产应当评估作价，核实财产，不得高估或者低估作价。法律、行政法规对评估作价有规定的，从其规定。

82. “债转股”在哪些情况下可能被视为无效？

【案例还原】

被告上海泰联天胜网络科技有限公司(以下简称泰联公司)成立于2013年,原告葛某萍于2017年11月30日之前在泰联公司担任管理部总监,并持有泰联公司19%的股份(2016年3月7日前原告股权登记在原告丈夫的名下)。

被告公司设立后发生经营困难,经被告股东一致协商确定,由各股东分头筹集资金并出借给被告。原告由此于2015~2017年向被告多次出借资金,其中尚有7笔合计234 000.58元借款本金被告未予偿还,双方未签订过书面借款协议。

2017年,泰联公司作为出让方,与被告公司四股东(含原告葛某萍)及受让方案外人北京航英在线科技有限公司(以下简称航英公司)签订股权转让协议。在协议中约定:被告公司四股东将对公司出借的527万元中的400万元转为对公司的股权,原四股东向标的公司出资金额增至500万元。剩余127万余元由公司继续偿还给四股东。受让方航英公司收购含原告葛某萍在内的3名股东转让的部分股权;并经3名股东一致同意,将全部股权转让价款转给被告公司。就前述股权款的代收行为,3名股东与被告公司另行签订借款协议。

股权转让协议签订后,被告公司总计归还原告款项14 533.3元。被告公司也未将其占用的股权转让款还给3名股东,协议至今未履行。原告多次向被告催讨上述借款未果,故起诉至法院。被告泰联公司对原告陈述的借款的基本事实予以确认,但其认为在2017年的股权转让协议中,已将原告葛某萍出借给被告公司的债权转为股权,因此本案原告的债权不存在。

案号:上海市浦东新区人民法院(2018)沪0115民初71149号,上海市第一中级人民法院(2019)沪01民终2364号

【律师分析】

本案的争议焦点为:被告泰联公司提出涉案借款已转为股权,涉案借款已归于消灭的抗辩是否成立。

根据股权转让协议的约定,其虽载明原告等几名股东出借给被告的527万元借款中的400万元转为股东的股权作为被告公司的增资。但协议签订至今,被告公司并未办理有关增资扩股的事宜,也未办理股权变更登记。

泰联公司主张增资至500万元后,葛某萍依据股权比例对应的出资额已经提升至95万余元,远超葛某萍对泰联公司的债权金额。但在本案400万元的债权中,未能明确原告等几名股东各自占有多少债权。故并不能证明债权总金额与增资总金额之间的差额与葛某萍的债权之间是否存在关联。因此,股权转让协议中对葛某萍的债权是否已全部转为股权的约定并不明确。

受让方航英公司在签订股权转让协议后,也未依约将股权转让费支付至被告公司,该协议在事实上也未能得到履行。而被告公司在上述转让协议签订后,还向原告归还过1万余元借款。可见被告公司认可债权并没有消灭。

最终,法院判决认为股权转让协议并不足以证明借款已转为葛某萍享有的股权,被告应当向原告还款。

【实务指南】

所谓"债转股",是指公司不能偿还债务时,债权人可以要求将其债权转化为公司的股权,以实现债权。债权作为重要的财产性权利,在权属清楚、可以评估作价且可以依法转让的情况下,完全符合《公司法》对于出资要件的规定。

法律意义上的"债转股",是指债权人将其依法享有的债权,通过增加注册资本的方式,转为债务人(公司)的股权。所谓依法享有的债权,仅限以下三种情形:

第一,基于合法的合同关系且履行完毕而产生的合同之债;

第二,基于判决或裁决确认的债权;

第三,特定程序中依法确认的债权受偿方案。

在转化的过程中,除应当增加注册资本外,还应当及时办理变更登记。

通常"债转股"在以下两种情况下可能被视为无效或撤销。

一是由债权人提起撤销之诉,债务人应当证明其转让行为不存在无偿转让或明显不合理的低价转让,否则该行为有可能被视为损害债权人利益,法院可以依据债权人的申请予以撤销。

二是在签订股权转让时,债权人及债务人、目标公司之间对债权股权的对应关系约定不明,并且未完成增资事宜及相关的工商登记,该"债转股"行为也存在被撤销的可能。

【关联法条】

《中华人民共和国公司法》(2024 年 7 月 1 日)

第四十八条 股东可以用货币出资,也可以用实物、知识产权、土地使用权、股权、债权等可以用货币估价并可以依法转让的非货币财产作价出资;但是,法律、行政法规规定不得作为出资的财产除外。

对作为出资的非货币财产应当评估作价,核实财产,不得高估或者低估作价。法律、行政法规对评估作价有规定的,从其规定。

《中华人民共和国市场主体登记管理条例实施细则》(2022 年 3 月 1 日)

第十三条 申请人申请登记的市场主体注册资本(出资额)应当符合章程或者协议约定。

市场主体注册资本(出资额)以人民币表示。外商投资企业的注册资本(出资额)可以用可自由兑换的货币表示。

依法以境内公司股权或者债权出资的,应当权属清楚、权能完整,依法可以评估、转让,符合公司章程规定。

83. 如果股东的行为对公司不利,是否可以开除股东?

【案例还原】

申某中、刘某、顾某中和北京中科公司均为上海中科信息技术有限公司(以下简称上海中科公司)的股东,其中北京中科公司的出资为 560 万元。

2011 年 5 月 31 日至 2015 年 9 月 15 日,上海中科公司向北京中科公司累计付款 560 万元,其中 400 万元付款申请单的领导审核栏中有股东申某中的签名,100 万元付款申请单的领导审核栏中有股东刘某的签名,60 万元付款没有相关单据。北京中科公司与上海中科公司之间签订了借款协议,约定北京中科公司向上海中科公司借款400万元，自2011年5月31日起分批借入，借款期限2年。2015年9月29日，上海中科公司向北京中科公司发函，催告北京中科公司在同年10月9日前返还出资560万元。2015年10月12日，北京中科公司向上海中科公司付款5000元。2016年4月22日，北京中科公司向上海中科公司付款595 000元，2016年4月25日，北京中科公司向上海中科公司付款170万元，上述款的回单摘要均记载为归还借款。2015年11月5日，股东申某中召集上海中科公司的全体股东召开股东会议，就解除北京中科公司股东资格一事进行审议，会议决议：解除北京中科公司的股东资格，申某中代表自己和顾某中在决议上签字。

申某中诉请法院认定上海中科公司的股东决议有效，判令上海中科公司办理工商变更登记。

案号：上海市第一中级人民法院(2016)沪01民终9059号

【律师分析】

本案的争议焦点为：股东未履行出资义务，公司是否可以将股东除名。

《最高人民法院关于适用〈中华人民共和国公司法〉若干问题的规定(三)》第17条第1款规定："有限责任公司的股东未履行出资义务或者抽逃全部出资，经公司催告缴纳或者返还，其在合理期间内仍未缴纳或者返还出资，公司以股东会决议解除该股东的股东资格，该股东请求确认该解除行为无效的，人民法院不予支持。"据此，有限责任公司股东除名具有效力应当具备以下三个要件：首先，股东存在严重违反出资义务的情形，即完全未出资和抽逃全部出资。也就是说，未全面履行出资义务或者抽逃部分出资的股东不适用该规则。

其次,履行前置催告程序,即公司应当对存在严重违反出资义务情形的股东进行催告,给予其在合理期间内补正的机会。最后,公司召开股东会形成股东会决议。

本案中,北京中科公司的行为构成抽逃出资。但是,北京中科公司的还款行为表明其抽逃出资的错误已得到部分改正,因此,北京中科公司不属于抽逃全部出资,其返还部分出资在合理期间内。

最终,法院判决驳回要求将北京中科公司除名的决议。

【实务指南】

实践中的争议主要在于,股东仅是“未履行部分出资义务”或者“抽逃部分出资”,或者股东之间存在约定的其他除名情形时,股东经决议被除名是否具有正当性。在目前的制度规定下,答案大概率是否定的。

若股东未完全履行出资义务或者抽逃部分出资,根据2024年7月1日施行的《公司法》第52条和(2021)最高法民申4298号案中的裁判观点,股东资格仍然保留,但可以通过董事会决议解除未出资部分、抽逃出资部分对应的股权。

若股东之间约定了其他除名事项,从公司法原理上看,股东除名本质上属于公司内部自治的范畴,在法律法规没有明确禁止的情况下,基于对意思自治的尊重,应当认可股东除名约定的有效性。但实践中,对于该类案件的裁判意见不尽相同,有法院以真实意思表示,不违反法律、行政法规的强制性规定为由,认定除名约定合法有效;也有法院以不符合《最高人民法院关于适用〈中华人民共和国公司法〉若干问题的规定(三)》规定的除名条件为由,否定依据此类约定作出的股东会决议的效力。

若股东之间没有对除名事项进行事前约定，因股东实施了严重损害公司利益的行为，而其他股东通过股东会决议将其除名的，法院和工商登记管理机关目前对此均持谨慎态度，大多数情况下不予支持。除名的适用范围不可以被随意扩张，通常只有在被除名股东的过错行为构成重大事由，并且除名是维护公司利益的必要手段时，才可以适用。因此，主张除名一方承担较重的举证责任，加之没有客观判断标准，实践中此类股东除名决议的效力很难被认可。

【关联法条】

《中华人民共和国公司法》(2024 年 7 月 1 日)

第五十二条 股东未按照公司章程规定的出资日期缴纳出资，公司依照前条第一款规定发出书面催缴书催缴出资的，可以载明缴纳出资的宽限期；宽限期自公司发出催缴书之日起，不得少于六十日。宽限期届满，股东仍未履行出资义务的，公司经董事会决议可以向该股东发出失权通知，通知应当以书面形式发出。自通知发出之日起，该股东丧失其未缴纳出资的股权。

依照前款规定丧失的股权应当依法转让，或者相应减少注册资本并注销该股权；六个月内未转让或者注销的，由公司其他股东按照其出资比例足额缴纳相应出资。

股东对失权有异议的，应当自接到失权通知之日起三十日内，向人民法院提起诉讼。

84. 大股东滥用控股地位，小股东如何进行救济？

【案例还原】

宁波房侣公司成立于2017年，蔡某洪和第三人杭州房侣公司分别持股20%和80%，蔡某洪担任执行董事兼总经理，杜某伟担任监事。杭州房侣公司的法定代表人为王某金(持股59%)。

2017年，杭州房侣公司向宁波房侣公司借款600万元，并签订借款申请，后杭州房侣公司归还借款155万元。2019年8月22日，宁波房侣公司召开临时股东会形成股东会决议：免去蔡某洪执行董事职务，选举王某金担任宁波房侣公司执行董事，并由王某金兼任宁波房侣公司的法定代表人。

2021年9月27日，王某金主持召开宁波房侣公司临时股东会，到会股东杭州房侣公司代表80%的表决权，蔡某洪未到场参加表决，形成股东会决议：同意杭州房侣公司剩余借款445万元还款时间延长至2023年6月30日。

蔡某洪认为，宁波房侣公司于2021年9月27日作出的股东会决议是在杭州房侣公司的请求下由宁波房侣公司执行董事王某金召集的，召集程序不合法，并且王某金利用实际控制人身份及关联关系直接损害了宁波房侣公司及小股东利益，与本案有直接的利害关系，其未回避表决也违反了法律规定和公司章程，应予以撤销。

案号：宁波市鄞州区人民法院(2021)浙0212民初17173号，浙江省宁波市中级人民法院(2022)浙02民终407号

【律师分析】

本案的争议焦点为:杭州房侣公司作为持股80%的股东作出的股东会决议是否侵害了小股东的利益,小股东蔡某洪应如何救济。

法律虽然未明确规定有限责任公司对该种类型的关联交易需要表决权回避,但是未规定的情形并不意味着不能适用股东表决权排除规则,如果出现大股东滥用资本多数决规则损害公司利益和少数股东利益的,仍应适用该规则。

本案中,无息延长杭州房侣公司向宁波房侣公司借款期限的事项,与作为大股东的杭州房侣公司存在利害关系,若大股东在该事项表决中不适用回避原则,会导致公司利益转移,即大股东通过滥用资本多数决的方式达到逃避债务的目的,产生公司资产遭受损失进而损害小股东利益的情形。杭州房侣公司应当在该项决议中主动回避,并不得对股东会决议的该事项行使表决权,但其并未回避,故该次股东会表决方式存在严重瑕疵。

最终,法院判决杭州房侣公司大股东滥用资本多数决原则作出的股东会决议侵害了公司及小股东的利益,应当予以撤销。

【实务指南】

在现代商业实践中,公司作为商事活动的主要主体,是现代经济发展的中坚力量。在公司治理问题上,股东之间的矛盾冲突屡见不鲜,大股东滥用公司控制权侵害公司及中小股东利益的情形更是现代公司治理中的突出问题,给公司的发展壮大带来了极大的阻碍。实务中,大股东侵害公司及中小股东利益的情形主要如下。

一、虚假出资

虚假出资,主要指设立公司或者增资配股的过程中,控制股东名义上向公司投入了资本，实际上该资本并未履行产权转移手续，仍然保留在控制股东的名下；或者大股东虽然名义上向公司现金转款，但出资后利用控制公司的便利，通过各种手段将资金转移。

二、滥用表决权侵害中小股东利益

大股东由于拥有较多的股份而拥有较大的表决权，按照多数决原则，大股东的表决权极有可能被滥用而侵害中小股东利益。例如，不合理地向董事或者控股股东担任的高级管理人员支付高额报酬和福利；任意罢免或者阻挠中小股东担任高级管理人员职务；任意决策和实施公司的重大事项等。

三、操纵利润分配

控制股东为了自己的利益，常常操纵股东大会，作出不分配利润的决议，故意拖延或者拒发股利；对小股东隐瞒相关信息，损害其利益。

四、关联交易

大股东通过关联交易从中获利，损害公司和小股东的利益。由于关联交易中，大股东滥用权力撮合交易的进行，从而有可能使交易的价格、方式等在非竞争的条件下出现不公平情况，形成对部分股东利益的侵犯。例如，高价购买大股东亲属公司的产品；以明显高于市场的价格租赁其关联公司名下的不动产等。

五、侵吞公司和其他股东的财产

控股股东利用职务上的便利，将属于公司和其他股东的财产非法占为己有的行为，情节严重的可能构成职务侵占罪。

综合上述大股东滥用控股地位侵害小股东利益的情形，根据我国相关法律规定，笔者建议中小股东可以通过以下手段和方式维护自己的合法权利：

1. 行使股东知情权,要求查阅公司账册;

2. 公司盈余分配诉讼(股东分红权);

3. 行使股东权,提议召开临时股东会;

4. 提起股东代表诉讼;

5. 行使股东解散权,提起解散纠纷诉讼,要求解散公司;

6. 行使股东退股权等。

【关联法条】

《中华人民共和国公司法》(2024 年 7 月 1 日)

第二十五条　公司股东会、董事会的决议内容违反法律、行政法规的无效。

第二十六条　公司股东会、董事会的会议召集程序、表决方式违反法律、行政法规或者公司章程,或者决议内容违反公司章程的,股东自决议作出之日起六十日内,可以请求人民法院撤销。但是,股东会、董事会的会议召集程序或者表决方式仅有轻微瑕疵,对决议未产生实质影响的除外。

未被通知参加股东会会议的股东自知道或者应当知道股东会决议作出之日起六十日内,可以请求人民法院撤销;自决议作出之日起一年内没有行使撤销权的,撤销权消灭。

第二十八条　公司股东会、董事会决议被人民法院宣告无效、撤销或者确认不成立的,公司应当向公司登记机关申请撤销根据该决议已办理的登记。

股东会、董事会决议被人民法院宣告无效、撤销或者确认不成立的,公司根据该决议与善意相对人形成的民事法律关系不受影响。

85. 公司股东是否可以从公司提取款项至个人账户后，对外支付公司的业务款项？

【案例还原】

2014年，原告周某安与被告冷某、周某、丁某、朱某松共同签订了一份投资协议书，协议内容为周某安向科技公司投资350万元并持有该公司16%的股权，其余4名股东担保周某安投资资金使用的合法性，全部资金用于科技公司的运营、产品开发与推广等生产经营目的。2014年9月，冷某向科技公司出具一份内容为“向科技公司借款8.8万元急用”的借条。

周某安认为，冷某的行为违反了投资协议书中关于投资资金使用的约定，因此周某安请求法院判决解除投资协议书、被告退还投资款并赔偿损失。

案号：北京市第一中级人民法院(2016)京01民终5542号

【律师分析】

本案的争议焦点为：股东能否从公司提取款项至个人账户后，对外支付公司业务款项。

一、股东可以向公司借出资金

本案中，被告冷某承认其确系从科技公司支取8.8万元，其向科技公司出具借条，载明其向科技公司借款急用，对冷某的借款行为，应当认定为合法的借贷。公司借贷给股东，是公司依法享有其财产所有权的体现，股东与公司之间具有借贷关系，合法的借贷关系受法律保护，公司对合法借出的资金依法享有相应的债权，借款的股东依法享有相应的债务。

二、股东用公司转出的款项对外支付业务款项不属于公司的经营行为

本案中,被告提供了科技公司的现金日记账、银行日记账等证据证明其借款系用于公司的生产经营目的,对此,笔者认为:第一,按照一般交易常理,无论公司基于何种交易性质、与何种交易对象进行交易,均能够通过公司的账目体现,被告冷某辩称其需要通过借款的方式提取公司资金用于公司生产经营,缺乏现实性与可行性。第二,冷某从公司提取的借款究竟用于何种用途、是否已经偿还完毕无法通过会计账簿得知。第三,在没有足够证据证明借款实际用途的情况下,冷某以个人名义擅自借款和还款的行为已经超出科技公司生产经营的目的。

综上所述,冷某在经营、管理公司的过程中,可以依其个人意愿垫付相关资金,但不代表其因此有权从公司借出资金由其个人处置、安排,并将这种借款行为视为公司的经营行为,周某安主张行使约定的解除权,具有合同依据。

最终,法院判决解除投资协议书,被告退还投资款。

【实务指南】

鉴于公司股东提取款项至个人账户后对外支付公司的业务款项有可能引起纠纷,如何降低引发纠纷的风险,笔者对此有以下几点建议。

一是应当在公司章程中约定股东借款的程序要求和通知义务,避免造成其他股东与借款股东的纠纷。

二是股东借取资金后应当及时在会计账簿或记账凭证中载明。

三是股东借取资金后通过个人账户支付公司的业务款项不能认定为公司经营行为。

四是股东借取的资金应当及时归还,否则会有抽逃出资的风险。

【关联法条】

《中华人民共和国民法典》(2021年1月1日)

第五百六十二条 当事人协商一致,可以解除合同。

当事人可以约定一方解除合同的事由。解除合同的事由发生时,解除权人可以解除合同。

第五百六十六条 合同解除后,尚未履行的,终止履行;已经履行的,根据履行情况和合同性质,当事人可以请求恢复原状或者采取其他补救措施,并有权请求赔偿损失。

合同因违约解除的,解除权人可以请求违约方承担违约责任,但是当事人另有约定的除外。

主合同解除后,担保人对债务人应当承担的民事责任仍应当承担担保责任,但是担保合同另有约定的除外。

86. 追讨股东出资是否受诉讼时效的约束?

【案例还原】

锆明公司于2017年9月4日登记设立。2017年10月26日,锆明公司将认缴注册资金增加至300万元,其中,张某明认缴出资153万元,杨某认缴出资147万元。根据决议,张某明、杨某应出资时间为2017年10月26日,但二人至今均未实缴资本。

2019年5月5日，张某明与吕某太签订股权转让协议，将其持有的锆明公司6%的股权以180万元转让给吕某太。2019年8月26日，张某明将其45%的股权以135万元转让给杨某，后退出了锆明公司。

经催告，张某明仍未实缴，故锆明公司向法院提起诉讼，请求法院判令张某明向公司缴纳出资款及逾期利息。此外，要求吕某太对上述出资义务承担连带责任。

案号：黑龙江省牡丹江市中级人民法院(2023)黑10民终4号

【律师分析】

本案的争议焦点为：公司追讨股东出资的合理期限应该如何确定。

首先，诉讼时效，是指若民事权利受到侵害的权利人在法定的时效期间内不行使权利，时效期间届满时，债务人获得诉讼时效抗辩权，即债务人有权拒绝履行相应债务。

其次，需要强调的是，诉讼时效制度的设立目的是督促权利人及时行使权利，避免权利人在规定期限内不行使而使权利处于不确定状态，通俗来讲，就是避免出现“躺在权利上睡觉”的情形。

最后，诉讼时效制度虽具有督促权利人行使权利的目的，但其并非否定权利的合法存在和行使，而是禁止权利的滥用，以维护社会交易秩序的稳定，进而保护社会公共利益。即诉讼时效届满并不发生请求权的消灭，只是使义务人获得时效抗辩权。

在资本认缴制下，股东既享有期限利益，亦负有法定出资义务。根据《最高人民法院关于适用〈中华人民共和国公司法〉若干问题的规定(三)》的规定，就公司及其他股东而言，对瑕疵出资的股东提出履行出资义务请求的，不适用诉讼时效制度。

本案中,在确认张某明负有出资义务的前提下,即便张某明未全面履行出资义务已超过3年,但对瑕疵出资的股东提出履行出资义务请求的,并不适用诉讼时效制度,张某明仍需要向锆明公司履行出资义务。

最终,法院判决对锆明公司要求张某明履行出资义务、吕某太对此承担连带责任的诉讼请求予以支持。二审维持原判的裁判结果。

【实务指南】

随着商事制度的改革,公司注册资本从实缴制改为认缴制,降低了市场准入门槛,在激活民间资本、激发全民创业热潮的同时,使股东滥用法人独立地位和股东有限责任原则,损害公司及公司债权人利益等案件层出不穷。

我国《公司法》及其司法解释明确的股东瑕疵出资类案件不受诉讼时效的限制,正是为应对此情形而设定的配套措施,亦是公司资本充足原则的重要要求。若缴纳出资请求权适用诉讼时效,则会助长控股股东滥用控制权不出资或抽逃出资现象,不利于对其他已履行出资义务的股东及债权人利益的保护。此外,也会出现公司无法追回出资导致自身资本出现虚空的情况,将严重损害公司、其他股东及公司债权人的利益。就此,笔者建议如下。

一、设置相关条款

公司股东在签订出资协议或拟定公司章程时,对股东瑕疵出资应承担的违约责任进行约定,并可适当加重对应违约责任,增加瑕疵出资股东的违约成本,从而倒逼股东按约定履行出资义务。

二、限制瑕疵出资股东权利

根据我国《公司法》的规定，股东出资存在瑕疵时，公司有权限制其股东权利。可以限制的权利主要为股东利润分配请求权、新股优先认购权、剩余财产分配请求权、表决权等。公司可以通过限制瑕疵出资的股东的权利，进而督促其尽快按约定补足出资。

此外，对于未按照公司章程规定的出资日期缴纳出资的股东，按照2024年7月1日施行的《公司法》第51、52条的规定，公司向该股东发出书面催缴书且经过60日出资宽限期后，股东仍未履行出资义务的，公司经董事会决议可以向该股东发出失权通知，自通知发出之日起，该股东将丧失其未缴纳出资的股权。

三、公司及股东避免其他股东抽逃出资

通过公司章程对公司与股东资金往来设定严格的程序、通过公司章程明确公司与股东之间的资金往来需向其他股东披露、规范公司财务制度，加强公司的财务管理，避免出现抽逃出资的情况。

【关联法条】

《中华人民共和国公司法》(2024年7月1日)

第四十九条第三款 股东未按期足额缴纳出资的，除应当向公司足额缴纳外，还应当对给公司造成的损失承担赔偿责任。

《最高人民法院关于适用〈中华人民共和国公司法〉若干问题的规定(三)》(2021年1月1日)

第十六条 股东未履行或者未全面履行出资义务或者抽逃出资，公司根据公司章程或者股东会决议对其利润分配请求权、新股优先认购权、剩余财产分配请求权等股东权利作出相应的合理限制，该股东请求认定该限制无效的，人民法院不予支持。

第十九条 公司股东未履行或者未全面履行出资义务或者抽逃出资，公司或者其他股东请求其向公司全面履行出资义务或者返还出资，被告股东以诉讼时效为由进行抗辩的，人民法院不予支持。

公司债权人的债权未过诉讼时效期间，其依照本规定第十三条第二款、第十四条第二款的规定请求未履行或者未全面履行出资义务或者抽逃出资的股东承担赔偿责任，被告股东以出资义务或者返还出资义务超过诉讼时效期间为由进行抗辩的，人民法院不予支持。

87. 如何判断股东的行为是否构成抽逃出资？

【案例还原】

原告杭州埼飞瞳网络科技有限公司成立于2020年4月26日，注册资本为100万元，现公司的工商登记显示其股东与认缴出资情况如下。

左某认缴出资30万元（持股比例30%、首次持股日期为2020年6月10日），王某认缴出资28万元（持股比例28%、首次持股日期为2021年6月28日），皮某认缴出资14万元（持股比例14%、首次持股日期为2021年6月28日），谢某全认缴出资14万元（持股比例14%、首次持股日期为2021年10月27日），吴某认缴出资14万元（持股比例14%、首次持股日期为2021年6月28日），各股东均于2040年11月1日前足额缴纳出资。原告在落款时间为2021年10月24日的公司章程中对上述各股东认缴出资的金额与期限进行了约定。

2022年2月15日，被告左某为履行其出资义务向原告转账25

万元，被告王某为履行其出资义务向原告转账28万元。同日，被告左某操作原告的公司账户向埼柯公司转账共计53万元。埼柯公司的股东为唐某耕（担任法定代表人）与左某（持股比例99%，大股东、实际控制人、最终受益人）；原告于2021年11月26日将法定代表人左某变更为谢某全。现原告以被告抽逃出资为由要求被告返还上述款项，两被告拒不返还。

案号：杭州市滨江区人民法院(2022)浙0108民初3641号

【律师分析】

本案的争议焦点为：如何判断股东是否存在抽逃出资的行为。

一、股东抽逃出资的具体表现

《最高人民法院关于适用〈中华人民共和国公司法〉若干问题的规定（三）》第12条规定，如股东存在制作虚假财务会计报表虚增利润进行分配、通过虚构债权债务关系将其出资转出、利用关联交易将出资转出等行为的，构成抽逃出资。

本案中，埼柯公司与原告基于作品委托创作合同产生的交易构成关联交易。被告左某在2022年2月15日通过关联交易操作原告的公司账户，向其实际控制的埼柯公司转账53万元，属于利用关联交易将出资转出，构成抽逃出资。

二、协助抽逃出资的股东将承担连带责任

《最高人民法院关于适用〈中华人民共和国公司法〉若干问题的规定（三）》第14条第1款规定："股东抽逃出资，公司或者其他股东请求其向公司返还出资本息、协助抽逃出资的其他股东、董事、高级管理人员或者实际控制人对此承担连带责任的，人民法院应予支持。"

本案中,从原告公司账户转至埼柯公司账户的53万元恰好对应被告左某出资款25万元和被告王某出资款28万元,在无相反证据推翻的情况下,可以推定该两人共同参与了抽逃出资的行为,具有相互协助的主观故意。

最终,法院判决两被告左某、王某返还各自抽逃出资本金及利息。

【实务指南】

股东抽逃出资不仅破坏了公司的资本维持状态,对于债权人和其他股东来说,无疑损害了其合法权益。同时,股东被认定抽逃出资后,需要承担相应的法律后果,因此股东应当尽量避免与公司之间正常的资金往来被认定抽逃出资,从而面临法律风险。因此笔者针对不同主体,提出以下建议。

一、股东如何避免被认定抽逃出资

1. 与公司交易或进行款项往来要有事实依据,如签订书面合同,合同应当要素完整、内容明确。

2. 按照《公司法》及公司章程的要求,依法履行相应程序,如评估程序、决策程序等。

3. 定期对公司财务进行合规检查并依法整改。

4. 妥善保管交易文件包括但不限于合同、转账凭证等债权凭证,以及股东会决议、董事会决议等决策文件,以备不时之需。

二、债权人如何维护自身权益

1. 在与公司磋商的过程中,可以结合实际情况做好事前审查或尽职调查(如要求公司提供工商档案、财务资料等),了解清楚公司资本实缴情况及资产状况,准确判断公司的履约能力与偿债能力,避免被公司资本充实的假象蒙蔽。

2. 在合同条款的设置上，可以采取要求公司、股东共同承诺保证；严格设置违约责任，要求公司提供履约担保等方式降低交易风险。

3. 留意公司动态，并妥善保管双方所有交易痕迹及往来文件，及时固定证据。

4. 通过司法途径维护自身权益，除追究相关股东、担保人的责任外，还可以根据实际情况将协助抽逃出资的其他股东、董事、高级管理人员或者实际控制人一并纳入责任范围，最大限度维护自身权益。

三、公司及股东避免其他股东抽逃出资

通过公司章程对公司与股东资金往来设定严格的程序，通过公司章程明确公司与股东之间的资金往来需向其他股东披露，规范公司的财务制度，加强公司的财务管理，避免出现抽逃出资的情况。

【关联法条】

《中华人民共和国公司法》(2024 年 7 月 1 日)

第五十三条　公司成立后，股东不得抽逃出资。

违反前款规定的，股东应当返还抽逃的出资；给公司造成损失的，负有责任的董事、监事、高级管理人员应当与该股东承担连带赔偿责任。

《最高人民法院关于适用〈中华人民共和国公司法〉若干问题的规定(三)》(2021 年 1 月 1 日)

第十二条　公司成立后，公司、股东或者公司债权人以相关股东的行为符合下列情形之一且损害公司权益为由，请求认定该股东抽逃出资的，人民法院应予支持：

（一）制作虚假财务会计报表虚增利润进行分配；

（二）通过虚构债权债务关系将其出资转出；

（三）利用关联交易将出资转出；

（四）其他未经法定程序将出资抽回的行为。

88. 股东抽逃出资会产生哪些法律后果？

【案例还原】

2008年12月16日，杨某捷、张某峰、王某晔及朱某伟4人召开了首次股东会议并共同制定公司章程决定设立上海若来网络科技有限公司（以下简称若来公司），注册资金为100万元，由4人分别认缴出资25万元，约定首期出资5万元，第二期出资20万元，并于公司成立起2年内到位。

2009年1月20日，由若来公司4名股东盖章出具委托书，委托朱某办理银行开户事宜。同日，中国农业银行出具金额均为5万元的4张现金缴款单，4名股东为缴款人，若来公司为收款人。次日，上海东方会计师事务所有限公司出具验资报告，确认若来公司已收到上述4人投入的注册资本合计20万元。

杨某捷出资5万元，验资后又将出资款以若来公司的名义转给案外人，若来公司认为杨某捷作为公司股东，其未实际出资且抽逃出资，遂起诉至法院要求杨某捷缴纳出资。

案号：上海市金山区人民法院（2015）金民二（商）初字第1532号，上海市第一中级人民法院（2016）沪01民终5205号

【律师分析】

本案的争议焦点为:股东抽逃出资的,应承担何种法律责任。

根据《最高人民法院关于适用〈中华人民共和国公司法〉若干问题的规定(三)》第13条第1款的规定,股东未履行或者未全面履行出资义务,公司或者其他股东请求其向公司依法全面履行出资义务的,人民法院应予支持。

本案中,若来公司从农业银行取得的相关证据可以证明,4名股东交代办人朱某办理银行开户事宜,4名股东在开户当日均未到场。在2009年1月20日开立银行账户至2009年3月12日该账户转出20万元期间,该账户也无其他大项进出,杨某捷通过案外人将其认缴的出资款项转入若来公司账户后经验资又立即转出归还案外人。上述事实足以使人认为杨某捷的出资行为存在瑕疵且未给出合理理由。

最终,法院判决公司出资系中介机构垫资并代办,杨某捷并未实际出资,属于瑕疵出资。股东未履行出资义务的,应当承担补足出资的民事责任。

【实务指南】

实践中,股东抽逃出资可能会根据实际情况引发一系列法律后果,包括民事责任、行政责任甚至刑事责任。

一、抽逃出资可能承担民事责任

1.返还出资并赔偿损失

根据《最高人民法院关于适用〈中华人民共和国公司法〉若干问题的规定(三)》第14条的规定,股东抽逃出资,应该向公司返还出资本息，协助抽逃出资的其他股东、董事、高级管理人员或者实际控制人对此承担连带责任。

值得注意的是，2024 年 7 月 1 日施行的《公司法》第 53 条在综合吸收上述司法解释规定的基础上，相应地修正了赔偿范围，用“损失”替代了“利息”的说法，即规定了因抽逃出资给公司造成的损失，抽逃出资的股东应予以赔偿。因此，根据 2024 年 7 月 1 日施行的《公司法》的规定，抽逃出资股东对公司承担的责任范围为：(1) 向公司返还抽逃的出资；(2) 赔偿因抽逃出资给公司造成的其他损失。利息损失自然包括在该“其他损失”中，但该“其他损失”并不局限于“利息”的损失，还可能包括因抽逃出资给公司造成的其他实际损失。

2. 股东权利限制

根据《最高人民法院关于适用〈中华人民共和国公司法〉若干问题的规定（三）》第 16 条的规定，股东未履行或者未全面履行出资义务或者抽逃出资，公司可以根据公司章程或者股东会决议对其利润分配请求权、新股优先认购权、剩余财产分配请求权等股东权利作出相应的合理限制。

3. 股东资格解除

《最高人民法院关于适用〈中华人民共和国公司法〉若干问题的规定（三）》第 17 条规定，有限责任公司的股东未履行出资义务或者抽逃全部出资，经公司催告缴纳或者返还，其在合理期间内仍未缴纳或者返还出资，公司有权通过股东会决议解除该股东的股东资格。

二、行政责任

《公司法》第 253 条规定：“公司的发起人、股东在公司成立后，抽逃其出资的，由公司登记机关责令改正，处以所抽逃出资金额百分之五以上百分之十五以下的罚款；对直接负责的主管人员和其他直接责任人员处以三万元以上三十万元以下的罚款。”

三、刑事责任

抽逃出资的股东在符合《刑法》的相关规定时，还可能构成抽逃出资罪和虚报注册资本罪。

【关联法条】

《中华人民共和国公司法》(2024 年 7 月 1 日)

第五十三条 公司成立后，股东不得抽逃出资。

违反前款规定的，股东应当返还抽逃的出资；给公司造成损失的，负有责任的董事、监事、高级管理人员应当与该股东承担连带赔偿责任。

第二百五十三条 公司的发起人、股东在公司成立后，抽逃其出资的，由公司登记机关责令改正，处以所抽逃出资金额百分之五以上百分之十五以下的罚款；对直接负责的主管人员和其他直接责任人员处以三万元以上三十万元以下的罚款。

89. 抽逃出资者承担责任是否会受诉讼时效的约束？

【案例还原】

2009 年 8 月 10 日，上海浦东进出口集团有限公司(以下简称浦东进出口公司)诉至法院要求上海微迪电子网络有限公司(以下简称微迪公司)向浦东进出口公司偿付欠款款项。法院最终判决微迪公司向浦东进出口公司偿还欠款并支付浦东进出口公司逾期付款违约金。鉴于微迪公司等未履行生效判决内容，浦东进出口公司申请强制执行,法院裁定终结执行。此后执行裁定书显示,原被执行人之一于2003年9月将上述判决应付款项部分交至法院,该笔款项可以在被告公司7名股东承担的责任中予以扣除。

其后,原告浦东进出口公司请求法院判决被告公司7名股东在其抽逃出资本息范围内对前案判决书所确定的微迪公司所欠原告债务不能清偿的部分承担补充赔偿责任。鉴于微迪公司两次验资的出资全部被抽逃,关于两次验资的抽逃出资行为,结合微迪公司注册资本金汇出时间、金额,原告有合理理由认定该笔注册资本金1400万元全部被抽逃。但是7名被告股东辩称,两次抽逃出资的时间分别为2000年4月、2003年9月,以此时间计算,微迪公司对被告股东的诉讼时效2年已经超过(本案发生于《民法典》施行之前)。

案号:上海市虹口区人民法院(2019)沪0109民初2923号,上海市第二中级人民法院(2020)沪02民终5081号

【律师分析】

本案的争议焦点为:本案原告的诉求是否超过诉讼时效。

根据《最高人民法院关于审理民事案件适用诉讼时效制度若干问题的规定》第1条的规定,对基于投资关系产生的缴付出资请求权提出诉讼时效抗辩的,人民法院不予支持。

本案中,7名被告股东应当对微迪公司履行出资义务,但其存在抽逃出资的行为,原告作为微迪公司的债权人代位提起诉讼,因此不应受诉讼时效的限制。

最终,法院认为原告的诉讼请求并未超过诉讼时效。

另外,依据法律规定,其他不适用于诉讼时效的情形有以下几种:

1. 请求停止侵害、排除妨碍、消除危险；

2. 不动产物权和登记的动产物权的权利人请求返还财产；

3. 请求支付抚养费、赡养费或者扶养费；

4. 依法不适用诉讼时效的其他请求权。

【实务指南】

近年来，公司股东因存在抽逃出资的情形，被债权人起诉要求对公司债务不能清偿的部分承担责任，或在执行阶段被追加为被执行人的案件呈逐年上升趋势，据统计，2021 年度，与股东抽逃出资有关的民事诉讼案件有 5000 余件。同时，随着律师调查令制度的广泛适用，如《淄博市中级人民法院关于在执行程序中施行律师调查令实施办法（试行）》《天津市高级人民法院关于在民事诉讼中实行律师调查令的若干规定（试行）》等，律师调查取证越来越便捷，使原来隐藏较深的股东抽逃出资的各类情形越来越容易被揭露。

公司资本是公司得以维系的核心，股东抽逃出资是对公司资本的侵犯，将危及公司的资本维持和对外偿债能力，因此，抽逃出资的股东应当承担相应的法律责任。近年来，民商事审判向"实质优于形式"转变，运用"穿透性思维方式"，透过表面复杂的商业交易安排、资金往来，查明当事人真实的交易目的，准确揭示交易模式，根据真实的权利义务关系认定商事行为的性质与效力，判定商事行为是否构成对公司资本的侵犯，是否实质上减少了公司的责任资产，以此认定股东是否存在抽逃出资的情形。

因此笔者建议，股东与公司之间的交易及款项往来更应当遵守公司法、公司章程、公司财务管理制度及其他内部规章制度规定的决策程序，制定完备的决议文件、合同文本等法律文件，规范财务记账等,客观、真实地反映往来交易情况,避免因内部管理制度不完善导致股东被认定为构成“抽逃出资”的情形并承担相应的法律后果。

【关联法条】

《最高人民法院关于适用〈中华人民共和国公司法〉若干问题的规定(三)》(2021 年 1 月 1 日)

第十九条 公司股东未履行或者未全面履行出资义务或者抽逃出资,公司或者其他股东请求其向公司全面履行出资义务或者返还出资,被告股东以诉讼时效为由进行抗辩的,人民法院不予支持。

公司债权人的债权未过诉讼时效期间,其依照本规定第十三条第二款、第十四条第二款的规定请求未履行或者未全面履行出资义务或者抽逃出资的股东承担赔偿责任,被告股东以出资义务或者返还出资义务超过诉讼时效期间为由进行抗辩的,人民法院不予支持。

Part 8 公司吊销/解散/清算纠纷

90. 公司恶意注销逃避债务，法定代表人和股东是否需要承担连带责任？

【案例还原】

惠通公司、原众创公司于 2019 年 7 月 4 日签订协议，双方约定惠通公司以 80 000 元的价格购买原众创公司一款手机软件，惠通公司在合同签订后 4 日内支付 48 000 元，但合同履行中，原众创公司并未交付任何产品，惠通公司认为原众创公司构成严重违约，遂于 2019 年 9 月 11 日，通过 EMS 向原众创公司发出解除合同通知书，要求解除合同并退还合同款及支付利息。2020 年 7 月 1 日，原众创公司注销，注销时，熊某飞为原众创公司的法定代表人，鲁某华、涂某飞为原众创公司的股东。

惠通公司认为鲁某华、涂某飞作为原众创公司的股东，理应对原众创公司注销前未经清算的债务承担连带责任。熊某飞明知公司债务情况而允许公司注销、帮助清算组抽逃出资，应与鲁某华、涂某飞承担连带责任。遂向法院起诉鲁某华、涂某飞、熊某飞要求就退款和利息承担连带责任。

案号：广州知识产权法院（2022）粤73知民初183号

【律师分析】

本案的争议焦点为：公司注销后，公司股东和法定代表人是否就公司债务承担连带责任。

一、公司股东恶意注销公司的，需要对公司债务承担连带责任

根据《最高人民法院关于适用〈中华人民共和国公司法〉若干问题的规定（二）》第11条的规定，公司清算时，清算组应当按照公司法第185条（2024年7月1日施行的《公司法》第235条）的规定，将公司解散清算事宜书面通知全体已知债权人，并根据公司规模和营业地域范围在全国或者公司注册登记地省级有影响的报纸上进行公告。清算组未按照前款规定履行通知和公告义务，导致债权人未及时申报债权而未获清偿，债权人主张清算组成员对因此造成的损失承担赔偿责任的，人民法院应依法予以支持。

鲁某华、涂某飞作为原众创公司的股东，在办理原众创公司注销登记时未依法履行书面通知惠通公司义务，尤其是在惠通公司提起本案诉讼的情况下仍继续清算，未尽到清算职责，致使惠通公司未能及时申报债权。故惠通公司未获清偿的损失，鲁某华、涂某飞应承担相应的赔偿责任。

二、法定代表人未担任清算组成员的，无须承担连带责任

根据相关法律规定，在公司注销期间未对债权人尽到通知义务的需要承担连带责任的主体，主要是清算组成员。一般清算组成员是股东和高级管理人员。

本案中,原众创公司的法定代表人熊某飞并未担任清算组成员,因此,惠通公司要求法定代表人熊某飞承担连带责任,法院不予支持。

如果在公司注销过程中,法定代表人同时担任清算组成员的,在未尽到通知义务的情况下,仍可能需要对公司债务承担连带责任。

综上,法院最终判决公司股东鲁某华、涂某飞对公司债务承担连带责任,法定代表人熊某飞无须承担法律责任。

【实务指南】

由于公司注销未对债权人尽到通知义务的,公司股东或清算组需要对债务承担连带责任,那么若公司股东或法定代表人想在公司注销过程中避免承担连带责任,笔者建议如下。

一是公司股东应该谨慎注销公司,不应在明知存在债务或诉讼时通过恶意注销公司逃避债务。

二是公司股东在注销公司时,应对公司现有债权人尽到通知义务,并按照法律规定完成注销公告义务。

三是法定代表人注销公司时,同时担任清算组成员的,应该对债权人尽到通知义务。如未担任清算组成员,则无须对债务承担连带责任。

【关联法条】

《最高人民法院关于适用〈中华人民共和国公司法〉若干问题的规定(二)》(2021年1月1日)

第十一条 公司清算时,清算组应当按照公司法第一百八十五条的规定,将公司解散清算事宜书面通知全体已知债权人,并根据公司规模和营业地域范围在全国或者公司注册登记地省级有影响的报纸上进行公告。

清算组未按照前款规定履行通知和公告义务，导致债权人未及时申报债权而未获清偿，债权人主张清算组成员对因此造成的损失承担赔偿责任的，人民法院应依法予以支持。

91. 公司申请破产时，谁有权要求股东提供出资证明或补缴出资？

【案例还原】

阖妙网络公司于2017年登记设立，公司由8名股东共同出资，分别为矩菘网络公司、袁某雄、姜某峰、雷某锋、张某、刘某杰、黄某以及叶某伟，约定的出资期限均为2038年5月1日。阖妙网络公司作为纳税人向税务机关申报的资产负债表载明实收股本为0元。

2020年，法院受理了阖妙网络公司的破产清算申请，并指定北京中银(杭州)律师事务所为管理人。阖妙网络公司管理人于2020年向阖妙网络公司各股东发送限期提供出资证明通知书，要求阖妙网络公司各股东向管理人提供相应的出资证明。因阖妙网络公司各股东未向管理人提供，管理人遂提起本案诉讼。

案号：浙江省杭州市中级人民法院(2020)浙01民初2184号

【律师分析】

本案的争议焦点为：公司申请破产后，管理人是否可以要求股东提供出资证明或者补缴出资。

一、原告申请破产后,原告的出资人未完全履行出资义务的,原告管理人应当要求出资人缴纳出资

本案中,阖妙网络公司章程规定8名股东于2038年5月1日前缴纳各自所认缴的出资,一般来说,应当尊重股东之间关于出资期限的约定,但法院已经受理了阖妙网络公司的破产申请,此时矩崧网络公司等8名股东的出资义务加速到期,8名股东应当立即向阖妙网络公司缴纳其各自认缴而未缴纳的出资。北京中银(杭州)律师事务所作为阖妙网络公司的破产管理人,可以要求8名股东履行出资义务或提供已经缴纳出资的证明。

二、出资人未明确备注款项为出资款或没有转入公司账户的,不属于出资

本案中,被告矩崧网络公司和叶某伟抗辩称,阖妙网络公司各股东均已缴纳出资,但未办理相应的工商变更登记手续。虽然叶某伟与阖妙网络公司之间存在多笔款项往来,但款项性质备注为往来款等而非出资款,且阖妙网络公司向税务机关申报的每季度的资产负债表均载明该公司的实收资本为0元,因此法院不认可该笔款项属于股东出资。本案中另一名被告刘某杰主张其将出资款转账给阖妙网络公司的法定代表人叶某伟,已经履行了出资义务,但法院认为其将款项转账至叶某伟个人账户而不是阖妙网络公司账户,因此不能认定其已经履行了出资义务。

最终,法院判决8名被告向原告阖妙网络公司补足出资。

【实务指南】

鉴于公司股东不按时缴纳出资可能导致公司利益受损,公司应当如何降低风险,笔者建议如下。

一是公司制定章程时,对于股东出资期限的约定可以增加股东未按时完成出资义务时需要承担的责任。

二是若股东已经完成出资义务,应当及时办理相应的工商变更登记。

三是公司应在每季度的资产负债表上载明公司实收资本的变动情况。

四是公司申请破产后,公司管理人应当及时要求股东履行出资义务或提供已经缴纳出资的证明。

值得注意的是,2024 年 7 月 1 日施行的《公司法》进一步明确了股东出资加速到期制度,同时加重了股东出资的责任。《公司法》第 54 条规定:"公司不能清偿到期债务的,公司或者已到期债权的债权人有权要求已认缴出资但未届出资期限的股东提前缴纳出资。"故股东出资加速到期,不再要求经法院穷尽执行措施仍无可供执行的财产,具备破产原因但不申请破产的条件,只要"公司不能清偿到期债务"即可要求股东出资加速到期。

【关联法条】

《中华人民共和国企业破产法》(2007 年 6 月 1 日)

第三十五条 人民法院受理破产申请后,债务人的出资人尚未完全履行出资义务的,管理人应当要求该出资人缴纳所认缴的出资,而不受出资期限的限制。

《中华人民共和国公司法》(2024 年 7 月 1 日)

第四十九条 股东应当按期足额缴纳公司章程规定的各自所认缴的出资额。

股东以货币出资的,应当将货币出资足额存入有限责任公司在银行开设的账户；以非货币财产出资的，应当依法办理其财产权的转移手续。

股东未按期足额缴纳出资的，除应当向公司足额缴纳外，还应当对给公司造成的损失承担赔偿责任。

第五十四条 公司不能清偿到期债务的，公司或者已到期债权的债权人有权要求已认缴出资但未届出资期限的股东提前缴纳出资。

92. 公司被执行期间，自然人已不再担任法定代表人，是否还会被限制消费？

【案例还原】

被执行人广州骁益网络科技有限公司（以下简称骁益公司）成立于2015年4月14日，异议人李某自成立之日起即担任该公司的执行董事兼经理和法定代表人，也是股权占比最大的股东。其间，其对公司行使管理决策权。

2015年9月，申请执行人广州维漫网络科技有限公司（以下简称维漫公司）与骁益公司发生委托合同纠纷并取得胜诉判决，后因被执行人未履行上述生效法律文书确定的义务，维漫公司于2017年4月向天河区人民法院申请强制执行，天河区人民法院在执行期间，依法向被执行人骁益公司发出执行通知书，责令被执行人在限期内履行上述裁决确定的义务，逾期被执行人未履行。2018年12月3日，天河区人民法院向被执行人发出限制消费令，限制被执行人骁益公司及利害关系人李某消费。

异议人李某提出书面异议称,其在法院作出限制消费令前已不是骁益公司的法定代表人、执行董事及经理、股东。基于自身和公司的商业经营考虑,其于2017年9月25日将其持有的43.35%的股权作价91.26万元全部转让给颜某源,并由颜某源担任骁益公司的执行董事兼经理及法定代表人,并办理了工商变更。2018年12月3日天河法院发出限制消费令时,其退出公司经营已达1年,不可能影响骁益公司的履行债务。因此其不属于影响债务履行的直接责任人,不应当被限制消费,请求法院依法解除对李某作出的限制消费令。

案号:广州市天河区人民法院(2019)粤0106执异556号,广东省广州市中级人民法院(2019)粤01执复820号

【律师分析】

本案的争议焦点为:公司成为被执行人,自然人不再担任公司法定代表人是否仍会被限制消费。

一、自然人即便不再担任法定代表人,如果仍是公司的主要负责人、影响债务履行的直接责任人员、实际控制人仍会被限制消费

本案中,异议人李某在天河区人民法院发出执行通知书时是被执行人的法定代表人,负有组织被执行人财产履行仲裁裁决的义务。该债务的产生和拒不履行均发生在其担任骁益公司实际控制人、大股东、法定代表人期间。作为骁益公司的创始人、实际控制人、大股东、法定代表人,李某对债务的无法履行负有直接责任。

李某明确知悉维漫公司已就骁益公司的债务履行提起强制执行(2017年4月1日正式立案),其亦了解如强制执行未能完成,其作为骁益公司的实际控制人、大股东、法定代表人将被采取限制消费措施。为了避免前述结果,李某将股权快速地转让,明显是为了规避被

采取相关限制消费措施。被执行人在执行期间办理法定代表人变更登记，将被执行人的法定代表人由李某变更为颜某源，并不能否定李某作为被执行人的法定代表人及影响被执行人履行债务的直接责任人员的身份。

并且在案件执行过程中，被执行人骁益公司已无任何可供执行的财产，李某在骁益公司尚有多个债务未履行完毕的情况下仍然将其持有的不值一文的股权作价91.26万元全部转让给颜某源，并变更法定代表人，确有逃避债务之嫌。

故而广州市中级人民法院驳回了异议人李某的执行异议之诉。

二、我国法律尚无明确规定在执行期间企业不得变更法定代表人

一般情况下，企业作为民事主体，独立地享有民事权利，承担民事义务，当企业成为被执行人时，应以其财产对外独立承担给付义务，与法定代表人无关。我国法律尚无明确规定，在执行期间企业不得变更法定代表人。

但实际情况是，大多数中小企业的法定代表人同时是企业的实际控制人，掌握企业的资产负债情况，控制企业的日常经营，实际上左右着企业的还款意愿，对执行工作能否顺利完成具有重大影响。

如果在部分被执行人为企业的案件中，法定代表人为规避执行采取变更企业法定代表人的方法规避责任，将有可能导致债权人的权益得不到保障。因此，为了切实解决执行难的问题，中央全面依法治国委员会关于印发《关于加强综合治理从源头切实解决执行难问题的意见》的通知，该通知中明确规定，“依法明确法定代表人和高级管理人员任职条件和对公司资产的监管责任，限制随意变更法定代表人和高级管理人员”。

【实务指南】

为了避免大量“僵尸企业”导致的债权无法追回,《公司法》赋予了债权人在追讨债务的过程中,对企业的责任人采取限制消费措施的权利。限制消费的范围包括法定代表人、实际控制人、影响债权实现的直接责任人。对此,笔者建议如下。

一是公司股东或实际控制人不能通过变更法定代表人逃避执行措施和赔偿责任。

二是在公司已被列为被执行人后,公司应谨慎转让股权,避免被认定为恶意转让股权逃避债务。

三是如果公司的法定代表人并非企业的实际控制人或影响债权实现的直接责任人,变更法定代表人仅是出于正常经营考虑,公司被执行的状态并不影响变更法定代表人的效力。

【关联法条】

《中华人民共和国民事诉讼法》(2024 年 1 月 1 日)

第二百三十六条 当事人、利害关系人认为执行行为违反法律规定的,可以向负责执行的人民法院提出书面异议。当事人、利害关系人提出书面异议的,人民法院应当自收到书面异议之日起十五日内审查,理由成立的,裁定撤销或者改正;理由不成立的,裁定驳回。当事人、利害关系人对裁定不服的,可以自裁定送达之日起十日内向上一级人民法院申请复议。

《最高人民法院关于限制被执行人高消费及有关消费的若干规定》(2015 年 7 月 22 日)

第三条 被执行人为自然人的,被采取限制消费措施后,不得有以下高消费及非生活和工作必需的消费行为：

（一）乘坐交通工具时，选择飞机、列车软卧、轮船二等以上舱位；

（二）在星级以上宾馆、酒店、夜总会、高尔夫球场等场所进行高消费；

（三）购买不动产或者新建、扩建、高档装修房屋；

（四）租赁高档写字楼、宾馆、公寓等场所办公；

（五）购买非经营必需车辆；

（六）旅游、度假；

（七）子女就读高收费私立学校；

（八）支付高额保费购买保险理财产品；

（九）乘坐G字头动车组列车全部座位、其他动车组列车一等以上座位等其他非生活和工作必需的消费行为。

被执行人为单位的，被采取限制消费措施后，被执行人及其法定代表人、主要负责人、影响债务履行的直接责任人员、实际控制人不得实施前款规定的行为。因私消费以个人财产实施前款规定行为的，可以向执行法院提出申请。执行法院审查属实的，应予准许。

93. 如清算组未按规定履行通知义务，导致债权人未及时申报债权而未获清偿，债权人是否只能在清算后的剩余资产中获得清偿？

【案例还原】

被告吴某是原盛世公司的股东，2014年盛世公司参与出资设立了原告淘玉公司，根据公司章程的规定，盛世公司应当缴纳的出资为

60万元,出资时间为2014年10月25日,但截至起诉时仍未缴清出资,2018年盛世公司注销登记。

原告淘玉公司认为盛世公司违反了原告公司章程的规定,损害了原告的利益,应当在60万元本息范围内承担补足出资的责任,而被告系盛世公司的清算组成员,其在明知盛世公司出资不足的情况下仍注销公司,依法应承担赔偿责任,淘玉公司因此请求法院判决盛世公司承担赔偿责任。

案号:苏州市姑苏区人民法院(2020)苏0508民初1400号

【律师分析】

本案的争议焦点为:若清算组未履行通知义务,导致债权人未能及时申报债权,债权人是否只能在清算后的剩余资产内清偿。

一、公司未依法履行通知义务需要承担赔偿责任

本案中,首先,被告吴某虽然辩称盛世公司清算程序合法以及原告并非盛世公司清算时的"已知"债权人,但是盛世公司作为原告公司的原股东,对其自身未按淘玉公司章程规定及时缴纳出资理应是清楚的,法律也明确规定了股东对公司的出资义务和责任,盛世公司不能以其与受让股东刘某霞之间的合同约定主张豁免其应承担的法律责任。其次,盛世公司的清算注销行为发生于(2018)苏0508民初8158号民事判决后,盛世公司逃避债务的主观故意是相当明显的。最后,对于已知债权人,公司在清算时必须以书面形式发出申报债权的通知,而不能仅以登报的方式规避其通知义务。因此,盛世公司清算组在清算时应当以书面形式单独向原告发出申报债权的通知,但盛世公司清算组未能依法履行法定通知义务,理应对原告由此造成的损失承担赔偿责任。

二、债权人并非只能在清算后的剩余资产内清偿

本案中，被告吴某辩称赔偿数额应当限定在盛世公司自行清算后的余额41 684.84元内，其依据为《最高人民法院关于适用〈中华人民共和国公司法〉若干问题的规定(二)》第11条规定的清算组未按照规定履行通知义务的法律责任。但法院认为，该规定主要强调的内容是清算组未按规定履行通知义务与债权人未获清偿之间的因果关系，并不是限定债权人主张赔偿损失应在公司自行清算后的可分配余额范围内，否则该条规定将会形同虚设，并且将会成为清算组在没有债权人监督的情况下自行清算以逃避债务的免责条款。因此债权人并非只能在清算后的剩余资产内清偿。另外，被告主张的盛世公司清算后的余额仅系盛世公司自行提供的数据，清算方案和清算过程均由其清算小组自行掌握，原告从未参与或表决，清算方案亦未经司法机关确认，其客观性和真实性存疑，被告不能以此作为抗辩理由。

【实务指南】

鉴于企业作为债权人未及时申报债权可能会导致无法得到清偿，企业如何在追偿的过程中降低风险，笔者建议如下。

一是企业应当定期对自身涉及的债权进行评估，若评估后发现债务人有不能偿还的风险的，应当及时进行催收或通过法律途径解决。

二是若债务人的清算组已经按照规定履行通知义务，企业应当及时进行申报，如企业未能及时申报，则企业需要承担不利后果。

三是若债务人的清算组未能按照规定履行通知义务，企业因此未能获得清偿，企业应当及时通过法律途径对债务人提起诉讼。值

得注意的是，在这种情况下企业请求的赔偿金额并非只限定在债务人清算后的剩余财产，因此企业应当及时进行财产保全以保证自身的合法利益。

【关联法条】

《中华人民共和国公司法》(2024 年 7 月 1 日)

第二百三十二条 公司因本法第二百二十九条第一款第一项、第二项、第四项、第五项规定而解散的，应当清算。董事为公司清算义务人，应当在解散事由出现之日起十五日内组成清算组进行清算。

清算组由董事组成，但是公司章程另有规定或者股东会决议另选他人的除外。

清算义务人未及时履行清算义务，给公司或者债权人造成损失的，应当承担赔偿责任。

第二百三十五条 清算组应当自成立之日起十日内通知债权人，并于六十日内在报纸上或者国家企业信用信息公示系统公告。债权人应当自接到通知之日起三十日内，未接到通知的自公告之日起四十五日内，向清算组申报其债权。

债权人申报债权，应当说明债权的有关事项，并提供证明材料。清算组应当对债权进行登记。

在申报债权期间，清算组不得对债权人进行清偿。

《最高人民法院关于适用〈中华人民共和国公司法〉若干问题的规定(二)》(2021 年 1 月 1 日)

第十一条 公司清算时，清算组应当按照公司法第一百八十五条的规定，将公司解散清算事宜书面通知全体已知债权人，并根据公司规模和营业地域范围在全国或者公司注册登记地省级有影响的报纸上进行公告。

清算组未按照前款规定履行通知和公告义务,导致债权人未及时申报债权而未获清偿,债权人主张清算组成员对因此造成的损失承担赔偿责任的,人民法院应依法予以支持。

《最高人民法院关于适用〈中华人民共和国公司法〉若干问题的规定(三)》(2021 年 1 月 1 日)

第十三条第一、二款 股东未履行或者未全面履行出资义务,公司或者其他股东请求其向公司依法全面履行出资义务的,人民法院应予支持。

公司债权人请求未履行或者未全面履行出资义务的股东在未出资本息范围内对公司债务不能清偿的部分承担补充赔偿责任的,人民法院应予支持;未履行或者未全面履行出资义务的股东已经承担上述责任,其他债权人提出相同请求的,人民法院不予支持。

94. 公司在什么情况下可以解散?小股东如何解散公司?

【案例还原】

姚某与姜某燕是上海音奂梦网络科技有限公司的股东,姚某占股 20%,姜某燕占股 80%。从 2015 年 7 月 28 日成立至今,公司没有召开过一次股东会。姚某多次联系姜某燕,姜某燕拒绝与姚某见面。姚某作为股东和监事,对公司的经营一无所知,也没有享受过公司分红。经查,公司这几年没有实际经营。

姚某诉至法院要求解散公司,并将姜某燕列为案件第三人。

案号:上海市闵行区人民法院(2019)沪 0112 民初 40819 号

【律师分析】

本案的争议焦点为：公司在什么情况下可以解散，以及公司小股东是否可以解散公司。

一、公司解散需要符合法定条件

根据《最高人民法院关于适用〈中华人民共和国公司法〉若干问题的规定（二）》的规定，公司解散的条件包括："（一）公司持续两年以上无法召开股东会或者股东大会，公司经营管理发生严重困难的；（二）股东表决时无法达到法定或者公司章程规定的比例，持续两年以上不能做出有效的股东会或者股东大会决议，公司经营管理发生严重困难的；（三）公司董事长期冲突，且无法通过股东会或者股东大会解决，公司经营管理发生严重困难的；（四）经营管理发生其他严重困难，公司继续存续会使股东利益受到重大损失的情形。"

本案中，首先，作为公司法定代表人的姜某燕已经举证公司近2年营业收入为0元，仅有公司营业支出，姜某燕亦陈述现在公司经营项目不稳定，公司办公地点在其家中，可知现在公司经营状态并不明朗且经营严重困难。其次，公司成立至今，未召开过股东会、未形成股东会决议。而且姜某燕拒收姚某的信息，导致无法召开临时股东会。即使公司能够召开临时股东会，依据现在姚某与姜某燕之间存在的激烈矛盾冲突，也难以达成相关股东会决议。且原告仅占股20%，无法单独形成有效的股东会决议。公司现已持续2年以上无法召开股东会或者股东大会。再次，公司股东之间矛盾冲突巨大，原告向第三人发送威胁短信，第三人拒收原告发送的微信信息、拒绝与原告直接沟通调解意见，可知公司股东之间已无法正常沟通交流，无法形成共同经营公司之合意，已不具有人合性。最后，原告作为小股东，无法控制公司经营,从公司现有状态来看,已无正常经营项目,若继续存续可能对原告的利益造成重大损失。因此被告公司符合解散条件。

二、持有10%以上股权的股东可以解散公司

根据《公司法》第231条的规定,公司经营管理发生严重困难,继续存续会使股东利益受到重大损失,通过其他途径不能解决的,持有公司10%以上表决权的股东,可以请求人民法院解散公司。

本案中,原告持有被告公司20%的股权,符合提起公司解散之诉的条件。

最终,法院判决解散上海音奂梦网络科技有限公司。

【实务指南】

在公司存续期间,如股东之间出现不可调和的矛盾,小股东希望通过解散公司的方式退出,应注意以下问题。

一是小股东解散公司需要满足10%以上的持股比例要求,如果单个小股东持股比例不足,可以联合其他小股东,达到持股比例后可共同提起解散公司之诉。

二是解散公司还需要达到法定的解散条件,包括公司经营困难、无法作出股东会决议、股东长期冲突、经营困难等,在解散公司时应注意收集公司上述解散情形的相应证据,如公司无固定的办公地址、公司从未作出股东会决议、公司成立至今资不抵债等情形。

【关联法条】

《中华人民共和国公司法》(2024年7月1日)

第二百三十一条 公司经营管理发生严重困难,继续存续会使股东利益受到重大损失,通过其他途径不能解决的,持有公司百分之十以上表决权的股东，可以请求人民法院解散公司。

《最高人民法院关于适用〈中华人民共和国公司法〉若干问题的规定（二）》（2021年1月1日）

第一条 单独或者合计持有公司全部股东表决权百分之十以上的股东，以下列事由之一提起解散公司诉讼，并符合公司法第一百八十二条规定的，人民法院应予受理：

（一）公司持续两年以上无法召开股东会或者股东大会，公司经营管理发生严重困难的；

（二）股东表决时无法达到法定或者公司章程规定的比例，持续两年以上不能做出有效的股东会或者股东大会决议，公司经营管理发生严重困难的；

（三）公司董事长期冲突，且无法通过股东会或者股东大会解决，公司经营管理发生严重困难的；

（四）经营管理发生其他严重困难，公司继续存续会使股东利益受到重大损失的情形。

股东以知情权、利润分配请求权等权益受到损害，或者公司亏损、财产不足以偿还全部债务，以及公司被吊销企业法人营业执照未进行清算等为由，提起解散公司诉讼的，人民法院不予受理。

95. 大股东要求解散公司，小股东不同意解散应该如何处理？

【案例还原】

上海数美网络科技有限公司（以下简称数美公司）在上海市闵行区市场监督管理局注册登记成立，其中，那某持股比例为54.67%、望和公司持股比例为24%、张某1持股比例为10.53%、冯某持股比例为5.80%、张某2持股比例为5%。

大股东那某提出自成立至今持续连年亏损,未能实现盈利,近年来经营管理存在严重困难。为了避免损失继续扩大,建议对数美公司进行解散、清算,并于2019年1月2日、24日两次召集数美公司全体股东召开临时股东会会议,就解散、清算事宜提议表决,但因参会股东之间意见分歧巨大且无法调和,两次股东会均未作出有效决议。最后一次有效股东会决议的作出时间为2016年7月8日,距今已逾2年。因此那某向法院起诉要求解散数美公司。

案号:上海市闵行区人民法院(2019)沪0112民初9888号

【律师分析】

本案的争议焦点为:大股东如何解散公司,小股东不同意解散该如何处理。

一、大股东可以通过股东会决议解散公司或因经营严重困难解散公司

首先,大股东可以通过股东会决议解散公司。

根据2018年《公司法》第66条第2款的规定,股东会作出修改公司章程、增加或者减少注册资本的决议,以及公司合并、分立、解散或者变更公司形式的决议,应当经代表2/3以上表决权的股东通过。

本案中,那某作为数美公司持有54.67%股权的股东,其他股东包括冯某、张某1、张某2均表示同意解散数美公司。由于那某、冯某、张某1、张某2所持数美公司的股权比例达到了76%,已超过2/3以上表决权的股东,符合法律规定的作出解散公司决议所需的股权比例。因此,公司解散符合数美公司章程和法律规定。

其次，如果股东会决议无法表决通过解散的，股东可以以经营严重困难为由解散公司。

如果根据《公司法》第231条的规定，公司经营管理发生严重困难，继续存续会使股东利益受到重大损失，通过其他途径不能解决的，持有公司10%以上表决权的股东，可以请求人民法院解散公司。

本案中，那某作为数美公司的实际经营主体，已无继续经营公司的意愿。小股东望和公司虽然不同意解散公司，但是认为望和公司仅是投资方，故不提出持续经营公司的方案。因此，数美公司的决策机制实际上无法正常运转。因此数美公司的解散确因经营严重困难。

二、小股东不同意解散的，可以通过审计或查账等措施保障己方权利

本案中，小股东望和公司不同意解散，认为大股东那某存在通过关联公司转移资金，并将部分资金转入个人的支付宝账户、微信账户等损害公司权益的行为，并提出对数美公司进行审计，根据审计结果决定是否解散公司。

最终法院判决解散数美公司，并同意在公司清算过程中，通过意思自治的方式进行审计。

【实务指南】

通过股东会决议或者因经营严重困难解散公司，如何在公司解散过程中保证各方股东的权利，笔者建议如下。

一是在解散、变更公司过程中，应当充分尊重各股东的权利，通过充分协商和股东会决议的方式作出公司是否解散的决定。

二是如果确因公司经营困难需要解散公司，大股东应向小股东说明公司经营困难的情况，如长期资不抵债、无正常经营场所和人员、无法作出有效的经营决策等。

三是在公司解散过程中，小股东可以通过查阅账簿、进行审计等措施保证己方的知情权。大股东也应予以配合。

四是如在公司解散过程中，大股东侵害公司权益，小股东可以提起诉讼维护己方权益。

【关联法条】

《中华人民共和国公司法》(2024年7月1日)

第六十六条 股东会的议事方式和表决程序，除本法有规定的外，由公司章程规定。

股东会作出决议，应当经代表过半数表决权的股东通过。

股东会作出修改公司章程、增加或者减少注册资本的决议，以及公司合并、分立、解散或者变更公司形式的决议，应当经代表三分之二以上表决权的股东通过。

第二百三十一条 公司经营管理发生严重困难，继续存续会使股东利益受到重大损失，通过其他途径不能解决的，持有公司百分之十以上表决权的股东，可以请求人民法院解散公司。

96.公司被注销，投资人如何进行权利救济？

【案例还原】

张某与陈某南签订了增资协议，该协议约定：投资人张某以溢价增资的方式，向艾瑞威尔科技（北京）有限公司（以下简称艾瑞威尔公司)投资人民币250万元,取得增资完成后公司5%的股权;在投资人支付第五期投资款后20个工作日内,公司应向工商行政机关申请办理工商变更登记,并在合理时间内完成工商登记事宜。

合同签订后,张某按合同约定向陈某南支付投资款250万元,陈某南一直没有为张某办理工商变更登记。

2018年4月24日,艾瑞威尔公司被吊销营业执照,后该公司注销。张某多次向陈某南催要投资款,未果。张某遂向法院起诉要求解除增资协议并返还投资款250万元。

案号:北京市朝阳区人民法院(2021)京0105民初83346号

【律师分析】

本案的争议焦点为:目标公司未按照协议约定完成工商变更的,投资人是否可以解除投资协议,并要求返还投资款。

一、无法完成工商变更登记的,投资人无法实现合同目的,有权解除投资协议

本案中,虽然增资协议确定了投资人的增资事宜,但增资协议本身并无法导致注册资本金的直接增加,只有公司按照增资协议办理了增资的工商变更登记手续,注册资本金增加才得以完成,投资人的出资也才相应地转化为公司资本。艾瑞威尔公司收取张某投资款但未进行工商变更登记的行为,在客观上,不仅导致张某股东身份未能以公示的方式确定,而且艾瑞威尔公司本身未依法完成增资,张某支付的款项性质无法得到法律确认,导致张某的投资目的无法实现,张某主张据此解除增资协议成立。

二、公司注销的,退还投资款的义务应由股东承担

根据《公司法》的规定,公司注销后,如股东或清算组没有及时通知债权人，导致债权人无法实现债权，股东或清算组将对公司债务承担连带清偿责任。

本案中，在艾瑞威尔公司注销前，增资协议仍然有效，张某是公司和股东陈某南已知的债权人。陈某南系艾瑞威尔公司的唯一股东及清算组成员，对于上述事实应当明知。而艾瑞威尔公司启动注销后，没有及时通知张某。在明知公司存在债务没有处理完毕的情况下，出具清算报告并注销公司，股东陈某南应当对张某未获清偿的债务承担赔偿责任。

最终，法院认定增资协议解除，陈某南向张某返还投资款250万元。

【实务指南】

目标公司注销后，投资人发现投资目的无法实现的，投资人有权解除合同并向公司股东主张违约责任。鉴于此，笔者建议在注销公司时需注意以下问题。

第一，就股东而言，如公司有未决债务或未履行完毕义务可能存在债务，则不能贸然进行注销。即便决定注销公司，也应该将公司未决债务履行完毕，无法履行完毕的，应当及时通知债权人，在注销阶段尽到谨慎通知的义务。

第二，就投资人而言，应该在增资协议中明确投资款、对应获得的股权比例、投资款支付的期限、工商变更完成的期限等具体内容。如果目标公司未按增资协议履行，应及时通知或提示公司履行，同时应该积极关注公司状态，是否正常经营或依然存续，避免公司注销给投资人权利带来损失。

【关联法条】

《中华人民共和国公司法》(2024年7月1日)

第二百三十二条 公司因本法第二百二十九条第一款第一项、第二项、第四项、第五项规定而解散的,应当清算。董事为公司清算义务人,应当在解散事由出现之日起十五日内组成清算组进行清算。

清算组由董事组成,但是公司章程另有规定或者股东会决议另选他人的除外。

清算义务人未及时履行清算义务,给公司或者债权人造成损失的,应当承担赔偿责任。

第二百三十九条 公司清算结束后,清算组应当制作清算报告,报股东会或者人民法院确认,并报送公司登记机关,申请注销公司登记。

《最高人民法院关于适用〈中华人民共和国公司法〉若干问题的规定(二)》(2021年1月1日)

第十一条 公司清算时,清算组应当按照公司法第一百八十五条的规定,将公司解散清算事宜书面通知全体已知债权人,并根据公司规模和营业地域范围在全国或者公司注册登记地省级有影响的报纸上进行公告。

清算组未按照前款规定履行通知和公告义务,导致债权人未及时申报债权而未获清偿,债权人主张清算组成员对因此造成的损失承担赔偿责任的,人民法院应依法予以支持。

第十九条 有限责任公司的股东、股份有限公司的董事和控股股东,以及公司的实际控制人在公司解散后,恶意处置公司财产给债权人造成损失,或者未经依法清算,以虚假的清算报告骗取公司登记机关办理法人注销登记,债权人主张其对公司债务承担相应赔偿责任的,人民法院应依法予以支持。

97. 股东未履行完服务期,是否还能获得股权?

【案例还原】

陈某分别与张某峰及其持股的游侠公司、吴某及其持股的奇侠公司签订股份代持协议书,约定:张某峰、吴某分别将其各自持有的股份无偿转让2.5%给陈某,陈某同意将上述获得的股份交由张某峰、吴某分别代持且承诺至少服务于游侠公司2年,如果在2年内从游侠公司离职,可获得持股公司利润的分红,但需将获得的公司股份无偿归还给张某峰、吴某,同时协议终止。

2018年,陈某与游侠公司签订劳动合同,任美术总监,每月有两笔收入,一笔由游侠公司账户发放,另一笔由吴某个人账户发放。2020年游侠公司出具员工离职证明,证明陈某于2020年4月1日办理完离职手续,双方劳动关系解除。同日,陈某与柒众公司签订劳动合同,任美术部门技术主任。陈某在柒众公司工作期间,每月仍有两笔收入,一笔由柒众公司账户发放,另一笔由吴某个人账户发放。

2020年,吴某代表柒众公司向陈某发出辞退通知,要求陈某即日起办理离职手续,为此,双方产生纠纷,陈某诉至法院,要求确认张某峰所持游侠公司2.5%的股权(价值3.57万元)为陈某所有,且将张某峰所持游侠公司2.5%的股权变更至陈某名下。

经查,张某峰与吴某系夫妻关系,游侠公司、奇侠公司、柒众公司为关联公司。

案号：浙江省绍兴市中级人民法院(2022)浙06民终3428号

【律师分析】

本案的争议焦点为：股东未履行完毕服务期，是否可获得服务对应的激励股权。

一、公司在股权激励文件中与员工约定服务期合法有效

公司与员工在股权激励文件中约定服务期，实际上是与员工之间形成了两层法律关系，一层是员工以劳动者的身份与公司之间形成了劳动关系，另一层是员工因持有公司股份以股东身份与公司之间形成股东与公司的关系。员工在股权激励文件中作出的承诺，视为为获取股份、成为股东而作出的承诺，此时公司与员工之间关于服务期的约定适用我国《民法典》、《公司法》及其相关司法解释，属于公司与员工双方当事人之间的意思自治，而非适用我国《劳动法》和《劳动合同法》。

在本案中，股份代持协议书依法成立并生效，对各方当事人具有约束力。根据股份代持协议书中的约定，张某峰将游侠公司2.5%的股份无偿转让给陈某，自陈某在游侠公司任职起，即可获得约定股权。

二、股份代持协议书中约定的为游侠公司服务满2年是股权归还的条件，而非取得股权的条件

本案中，陈某在游侠公司是否服务满2年并非其取得股权的条件，而是其此后是否需要归还股权的条件。

此外，陈某从游侠公司离职的日期与到柒众公司入职的日期系同一天，且与柒众公司成立的时间高度一致。张某峰不仅是游侠公司的股东，也是柒众公司的控股股东。陈某入职柒众公司后，其工资的发放模式及数额均与在游侠公司类似，其中大部分仍由张某峰的妻子吴某发放，可见游侠公司与柒众公司确有一定的利益关联，本案符合“劳动者非因本人原因从原用人单位被安排到新用人单位工作”的情形，陈某在游侠公司和柒众公司工作的时间应合并计算。根据此种计算方式，陈某实际上已经履行完毕约定的2年服务期，不必无偿归还相应股权。

【实务指南】

在实务中，公司常在股权激励文件中约定服务期，以此提高核心员工的稳定性。在这样的约定中，未完成服务期是触发股权回收的条件。为了规避此类风险，更好地利用股权激励提高核心员工与公司之间的黏性，笔者给出以下建议。

一是在股权激励文件中，约定考核期，考核期满后员工才能取得相应股权。

二是公司应谨慎与在股权激励文件中约定了服务期的员工解除劳动关系。

【关联法条】

《最高人民法院关于适用〈中华人民共和国公司法〉若干问题的规定(三)》(2021年1月1日)

第二十二条 当事人之间对股权归属发生争议，一方请求人民法院确认其享有股权的，应当证明以下事实之一：

(一)已经依法向公司出资或者认缴出资，且不违反法律法规强制性规定；

(二)已经受让或者以其他形式继受公司股权，且不违反法律法规强制性规定。

第二十四条 有限责任公司的实际出资人与名义出资人订立合同,约定由实际出资人出资并享有投资权益,以名义出资人为名义股东,实际出资人与名义股东对该合同效力发生争议的,如无法律规定的无效情形,人民法院应当认定该合同有效。

前款规定的实际出资人与名义股东因投资权益的归属发生争议,实际出资人以其实际履行了出资义务为由向名义股东主张权利的,人民法院应予支持。名义股东以公司股东名册记载、公司登记机关登记为由否认实际出资人权利的,人民法院不予支持。

实际出资人未经公司其他股东半数以上同意,请求公司变更股东、签发出资证明书、记载于股东名册、记载于公司章程并办理公司登记机关登记的,人民法院不予支持。

98. 以全资收购的形式获得目标公司的特殊资质,该收购行为是否有效?

【案例还原】

大犀角公司拟收购华阅公司,与陈某坚、李某和、冯某签订了股权转让协议,约定将3人共同持股的华阅公司100%的股权以100万元的价格转让给大犀角公司,股权转让款在转让方提供华阅公司相应材料,配合完成工商变更、网络出版服务许可证变更等行为后分3次支付。

在违约条款部分约定:如果由于不可抗力、国家政策调整等原因股权无法变更为受让方,网络出版服务许可证变更事项无法获得政府主管部门核准或网络出版服务许可证有效期延期申请未予通过的,本协议自动解除。

后国家新闻出版署不批准华阅公司变更资本结构的要求。之后,华阅公司将名下两个注册商标转让给C公司。

大犀角公司经多次催告无效,向华阅公司发送终止通知函,要求解除协议。

案号:上海市嘉定区人民法院(2021)沪0114民初3786号,上海市第二中级人民法院(2022)沪02民终5367号

【律师分析】

本案中,大犀角公司试图通过全资收购华阅公司的形式获得华阅公司的网络出版服务许可证,该收购行为有效。

一、双方约定的股权转让协议合法有效

本案中,大犀角公司与华阅公司股东出于真实意思表示签订股权转让协议,虽然大犀角公司希望通过收购华阅公司获取华阅公司名下的网络出版服务许可证,但股权转让协议中并无法律法规规定的无效情形,应认为其合法有效。

二、收购终止是因为出现了股权转让协议约定的合法解除事由

由股权转让协议的约定可知,大犀角公司的目的是通过收购华阅公司从而获得网络出版服务许可证。

股权转让协议中各方约定:如果由于不可抗力、国家政策调整等原因股权无法变更为受让方,网络出版服务许可证变更事项无法获得政府主管部门核准或网络出版服务许可证有效期延期申请未予通过的,本协议自动解除。

这意味着,即使各方按照合同约定履行了其他全部事项或遵守

其他禁止事项,大犀角公司的合同目的也无法实现。国家新闻出版署不同意华阅公司变更资本结构,各方签订股权转让协议达成约定解除的条件,股权转让协议在大犀角公司发布的终止通知函到达华阅公司之日起合法解除,收购行为终止。

三、关于华阅公司各股东的资金返还义务和合同解除后的损失赔偿

股权转让协议约定了合同自动解除以后回购价款等费用的计算方式和返还方式。各方应按照约定履行义务。但华阅公司及其股东迟延履行,导致产生损失。按照协议约定,应由迟延履行方承担损失。在本案中,即应由华阅公司及其股东按照合同约定承担大犀角公司为此支付的律师费、保全担保费等费用。

最终,法院亦支持了大犀角公司的诉讼请求,判决确认股权转让协议合法解除,要求华阅公司及其股东退还相关款项并赔偿大犀角公司的损失。

【实务指南】

在实务中,申请特殊行政审批要求繁多、流程复杂,不少公司会选择直接收购具有所需特殊行政审批的公司以求尽快达到相应目的。在收购过程中,有以下几个方面需要注意。

一是收购书中对目标公司所持有的特殊行政审批和相关资质证书予以约定确认。

二是与受让方约定分期付款,明确付款节点,建议分别将向受让方提交公司相关资料、完成工商变更登记、完成特殊行政审批变更登记等重要节点设置为付款节点。

三是注意转让款是否含税,约定由受让方负担税费。

四是设置分期付款金额时采取递增模式,在完成实现合同根本目的的动作节点后再支付大部分款项。

五是约定无法进行特殊行政审批变更为合同解除条件,确保合同目的能够顺利实现。

六是明确违约责任,要求过错方承担产生的所有损失。

【关联法条】

《中华人民共和国民法典》(2021 年 1 月 1 日)

第五百六十二条 当事人协商一致,可以解除合同。

当事人可以约定一方解除合同的事由。解除合同的事由发生时,解除权人可以解除合同。

第五百六十五条 当事人一方依法主张解除合同的,应当通知对方。合同自通知到达对方时解除;通知载明债务人在一定期限内不履行债务则合同自动解除,债务人在该期限内未履行债务的,合同自通知载明的期限届满时解除。对方对解除合同有异议的,任何一方当事人均可以请求人民法院或者仲裁机构确认解除行为的效力。

当事人一方未通知对方,直接以提起诉讼或者申请仲裁的方式依法主张解除合同,人民法院或者仲裁机构确认该主张的,合同自起诉状副本或者仲裁申请书副本送达对方时解除。

99. 如果公司注销,公司的知识产权应当如何处理?

【案例还原】

引证商标一、引证商标二的注册人为迈客公司。引证商标一、引证商标二的专用权有效期分别至2021年10月27日、2021年2月20日。但引证商标一、引证商标二的权利人迈客公司已于2014年2月25日注销。

原国家工商行政管理总局商标评审委员会,以贝博公司申请注册的诉争商标使用的范围与引证商标一、引证商标二核定使用服务属于相同或类似,故作出了驳回贝博公司诉争商标复审的决定。

贝博公司遂向法院起诉,要求撤销原商标评审委员会的决定。

案号:北京知识产权法院(2017)京73行初6777号,北京市高级人民法院(2018)京行终713号

【律师分析】

本案的争议焦点为:公司主体消灭后,商标权是否随之消灭。

根据《商标法》的规定,商标的基本功能是通过使用发挥其识别和区分商品和服务来源的功能。商标法意义上的商标使用应具有识别性,应是为了实现商标识别性功能的使用。只有使用商标的商品进入流通领域,商标的识别功能才能发挥出来。如果商标注册人已不存在,则该商标无法进入流通领域,该商标区分商品和服务来源的功能亦随之丧失。

本案中,虽然引证商标一、引证商标二目前仍为有效的注册商标,但因其权利人已经被注销,且无证据显示引证商标一、引证商标二已由其他权利人继受,对于无权利人使用的引证商标而言,其将不会在市场上流通使用,不会与本案的诉争商标造成混淆误认。

最终,法院判决撤销了原商标评审委员会作出的驳回复审决定。

【实务指南】

公司注销,“房、地、车、钱”等有形财产需要处置,知识产权等无形财产的处置同样不能忽略。知识产权是民事主体“基于智力劳动成果,依法在一定时期内享有的、具备财产性质的专有权或独占权”。最主要的知识产权包括著作权、专利权、商标权和商业秘密。

一、公司的著作权

1. 未在版权保护中心进行作品、软件、数字登记的著作权应当及时补办登记。同时,对相关作品的电子文档,采取必要的数据认证或技术固定;避免因公司注销或管理不善导致著作权被遗漏、数据资料被泄露,产生他人侵犯公司著作权或被侵权时举证证明力被减弱,无法主张自有著作权的法律后果。

2. 采取转让等方式重新确定著作权人。著作权属于公司的,公司变更、注销后,在保护期内的权利,由其权利义务承受者享有;没有权利义务承受者的,由国家享有。如果公司注销时未采取许可使用或转让等方式重新确定著作权人,可能会导致著作权收归国家所有,产生丧失公司著作权的法律后果。

二、公司的专利权

1. 及时转让有效期内的专利权或专利申请权。《专利法》《专利法实施细则》规定,专利权期限届满、未按规定缴纳年费将导致专利权的终止。不及时转让有效期内的专利将导致公司在专利有效期内不能充分行使权利,造成权利浪费。期满未缴纳或未缴足专利年费、滞纳金同样导致专利权提前终止的法律后果。因此,专利权既要保证权利的稳定性,又要保证权利在法律保护范围之内。

2. 专利权依照法定程序进行转让。《专利法》规定,转让专利申请权或者专利权应当订立合同,并向国务院专利行政部门登记,由国务院专利行政部门予以公告,转让自登记之日起生效。专利权实际上是一种财产权,作为专利权客体的发明创造等是无形的,不能像有形财产那样被实际地占有;专利权的归属以国家专利部门的登记簿为准。未经国家专利部门登记确认的权属变更,不产生专利转让的法律后果。

三、公司的商标权

商标权的处置,应依照法定程序办理商标权的续展和移转手续。注册商标存在有效期,有效期满需在法定期限内办理续展手续,期满未续展的会导致注册商标自动注销;并且注销之日起 1 年内不予核准该商标相同或者近似的注册申请。因此,需要按时对注册商标进行续展,避免因公司注销未及时续展产生注册商标失效的风险。

注册商标专用权移转需由接受方凭有关证明文件到商标局办理注册商标专用权移转手续;商标移转申请需经公告,自公告之日起享有商标专用权。因此,注册商标的转让须履行相似商标一并移转、移转申请、公告等相关法定程序,不按规定履行程序将导致移转无效。

四、公司的商业秘密

在注销清算过程中,公司应采取保密措施,防止泄露商业秘密。如公司产品处于研发过程中,此时尚未形成专利成果,不能申请专利保护。如果不注意保护产品的商业秘密,存在他人利用公司研发资料进行专利抢注的风险。同时,在专利成果形成之际,应及时进行专利申请或采取其他保密措施进行商业秘密保护,防止公司的技术信息被公开。

【关联法条】

《中华人民共和国著作权法》(2021 年 6 月 1 日)

第二十一条 著作权属于自然人的，自然人死亡后，其本法第十条第一款第五项至第十七项规定的权利在本法规定的保护期内，依法转移。

著作权属于法人或者非法人组织的，法人或者非法人组织变更、终止后，其本法第十条第一款第五项至第十七项规定的权利在本法规定的保护期内，由承受其权利义务的法人或者非法人组织享有；没有承受其权利义务的法人或者非法人组织的，由国家享有。

《中华人民共和国专利法》(2021 年 6 月 1 日)

第十条 专利申请权和专利权可以转让。

中国单位或者个人向外国人、外国企业或者外国其他组织转让专利申请权或者专利权的，应当依照有关法律、行政法规的规定办理手续。

转让专利申请权或者专利权的，当事人应当订立书面合同，并向国务院专利行政部门登记，由国务院专利行政部门予以公告。专利申请权或者专利权的转让自登记之日起生效。

《中华人民共和国商标法实施条例》(2014 年 5 月 1 日)

第三十二条第一款 注册商标专用权因转让以外的继承等其他事由发生移转的，接受该注册商标专用权的当事人应当凭有关证明文件或者法律文书到商标局办理注册商标专用权移转手续。

100. 仅凭审计报告，是否足以认定一人公司的公司与股东的财产独立？

【案例还原】

硬核联盟(北京)科技有限公司(以下简称硬核联盟公司)与陕西花玩网络科技有限公司(以下简称花玩网络公司)服务合同纠纷一案，由北京仲裁委员会作出裁决，花玩网络公司向硬核联盟公司支付服务费 11 242 954.56 元及违约金、律师费等损失。

北京仲裁委员会作出的(2019)京仲裁字第 2969 号裁决书已经发生法律效力，硬核联盟公司申请强制执行，在执行过程中，经调查，花玩网络公司名下暂无财产可供执行，后裁定终结了该次执行程序。

后经过硬核联盟公司调查，花玩网络公司成立于 2017 年 7 月 19 日，法定代表人为刘某琦，注册资本为 100 万元，股东为刘某琦一人，该公司为一人有限责任公司(自然人独资)。据了解，股东刘某琦的个人财产与花玩网络公司的财产严重混同，于 2020 年 4 月 24 日提出申请追加刘某琦作为被执行人并获得法院裁定追加。

但刘某琦不服，于是向法院起诉，主张自成为花玩网络公司股东以来，其从未与花玩网络公司发生资金或财产往来，双方之间不存在财产混同的情况，并提供了花玩网络公司的相关审计报告与银行流水等材料作为佐证。刘某琦认为，其不应当对花玩网络公司的债务承担任何清偿责任，请求法院撤销前述追加的裁定，判决不得追加刘某琦作为被执行人。

案号：北京市第三中级人民法院(2020)京 03 民初 604 号

【律师分析】

本案的争议焦点为:刘某琦是否应当被追加为被执行人。

根据《公司法》的规定,只有一个股东的公司,股东不能证明公司财产独立于股东自己的财产的,应当对公司的债务承担连带责任。因此一人公司的股东需就个人股东与公司之间不存在财务混同承担证明责任。因此,刘某琦为被执行人花玩网络公司的一人股东,应当提交证据证明花玩网络公司的财产独立于其个人的财产。

本案中,花玩网络公司未依法进行年度财务会计审计,违反法律规定的强制性义务,足以令人对花玩网络公司股东刘某琦的个人财产是否独立于花玩网络公司的财产形成合理怀疑。刘某琦提供的花玩网络公司银行账户对账单仅有流水,提供的花玩网络公司专项审计报告仅针对花玩网络公司银行进行了审计,不能全面地反映花玩网络公司与刘某琦之间全部的款项流转情况,且该审计报告中有花玩网络公司与刘某琦个人账户资金往来情况,该审计报告不足以证明刘某琦与花玩网络公司之间不存在财产混同,刘某琦提交的花玩网络公司2019年1月1日至2020年9月30日财务报表审计报告,不能全面地反映花玩网络公司与刘某琦之间全部的款项流转情况。其提交的其他证据亦不足以证明刘某琦与花玩网络公司之间不存在财产混同,法院无法认定刘某琦的个人财产独立于花玩网络公司的财产。

因此,法院认为花玩网络公司不能清偿仲裁裁决确定的债务,而该公司唯一的股东刘某琦未能提交充分的证据证明花玩网络公司的财产独立于其自己的财产。

最终法院驳回刘某琦撤销其作为被执行人的请求,其仍应当作为被执行人承担花玩网络公司对硬核联盟公司未清偿的债务。

【实务指南】

在不少案例中,律师根据2024年7月1日施行的《公司法》第208条“公司应当在每一会计年度终了时编制财务会计报告,并依法经会计师事务所审计”的规定,将公司审计报告作为证明一人公司与股东财产独立的证据,但是审计报告不一定能够证明一人公司的财产与股东的财产独立,因此最高人民法院给出了审计报告作为证明一人公司财产独立的证明标准。

1. 仅能反映公司的负债及利润情况,不能反映公司与股东的财产走向情况的审计报告,不足以证明公司的财产独立于股东的财产。

2. 审计报告未将可通过公开查询获知的案涉执行债务纳入公司的资产负债表,存在明显的审计失败情形,依法不予采信。

3. 虽然可以证明工商注册或者变更登记时公司的出资等客观情况,有反映公司经营成果和现金流量等企业基本情况的验资报告和审计报告,但仍无法证明公司的财产独立于股东的财产。

4. 虽有制作符合规范的财务报表,反映公司真实财务状况的审计报告以及所附的部分财务报表,但仍无法证明公司与股东财产是否相互独立。

5. 没有全面反映公司的实际经营及财务状况的审计报告,不能证明公司的财产独立于其股东财产。

6. 公司与股东分别制作的相互吻合的审计报告,能够证明相互财产独立。

目前,我国司法实践中对一人公司股东的举证责任分配较重,对一人公司股东证明财产独立的认定,既要从形式上查明是否编制符合时间上要求的财务审计报告，又要从实质上判断财务审计报告中的内容是否全面、客观、真实。因此笔者归纳了以下几点需要注意的问题。

一、按时间制作财务审计报告

一人公司应在每一年会计年度终了时制作财务会计报告并经会计师事务所审计，其形式可以为年度审计报告、专项审计报告。若以上财务报告未在正常年度终了时制作，而是在仲裁或者诉讼过程中形成的，即属于形成时间不符合法律规定，无法确定客观性，进而无法作为认定股东证明财产独立的证据。

二、财务审计报告应全面、客观、真实

一人公司既要按照每一会计年度终了时制作财务会计报告，又应当保证所制作的会计报告全面、客观、真实，如包括详细的资金流向、账款明细，且应尽量保存会计原始凭证。若财务会计报告中未能体现债权人对一人公司所享有的债权，则该会计报告也不具有全面性、客观性，无法作为认定股东证明财产独立的证据。

三、公司与股东避免不明的频繁往来交易

一人公司股东应尽量避免与一人公司之间存在频繁的款项来往、互用或混用对方账户对外进行款项交易，若具有以上情形，即使具有财务会计报告，也可能存在利益输送的嫌疑，进而认定股东与公司财产不独立。

四、通过双方独立的财务制度、经营场所来证明财产独立

一人公司股东要证明财产独立，可以提供双方的营业执照、法人证明、办公场所的租房协议、债权债务存续期间的财务报表审计报告以及公司职工的社保明细等证据，其主旨是证明具有独立规范的财务制度、财务支付明细明晰以及具有独立的经营场所。

五、一人公司亦需证明与其股东财产独立

一人公司股东应证明其财产独立于一人公司,该裁判认定亦适用于一人公司证明其财产独立于其股东。若无法证明独立的,一人公司应对其股东的债务承担连带责任。

【关联法条】

《中华人民共和国公司法》(2024 年 7 月 1 日)

第二十三条 公司股东滥用公司法人独立地位和股东有限责任,逃避债务,严重损害公司债权人利益的,应当对公司债务承担连带责任。

股东利用其控制的两个以上公司实施前款规定行为的,各公司应当对任一公司的债务承担连带责任。

只有一个股东的公司,股东不能证明公司财产独立于股东自己的财产的,应当对公司债务承担连带责任。

第二百零八条 公司应当在每一会计年度终了时编制财务会计报告,并依法经会计师事务所审计。

财务会计报告应当依照法律、行政法规和国务院财政部门的规定制作。